SAINTE GENEVIÈVE

ET SON TEMPS

GRAND IN-8º CARRÉ

Sainte Geneviève marquée du sceau divin.
(Fresque de Puvis de Chavannes, au Panthéon.

Sainte

Geneviève

ET SON TEMPS

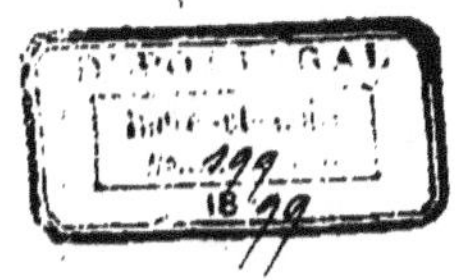

TOURS

ALFRED MAME ET FILS, ÉDITEURS

M DCCC XCIX

INTRODUCTION

Le nom de sainte Geneviève se retrouve, pour ainsi dire, à toutes les époques de notre histoire. Des hordes barbares se précipitent sur la France, et menacent de réduire en cendres la ville de Paris : Geneviève prie, et le torrent destructeur prend un autre cours et va porter ailleurs ses ravages, jusqu'au jour marqué par Dieu pour le terme de ses fureurs. Quelques années après cette même ville est assiégée, et, dans l'impossibilité de se procurer des vivres, les habitants se voient en proie à toutes les horreurs de la famine ; Geneviève, bravant les périls d'une navigation lointaine, va solliciter la charité d'une province amie, et bientôt l'abondance rentre avec elle dans les murs de la ville assiégée. Plus tard, lorsque depuis longtemps déjà Geneviève a fini sa vie mortelle, des fléaux terribles s'abattent sur la cité qu'elle aime : le fleuve irrité renverse les maisons et envahit les temples ; ou bien une maladie pestilentielle porte dans toutes les familles le désespoir; la vierge de Nanterre jette du haut du ciel un regard favorable sur le peuple qui lui est cher, et aussitôt les ondes soulevées rentrent dans leur lit, le feu dévorant de la maladie s'éteint, et des milliers de personnes échappent miraculeusement à la mort. Dans toutes les provinces, sous tous les règnes, on invoque Geneviève, et les maux cessent, et les grâces descendent du haut du ciel.

Et d'où vient à l'humble bergère ce pouvoir surnaturel de détourner les calamités que l'iniquité des hommes attire sur la terre? C'est que toute sa vie a été une vie de pénitence et de mortification, un long sacrifice, une perpétuelle immolation à la volonté de Celui qui doit avoir seul toutes nos pensées. Pendant plus de soixante ans Geneviève ne cesse de prier, de jeûner, de s'humilier, jusqu'au jour où Dieu la rappelle à lui pour couronner ses vertus dans le séjour de l'éternelle joie. Voilà pourquoi, tant qu'elle est sur la terre, elle sauve les peuples par des miracles; voilà pourquoi elle continue, de la demeure bienheureuse qu'elle habite, à couvrir la France de sa puissante protection.

La vie de sainte Geneviève n'offre pas beaucoup de ces épisodes frappants que certains lecteurs voudraient toujours trouver dans l'histoire des saints; mais pour ceux qui ne s'arrêtent pas à cet intérêt frivole que fait naître la satisfaction d'une vaine curiosité, pour ceux qui cherchent l'intérêt sérieux qui vient du désir d'imiter les vertus dont on a le modèle sous les yeux, pour ces pieux lecteurs, les seuls à qui nous nous efforcions de plaire, nous espérons que les exemples de charité, de douceur, d'humilité, et tous les autres traits édifiants dont se compose la vie de sainte Geneviève, leur offriront un tableau assez intéressant. Sans ôter aux faits que nous rapportons leur caractère, sans chercher à les embellir par des ornements étrangers, nous avons cru pouvoir les entremêler çà et là de quelques réflexions que le sujet semblait appeler naturellement. Nous avons pensé qu'en faisant mieux comprendre la vie que nous mettons sous les yeux, nous la ferions mieux goûter et porterions davantage à l'imiter. Puissent nos espérances n'être pas trompées !

SAINTE GENEVIÈVE

ET SON TEMPS

I

Naissance et premières années de Geneviève. — Sa sainteté précoce. — Grâces abondantes dont le Ciel la prévient.

Quand on va de Paris à Saint-Germain, on trouve, à égale distance de ces deux villes, un bourg assez considérable et agréablement situé non loin du mont Valérien. Il existait dès le temps des Gaulois et se nommait *Nemetodorum*, ce qui me semble indiquer que c'était un lieu consacré[1]. Il s'est plus tard appelé Nanterre, et c'est sous ce nom qu'il est célèbre comme patrie de la sainte dont nous allons écrire l'histoire.

Ce fut vers l'an 423 que naquit sainte Geneviève. A cette époque, le pays que nous habitons comptait encore un grand nombre de malheureux livrés aux erreurs du paganisme. On peut donc considérer comme une faveur du Ciel à l'égard de notre sainte qu'elle soit née de pa-

[1] Tous les noms géographiques qui commencent par *Nem* indiquent des sanctuaires.

rents chrétiens. Son père se nommait Sévère, et sa mère Géronce. Elle fut élevée par eux dans les sentiments d'une vive et sincère piété. Quelles furent dès lors les vertus de cette enfant prédestinée, quel progrès elle faisait chaque jour dans l'amour et la pratique du bien, Dieu n'a pas permis que le souvenir nous en fût conservé. Mais qu'elles durent être pures ces années passées sous le toit paternel, à l'abri de la contagion des mauvais exemples, qui flétrit tant de jeunes âmes et fait mourir pour toujours en elles la simple et précieuse innocence! On aime à se figurer Geneviève s'exerçant, pour ainsi dire, dès le berceau, à pratiquer cet amour de Dieu et du prochain qu'elle eut à un degré si éminent dans la suite de sa vie. On aime à penser que les premiers mots qu'elle bégaya furent les noms consacrés par la religion; que les premiers pas qu'elle fit se tournèrent vers l'humble chapelle de Nanterre; que toutes ses actions, en un mot, furent, dans un âge si tendre, le prélude de son admirable sainteté. Au reste, tout n'est pas conjectures dans ce que nous disons ici de la sainteté précoce de Geneviève. C'est une tradition constante que la jeune fille garda les troupeaux de son père, et que, dans ce modeste emploi de bergère qui lui permettait de se tenir séparée de ses compagnes, jouissant au milieu des champs d'une heureuse solitude, elle élevait à Dieu son âme innocente par la prière et la méditation. Admirons, proposons-nous comme un modèle à imiter, une enfance si édifiante; mais ne soyons pas surpris de ces prodiges que le monde nie parce qu'il ne les comprend pas: ce sont les effets merveilleux de la grâce qui opère d'en haut dans les âmes que Dieu s'est choisies. Nous ne pouvons rien, en effet, sans ce secours surnaturel;

Sainte Geneviève en prières.
(Fresque de Puvis de Chavannes, au Panthéon.)

quelque bien que nous fassions, c'est la grâce qui le
commence, qui le continue et qui l'achève en nous; et
non seulement nos actions, mais toutes nos pensées,
tous nos désirs qui ont le bien pour objet, nous viennent
d'en haut. Cependant ni le temps ni la mesure de ces
dons célestes ne sont les mêmes pour tous. Il en est que
Dieu, sans cesser de les rappeler à lui, laisse errer pendant de longues années au gré de leur cœur insensé,
afin de leur montrer qu'ils ne savent d'eux-mêmes que
courir à leur perte, et qu'ils ne peuvent se sauver que
par lui; il en est d'autres qu'il prévient tout d'abord de
ses grâces les plus abondantes, en sorte que leurs âmes
ressemblent à une source pure dans laquelle Dieu se
plaît à voir comme dans un miroir. Geneviève était du
nombre de ces âmes prédestinées. Dès l'âge de cinq à
six ans elle n'avait déjà plus d'autre pensée que de
servir Dieu et de mériter le ciel.

II

Ce qu'étaient saint Loup et saint Germain. — Comment ils furent chargés
l'un et l'autre d'aller combattre en Angleterre l'hérésie pélagienne.

Notre-Seigneur a dit dans son Évangile : « Prenez
garde que quelqu'un ne vous séduise, parce que plusieurs viendront sous mon nom, disant : Je suis le Christ ;
et ils en séduiront plusieurs [1]. » Et saint Paul, faisant la
même prédiction d'après l'Esprit-Saint, écrit en ces
termes à Timothée son disciple : « L'Esprit dit expres-
sément que, dans les temps à venir, quelques-uns aban-
donneront la foi, en suivant des esprits trompeurs et des
doctrines diaboliques, séduits par l'hypocrisie de certains
imposteurs, dont la conscience sera noircie de crimes [2]. »
Les séducteurs hypocrites dont il est ici question ne sont
autres que les hérétiques. Ce sont des hommes qui
couvrent du voile de la piété toutes sortes de malices,
et qui ne se plaisent que dans les contentions et les
disputes outrées. Emportés par une folle curiosité, ils
veulent tout pénétrer, tout soumettre à leur jugement.
Mais bientôt la tête leur tourne, toute leur sagesse se
dissipe, ils perdent leur route, ils se heurtent contre des
écueils, ils se jettent dans des abîmes. Ainsi se sont

----

[1] Matth. xxiv, 5, 6.
[2] I Tim. iv, 1, 2.

perdus Arius, Nestorius et tant d'autres ; ils ont cherché au delà de ce qu'il est permis de trouver, selon la pensée de saint Augustin, et ils sont tombés.

Au moment où la France voyait s'élever pour elle dans l'humble bergère de Nanterre une protectrice puissante, l'Angleterre, appelée alors Grande-Bretagne, était en proie aux funestes doctrines d'un de ces imposteurs prédits par Jésus-Christ et par le grand Apôtre. Le moine breton Pélage, ayant donné dans les discussions métaphysiques qui agitaient les contrées de l'Orient, se mit à nier le péché originel et la nécessité de la grâce, et à soutenir d'autres erreurs qui ébranlaient tout l'édifice de la foi. S'étant lié intimement avec un certain Célestius, originaire de Campanie, ils dogmatisèrent ensemble en Afrique, puis en Italie. Pélage était à Rome en 405. Ses prédications ne tardèrent pas à retentir jusque dans la Grande-Bretagne, où Agricola, fils de Séverin, se faisant l'écho fidèle de cette parole de mensonge, travailla avec un zèle malheureux à propager partout l'hérésie pélagienne. Le pape Célestin, touché de la situation de ce peuple, qu'il voyait exposé à un si grand péril, lui envoya le diacre Pallade pour conjurer le fléau. Celui-ci, après de grands efforts, voyant qu'il ne pouvait arrêter les progrès du mal, en écrivit au souverain pontife, et le pria d'avoir pitié de tant d'âmes que le poison de l'erreur mettait en danger de périr. En même temps les catholiques de la Grande-Bretagne envoyèrent une députation aux évêques des Gaules pour leur demander des missionnaires capables de défendre la foi et de résister à l'hérésie. Le pape nomma saint Germain d'Auxerre pour aller au secours des Bretons, et lui donna le titre de vicaire apostolique. Les évêques des Gaules, s'étant assemblés pour le même sujet, prièrent saint Loup de Troyes de se joindre à saint Germain pour l'aider dans l'importante mission dont il était chargé. Il n'est pas inutile de faire connaître en quelques mots ces deux prélats. On comprendra mieux l'heureux choix que venaient de faire dans leurs personnes les évêques des Gaules et le souverain pontife.

Saint Loup sortait d'une illustre famille établie à Toul. Ayant fait d'excellentes études, il parut au barreau et y plaida avec beaucoup de réputation. Il épousa Piméniole, sœur de saint Hilaire d'Arles, qu'il trouva aussi disposée que lui à servir Dieu avec ferveur. Lorsqu'ils eurent passé six ans ensemble, ils résolurent de mener l'un et l'autre un genre de vie plus parfait. Loup se retira dans la célèbre abbaye de Lérins, gouvernée alors par saint Honorat. Il y vécut un an dans la plus grande régularité, ajoutant encore diverses austérités à celles qui se pratiquaient parmi les frères.

Il avait vendu, lors de sa retraite, une grande partie de ses biens, qu'il avait distribués aux pauvres. Lorsque saint Honorat eut été placé sur le siège d'Arles, Loup fit un voyage à Mâcon, en Bourgogne, pour se défaire d'une terre qu'il possédait dans le pays, afin de n'avoir plus rien en propre et de pratiquer la plus exacte pauvreté. Ayant employé en bonnes œuvres les fonds provenant de la vente, il se disposait à retourner à Lérins ; mais les députés de l'Église de Troyes le demandèrent pour évêque. Cette Église le donnait pour successeur à saint Ours, mort en 426. Notre saint fit d'inutiles efforts pour s'opposer à son élection. Il fut sacré par les évêques de la province de Sens.

Sa nouvelle dignité ne lui fit rien changer à son premier genre de vie. Ce fut toujours la même humilité, la même mortification et le même amour pour la pauvreté. Cet amour de la pauvreté paraissait surtout dans son habillement. Il couchait sur des planches, et veillait dans l'exercice de la prière de deux nuits l'une. Souvent il passait trois jours sans prendre aucune nourriture, et, après un jeûne si rigoureux, il ne mangeait qu'un peu de pain d'orge. Il vécut de la sorte plus de vingt ans, toujours occupé de ses fonctions saintes, qu'il remplissait avec un zèle tout apostolique.

Saint Germain était digne de figurer à côté de saint Loup. Il était né à Auxerre, vers l'an 360, de parents distingués par leur noblesse. Après avoir fait ses premières études dans les Gaules, il alla étudier à Rome l'éloquence et le droit civil. Les progrès qu'il fit dans ces deux sciences le mirent bientôt en état de plaider avec distinction devant le préfet du prétoire. Il épousa une femme de grande qualité, qui se nommait Eustochia. Son mérite l'ayant fait connaître à l'empereur Honorius, il fut élevé par ce prince à des places fort honorables. Il eut enfin celle de duc ou général des troupes de sa province, ce qui l'obligea de retourner à Auxerre.

A la vérité, on ne remarquait point en lui de vices grossiers ; mais toute sa religion se bornait à observer ce que dictent les principes de la probité naturelle. Ses vertus étaient purement humaines ; il ne connaissait point cet esprit d'humilité, de mortification et de prière, qui est le fondement du christianisme. Il aimait passionnément la chasse ; et quand il avait tué quelque bête, il en suspendait la tête aux branches d'un grand arbre qui était au milieu de la ville. Cette coutume venait tout au plus d'un fond de vanité ; mais, comme les païens faisaient par superstition quelque chose de semblable, Germain était pour les fidèles un sujet de scandale. Saint Amateur, qui occupait alors le siège d'Auxerre, l'en avertit plusieurs fois ; il ne fut point écouté. Enfin, un jour que le jeune duc était absent, il fit couper l'arbre. Germain, en ayant été instruit, entra dans une grande colère, et menaça le saint évêque de tirer vengeance de la conduite qu'il avait tenue. Cependant Dieu fit connaître à saint Amateur qu'il mourrait bientôt, et qu'il destinait Germain lui-même à être son successeur. Le saint alla sur-le-champ trouver Jules, préfet des Gaules, qui demeurait à Autun, pour lui demander la permission de mettre Germain au nombre des clercs. Sans cette permission, aucun officier ne pouvait changer d'état. Jules l'ayant accordée, saint Amateur revint à Auxerre. Il assembla chez lui les principaux des fidèles, qui le suivirent à l'église avec le peuple. Germain y vint aussi. Aussitôt les portes du temple furent fermées par l'ordre de l'évêque, qui se saisit de Germain, lui conféra la tonsure cléricale, le revêtit de l'habit ecclésiastique, et lui apprit qu'il devait être son successeur. Germain n'osa faire de résistance, de peur de s'opposer à la volonté de Dieu.

Saint Amateur étant mort peu de temps après, le 1er mai 418, les vœux du clergé et du peuple se réunirent en faveur de Germain, qui fut sacré le 7 juillet par les évêques de la province. Après son sacre, il ne fut plus le même homme. Il renonça aux pompes et aux vanités du monde, distribua ses biens aux pauvres et à l'Église, et embrassa les austérités de la pénitence. Pendant les trente années que dura son épiscopat, il s'interdit l'usage du pain de froment, des légumes, du sel, du vin et du vinaigre. Toute sa nourriture consistait dans du pain

fait avec de l'orge qu'il avait battue et moulue lui-même;
encore mettait-il un peu de cendre dans sa bouche avant
d'y toucher. Jamais il ne prenait son repas que le soir;
souvent il ne mangeait qu'une fois ou tout au plus deux
fois par semaine. Son vêtement était le même en hiver
qu'en été, et il ne le quittait que lorsqu'il tombait en

Saint Germain distribuant ses biens aux pauvres.

lambeaux. Il exerçait l'hospitalité envers tout le monde.
Il lavait les pieds des pauvres, et les servait à table de
ses propres mains.

Tels sont les deux prélats qui furent chargés d'aller
dans la Grande-Bretagne combattre l'hérésie pélagienne.
On voit qu'ils étaient doublement dignes, par leur vertu
et par leur savoir, de la confiance que leur marquait
l'Église en leur donnant cette importante mission.

III

Comment saint Loup et saint Germain passèrent par Nanterre. — Entretien de saint Germain avec Geneviève. — Il la consacre à Dieu. — Il quitte Nanterre.

Saint Loup et saint Germain, après avoir recommandé à Dieu le succès de leur entreprise, se mirent en route pour la Grande-Bretagne. La ville de Nanterre se trouvant sur leur passage, ils crurent devoir s'y arrêter, moins pour se reposer que pour avoir le temps de se recueillir par la prière et de demander encore une fois au Seigneur la force nécessaire pour triompher de ceux qui outrageaient si indignement son nom. Dieu le permit ainsi, afin que la vertu de son humble servante eût occasion de se manifester.

Aussitôt qu'on apprit à Nanterre l'arrivée des deux saints évêques, on se porta en foule à leur rencontre. Geneviève, qui avait alors sept ans, y alla aussi avec son père et sa mère. Quoiqu'elle fût confondue dans la multitude, saint Germain, par une inspiration divine, sut la discerner aussitôt parmi les habitants et se la fit amener. Comme le peuple qui environnait le saint évêque manifestait quelque étonnement, il dit devant tous que Dieu avait choisi Geneviève pour son épouse; il ajouta qu'à sa naissance les anges avaient entonné dans le ciel des chants d'allégresse; il félicita Sévère et Géronce d'avoir une telle fille, et annonça que l'exemple de ses vertus

déciderait beaucoup de pécheurs à renoncer à leur conduite désordonnée. S'adressant ensuite à la jeune fille
elle-même, il lui parla du bonheur de consacrer à Dieu
sa virginité, il lui demanda si elle voudrait consentir
à appartenir entièrement à ce céleste époux. Geneviève
répondit que tel avait toujours été l'objet de ses vœux.

« Prends courage, ma fille, lui dit alors saint Germain,
agis avec énergie, et efforce-toi de prouver par tes œuvres
ce que tu crois de cœur et ce que tu professes de bouche. »

En parlant ainsi, le saint évêque conduisit la jeune
fille à l'église, où il reçut son vœu après plusieurs prières
solennelles. Le lendemain, il voulut que Geneviève lui
fût encore présentée, et il lui dit :

« Écoute, Geneviève, ma fille : rappelle-toi qu'hier tu
as promis que tu conserveras ton corps exempt de toute
souillure.

— Mon père, répondit-elle, je m'en souviens. »

Alors l'évêque ramassa une pièce de bronze qui se
trouva à terre à ses pieds, ainsi que Dieu l'avait voulu,
et sur laquelle était empreinte la figure de la croix, et il
dit à Geneviève :

« Porte toujours ceci suspendu à ton cou, en mémoire
de moi, et ne souffre jamais, ni à ton cou ni à tes doigts,
aucun ornement fait d'un métal précieux ou enrichi de
perles ; car, si tu aimes la moindre parure du siècle, tu
seras privée des ornements célestes et éternels. »

Après cette entrevue, saint Germain rejoignit saint
Loup. Ils continuèrent leur route, et s'embarquèrent
ensemble pour la Grande-Bretagne. On était alors en
hiver. Les deux évêques furent assaillis d'une furieuse
tempête dans le trajet ; saint Germain l'apaisa en invo-
quant le nom de la sainte Trinité. Lorsqu'ils arrivèrent

dans la Grande-Bretagne, ils virent venir au-devant d'eux une troupe innombrable de peuple. Le bruit de leur sainteté, de leur doctrine et de leur miracles se fut bientôt répandu par tout le pays. Ils confirmaient les catholiques dans la foi, et convertissaient ceux qui avaient le malheur d'être engagés dans les erreurs de l'hérésie. Les églises ne pouvant contenir tous ceux qu accouraient à leur discours, ils prêchaient souvent au milieu de la campagne. Les chefs des pélagiens n'osaient paraître devant eux, et fuyaient même de peur d'être forcés d'en venir à une dispute en règle. Ils rougirent à la fin d'une conduite qui faisait leur condamnation, et acceptèrent une conférence qui se tint à Vérulam. Une grande multitude de peuple y assista. Les hérétiques, qui firent d'abord une bonne contenance, parurent avec beaucoup d'appareil et parlèrent les premiers. On leur laissa la liberté de discourir longtemps. Lorsqu'ils eurent fini, les deux saints évêques répondirent avec tant de force, et appuyèrent si bien leurs raisonnements sur l'autorité de l'Écriture, que leurs adversaires furent bientôt réduits au silence. Les fidèles témoignèrent alors par leurs acclamations la joie qu'ils ressentaient de ce que la vérité venait de remporter la victoire sur l'erreur. Saint Loup et saint Germain restèrent encore quelque temps dans la Grande-Bretagne, prêchant la doctrine de vérité, convertissant les idolâtres, ramenant au sein de l'Église ses enfants égarés, opérant des guérisons miraculeuses, et répandant partout sur leur passage toutes sortes de bénédictions. Ils retournèrent ensuite en France, et rentrèrent chacun dans leur diocèse, où ils continuèrent à travailler avec zèle à la sanctification et au véritable bonheur des fidèles confiés à leur sollicitude.

IV

Vertus admirables de Geneviève. — Son esprit d'humilité. — Son grand zèle pour l'accomplissement de la loi de Dieu. — Miracle par lequel le Seigneur fait voir sa prédilection pour sa fidèle servante. — Réflexions sur la soumission due aux parents.

Cependant Geneviève n'avait point oublié la promesse qu'elle avait faite de se consacrer à Jésus-Christ. Quoique dans un âge où les autres enfants n'ont presque point encore d'autre occupation que leurs jeux, elle se livrait continuellement à de sérieuses méditations sur la vanité des choses humaines; elle entendait au fond de son âme une voix qui lui répétait sans cesse : « Heureux ceux dont la joie est de s'occuper de Dieu, et qui se dégagent de tous les embarras du siècle! Je suis votre salut, votre paix et votre vie. Demeurez près de moi, et vous trouverez la paix. Laissez là tout ce qui passe; ne cherchez que ce qui est éternel. Que sont toutes les choses du temps, que des séductions vaines! et de quoi vous serviront toutes les créatures, si vous êtes abandonnée du Créateur? Renoncez donc à tout, et occupez-vous de plaire à votre Créateur et de lui être fidèle, afin de parvenir à la vraie béatitude. » Le céleste Époux lui disait encore : « Vous devez être morte aux affections humaines, jusqu'à souhaiter de n'avoir, s'il se pouvait, aucun commerce avec les hommes. Plus l'homme s'éloigne des consolations de la terre, plus il s'approche de Dieu. Si vous saviez vous anéantir parfaitement et bannir de votre cœur tout amour de la créature, alors, venant à vous, je vous inonderais de ma grâce. Quand vous regardez la créature, vous perdez de vue le Créateur[1]. »

Ces paroles que nous entendons aussi en nous-mêmes, mais sur lesquelles nous cherchons trop souvent à nous étourdir, elle les méditait nuit et jour, et se réjouissait d'avance dans l'espoir de les accomplir aussi parfaitement qu'il serait en son pouvoir. Elle était encore dans l'âge où l'on ignore à peu près ce que c'est que bonne ou mauvaise réputation, estime ou mépris, et l'on eût dit qu'elle avait fait de la vie du monde une longue expérience, qu'elle avait appris ensuite dans les saintes méditations du cloître le peu de cas qu'il faut faire des discours des hommes, qui ne sont d'aucune importance pour le salut. Entrons un instant dans cet esprit d'abandon à la volonté de Dieu, dont sainte Geneviève était animée dès ses plus tendres années, et tâchons de le comprendre par les paroles d'un des plus grands maîtres de la vie spirituelle. « Chacun, dit saint François de Sales, veut avoir des vertus éclatantes et de montre, attachées au haut de la croix, afin qu'on les voie de loin et qu'on les admire. Très peu se pressent à cueillir celles qui, comme le serpolet et le thym, croissent au pied et à l'ombre de cet arbre de vie. Cependant ce sont les plus odoriférantes et les plus arrosées du sang du Sauveur. Il n'appartient pas à tout le monde d'exercer ces grandes vertus de force, de magnanimité, de magnificence, de martyre, de patience, de constance, de valeur. Les occa-

---

[1] *Imitation de Jésus-Christ*, liv. III, ch. 1 et XLII.

sions de les pratiquer sont rares; cependant tout le monde y aspire, parce qu'elles sont éclatantes et de grand nom; il arrive souvent qu'on se figure les pouvoir pratiquer; on enfle son courage de cette vaine opinion de soi-même; et, dans les occasions, on donne du nez en terre. Les occasions de gagner de grosses sommes ne se présentent pas tous les jours; mais tous les jours on peut gagner des liards et des sous; et, en ménageant bien ces petits profits, il y en a qui se font riches avec le temps. » Saint François de Sales appelait encore cela, dans son langage figuré, pratiquer les petites vertus, cheminer simplement par les basses et obscures vallées. C'était de ces petites vertus que Geneviève faisait ses exercices journaliers; c'était par ces basses et obscures vallées qu'elle se plaisait à marcher. C'est pourquoi nous avons cru devoir nous arrêter à les expliquer par quelques réflexions, parce que nous chercherions vainement dans l'histoire tous les faits qui se produisaient : la plupart sont restés cachés. Plusieurs toutefois sont parvenus jusqu'à nous; et en voici un que nous ne saurions omettre; il vient à l'appui de ce qu'on a vu plus haut.

Un jour de fête solennelle, Géronce, allant à l'église, voulut obliger sa fille de rester à la maison. On comprend quelle peine dut éprouver Geneviève de se voir privée du bonheur d'aller entendre la parole sainte et d'assister au divin sacrifice. Elle conjura donc sa mère, les larmes aux yeux, de lui permettre de l'accompagner. Celle-ci ne voulant pas y consentir, Geneviève, qui ne consultait que son zèle pieux, ne se découragea pas; elle continua de faire les plus vives instances, rappelant la promesse par laquelle elle s'était engagée à être l'épouse de Jésus-Christ et à le servir uniquement. Là-dessus

Géronce entra dans une grande colère, et s'emporta jusqu'à donner un soufflet à sa fille. Geneviève ne laissa pas échapper une plainte, un murmure ; elle redoubla, au contraire, de douceur, de patience, de soumission. Mais Dieu, voulant marquer l'intérêt qu'il portait à sa fidèle servante, permit que sur-le-champ Géronce devînt aveugle, en punition de son emportement. Elle demeura ainsi près de deux ans privée de la vue. Enfin, se souvenant de la prédiction de saint Germain, et poussée par un mouvement extraordinaire de foi, elle dit un jour à Geneviève :

« Ma fille, va puiser de l'eau au puits voisin, et viens me l'apporter après avoir fait dessus le signe de la croix ; car j'ai grande confiance qu'en l'appliquant sur mes yeux je recouvrerai la vue. »

Geneviève fit ce que sa mère lui avait commandé ; elle apporta de l'eau, fit dessus le signe de la croix, et Géronce, s'en étant lavé les yeux deux ou trois fois, se trouva miraculeusement guérie. Admirons ici la justice et la bonté de Dieu, qui prend en main la cause de son humble servante en couvrant de ténèbres les yeux de celle qui s'opposait à son zèle pieux, et qui bientôt après se sert d'elle comme d'un instrument pour guérir cette infirmité dont il venait d'affliger sa mère. Admirons aussi et proposons-nous comme un modèle à imiter la conduite de Geneviève dans cette circonstance. Lorsque sa mère la frappe sur une joue, non seulement elle ne s'irrite ni ne se plaint de ce traitement indigne, mais elle ne témoigne aucun sentiment d'aigreur, et elle serait prête sans doute à tendre l'autre joue, selon le précepte de l'Évangile. C'est là le véritable esprit de douceur, tel que Notre-Seigneur l'a prêché par sa parole et par ses exemples.

On dira peut-être que Géronce, ayant commandé à sa fille de rester à la maison pendant qu'elle-même se rendait à l'église, celle-ci devait obéir sur-le-champ et se soumettre sans hésiter au refus qu'elle venait d'éprouver. Oui, sans doute, nous devons honorer notre père et notre mère ; oui, nous leur devons respect, obéissance

Guérison de la mère de sainte Geneviève.

et soumission ; mais au-dessus d'eux Dieu s'élève de toute la hauteur dont le ciel s'élève au-dessus de la terre, c'est-à-dire infiniment : Dieu est le premier père de tous les hommes, et de plus il est le seul que les hommes reconnaissent selon l'esprit. C'est donc à lui, et non point à d'autres, d'exercer sur l'esprit et sur les vocations des hommes cette supériorité de conduite ou plutôt d'empire qui fait l'engagement de la vocation. Telle fut la réponse que Geneviève fit à sa mère lorsque celle-ci lui défendit de la suivre à la maison du Seigneur :

« Ne savez-vous pas qu'il faut que j'aille me prosterner au pied des saints autels pour demander à Dieu de répandre sur moi les grâces qui me sont nécessaires, afin que je devienne digne du divin Époux? Ne savez-vous pas que non seulement je ne vous appartiens pas, mais que je ne m'appartiens pas à moi-même; que je suis toute à celui qui veut me recevoir dans les tabernacles éternels? C'est à lui que s'adressait la promesse que j'ai faite à saint Germain : ne faut-il pas que j'aille l'accomplir? »

En faisant telle ou semblable réponse, Geneviève ne manquait pas au respect qu'elle devait à sa mère; seulement elle lui préférait Dieu.

V

Geneviève se consacre spécialement à Dieu, et embrasse le saint état de la virginité. — Elle offre par sa conduite un modèle admirable de pureté.

Quoique Geneviève eût résolu, depuis l'âge de sept ans, de rester séparée des vaines joies du monde et de vivre uniquement pour Dieu ; quoiqu'elle en eût fait la promesse au saint évêque d'Auxerre, elle n'avait point pris dès lors l'engagement solennel de se consacrer entièrement au céleste Époux. Mais, lorsqu'elle eut atteint l'âge de quinze ans, pressée de l'ardent désir de s'avancer de plus en plus dans la voie de la perfection, elle forma le dessein de renoncer pour jamais à la vie du siècle et d'embrasser le saint état de la virginité. Elle fit part à sa mère de son projet. Si Géronce n'eût consulté que le sentiment naturel dont son cœur était animé, elle se serait sans doute efforcée de s'opposer à la résolution de sa fille ; mais elle avait éprouvé qu'on ne résiste pas à Dieu impunément, et qu'on tente vainement de retenir loin de lui les âmes qu'il s'est choisies et qu'il appelle à lui d'une manière spéciale. Elle consentit donc à se séparer de celle qu'elle considérait comme devant être l'appui et la consolation de sa vieillesse, et elle lui permit de suivre les mouvements de la grâce et d'aller où Dieu l'appelait.

Heureuse de voir que cette fois elle pouvait obéir à

Dieu sans déplaire à sa mère, Geneviève se rendit auprès
de Julicus, évêque de Chartres, pour le prier de recevoir
ses vœux. Elle était accompagnée de deux jeunes filles
plus âgées qu'elle, qui allaient aussi se consacrer à Dieu;
et, par humilité, elle marchait la dernière, et semblait à
peine se montrer. Mais l'évêque, éclairé subitement
d'une lumière céleste qui lui fit découvrir en Geneviève
des mérites que n'avaient pas ses compagnes, s'écria
avec un accent inspiré :

« Que celle qui est la dernière s'avance et prenne place
au premier rang, car Dieu l'a déjà sanctifiée. »

Avait-il connaissance de la première consécration
qu'elle avait reçue de saint Germain, ou bien avait-il
deviné sur son visage la grande piété dans laquelle elle
servait Dieu? c'est ce qu'il est difficile de dire. Quoi qu'il
en soit, ce fut à Geneviève qu'il donna d'abord le voile
de la religion; et ce fut elle qu'il bénit et consacra la
première.

Geneviève fit donc entre ses mains vœu de virginité
perpétuelle. Elle savait que les choses que nous faisons
pour plaire à Dieu lui sont plus agréables encore lorsque
nous nous attachons plus étroitement à lui par un particulier engagement; elle savait surtout que rien n'est plus
cher à Notre-Seigneur Jésus-Christ que l'immolation
d'un cœur pur. Aussi nulle âme ne fut plus pure que celle
de Geneviève de toute atteinte des plaisirs sensuels; nulle
ne comprit mieux cette belle vertu de la chasteté, qui rend
l'homme semblable aux anges et digne de la vue de Dieu,
ainsi que le dit Notre-Seigneur : « Bienheureux ceux
qui ont le cœur pur! car ils verront Dieu[1]. » Qui pour-

[1] Matth. v, 8.

rait dire, en effet, la beauté d'un cœur pur? Une glace parfaitement nette, un or parfaitement affiné, un diamant sans aucune tache, une fontaine parfaitement claire, n'égalent pas la netteté et la beauté d'un cœur pur. Il faut en ôter toute ordure, et celles principalement qui viennent des plaisirs des sens; car une goutte de ces plaisirs trouble cette belle fontaine. Qu'elle est belle, qu'elle est ravissante cette fontaine incorruptible d'un cœur pur! Dieu se plaît à s'y voir lui-même comme dans un beau miroir; il s'y imprime lui-même dans toute sa beauté. Ce beau miroir devient un soleil par les rayons qui le pénètrent : il est tout resplendissant. La pureté de Dieu se joint à la nôtre, qu'il a lui-même opérée en nous; et nos regards épurés le verront briller en nous-mêmes et y luire d'une éternelle lumière. Bienheureux donc ceux qui ont le cœur pur! car ils verront Dieu[1]. Ils verront Dieu : c'est-à-dire, ils seront capables de recevoir les pures et chastes vérités du christianisme, de saisir les discours spirituels, qui ne sauraient prendre en ceux dont l'âme, comme parle l'Écriture, ne médite que chair et que sang. Il n'y a point, en effet, de péché qui jette l'homme dans un aveuglement plus profond que l'impureté. Et la raison en est évidente : c'est qu'étant un attachement déréglé, un assujettissement honteux de l'esprit à la chair, elle rend en quelque sorte l'esprit tout charnel. Ainsi saint Paul, parlant d'un impudique, ne l'appelle-t-il plus absolument homme, mais « homme animal »; et, comme il est clair que ce n'est point cet homme-là qui peut avoir des connaissances raisonnables, l'Apôtre conclut ainsi : « Pour l'homme

[1] Bossuet, *Méditations sur l'Évangile.*

animal, il n'est point capable des choses qui sont de l'Esprit de Dieu : elles lui paraissent une folie, et il ne peut les comprendre, parce que c'est par une lumière spirituelle qu'on en peut juger[1]. » C'est pourquoi il n'y a point de péché dont les saints se soient plus gardés dans tous les temps. Ajoutons qu'il n'y a que dans le christianisme que cela soit possible. Des païens ont pratiqué certaines vertus, telles que la justice, la patience et une certaine modération dans les désirs, quoique ces vertus fussent bien imparfaites ; mais ils n'ont jamais pratiqué, ou plutôt ils n'ont même jamais connu la vertu de pureté. Disons de plus, à la gloire de notre sainte, qu'étant venue à une époque où le paganisme couvrait encore de ses ténèbres une grande partie de la contrée que nous habitons, elle eut d'autant plus de mérite d'embrasser avec ardeur cette vertu de pureté dont elle trouvait autour d'elle si peu d'exemples. Aussi l'on peut dire en quelque sorte qu'elle leva la première en France l'étendard de la virginité. Du moins est-elle, si nous ne nous trompons, la première vierge de notre pays que l'Église honore comme sainte, et dont elle reconnaisse la puissante intercession auprès de Dieu.

[1] I Cor. ii, 14.

VI

Geneviève perd son père et sa mère. — Elle se retire à Paris chez sa marraine. — Elle tombe malade. — Elle est favorisée de visions extraordinaires.

Peu de temps après que Geneviève se fut engagée à Dieu par le vœu solennel dont nous venons de parler, elle perdit son père et sa mère. Sans doute cette perte lui causa une vive affliction, et il ne lui fut pas possible en cette circonstance de faire taire entièrement dans son âme les sentiments de la nature. Mais elle n'ignorait pas que nos affections, pour être pures, doivent avoir leur principe en Dieu ; que nulle créature ne doit être aimée qu'avec une soumission parfaite aux ordres de la Providence ; elle savait que nous devons être prêts à supporter ce qui afflige le plus la nature, l'absence, la séparation, la mort, nous souvenant de ce que dit l'Apôtre : « Nous ne voulons pas, mes frères, que vous soyez dans l'ignorance touchant ceux qui dorment, afin que vous ne vous attristiez pas comme les autres hommes qui n'ont point d'espérance. Car si nous croyons que Jésus-Christ est mort et ressuscité, ainsi Dieu amènera avec Jésus ceux qui se seront endormis en lui[1]. » Elle ne considéra donc cette séparation que comme une épreuve par laquelle

[1] I Thess. IV.

Dieu voulait la faire passer pour la rendre plus digne d'être son épouse ; et, en effet, c'est surtout à partir de cette époque qu'elle s'avança rapidement dans le chemin de la perfection.

Rien n'attachant plus Geneviève à Nanterre après la mort de ses parents, elle alla se fixer à Paris, et demeura chez une dame de cette ville qui était sa marraine. Dieu, qui éprouve ses plus fidèles serviteurs par les souffrances comme l'or est éprouvé dans la fournaise, la frappa d'une maladie si terrible qu'elle fut durant trois jours sans donner aucun signe de vie, et que ses membres étaient comme ceux d'une personne morte. Mais pendant cette faiblesse qui mortifiait son corps, son âme, dit un de ses anciens biographes, vivait en son époux, qui lui faisait part de ses grâces par des visions merveilleuses. Dieu, en effet, permit qu'elle fût transportée en esprit dans le paradis ; et, soulevant pour elle un coin du voile mystérieux qui couvre l'avenir, lui montra d'avance la place qu'il lui réservait dans le séjour de l'éternelle joie. Il lui fut aussi donné de voir le lieu funeste où ceux qui se sont déclarés, sur la terre, les ennemis de Dieu, expient dans des supplices éternels les péchés dont ils se sont rendus coupables ; enfin, par une faveur plus grande encore, elle fut transportée au temps et au lieu où se consomma l'œuvre de notre rédemption. Quels durent être ses sentiments lorsque, présente sur le Calvaire, elle y vit monter Notre-Seigneur, chargé, comme Isaac, du bois de son sacrifice ; lorsqu'elle le vit attaché sur la croix, les pieds et les mains percés de clous, le côté ouvert, répandant par ses plaies divines le sang qui devait régénérer le monde ; lorsqu'elle l'entendit pardonner à ses bourreaux, recommander l'un à l'autre sa sainte mère et le disciple bien-aimé ; lorsqu'elle le vit enfin incliner la tête et rendre le dernier soupir ! Comme elle devait s'unir de toutes les puissances de son âme aux saintes femmes qui avaient suivi Jésus ! Comme elle devait s'élancer vers la croix, la tenir embrassée, la couvrir de ses larmes ! car elle comprenait que tout est dans la croix, et qu'il n'est point d'autre voie qui conduise à la véritable vie que la voie de la croix. Et nous aussi, pénétrons-nous bien de cette grande vérité que tout est dans la croix, et ne ressemblons pas aux Juifs et aux gentils. « La doctrine de la croix, scandale pour les Juifs et folie pour les gentils [1], » est ce que les hommes comprennent le moins. Qu'un Dieu soit mort pour les sauver, leur raison s'abaissera devant ce mystère ; mais qu'ils doivent s'associer à cet étonnant sacrifice en mourant à eux-mêmes, à leurs passions, à leurs volontés, à leurs désirs, voilà ce qui les révolte et leur fait dire comme les Capharnaïtes : « Cette parole est dure, et qui peut l'entendre [2] ? » Il faut bien pourtant que nous l'entendions, car notre salut dépend de là. Le ciel était séparé de la terre, la croix les a réunis, et c'est du pied de la croix que part tout ce qui va jusqu'au ciel. Pressons-nous donc contre la croix, qu'elle soit ici-bas notre consolation, comme elle est notre force. Lorsque, dans sa bonté, Dieu nous envoie quelque épreuve, disons avec saint André : « O douce croix ! si longtemps désirée, et préparée maintenant pour cette âme qui la souhaitait ardemment ! » Tous les saints ont senti ce désir, tous ont tenu ce langage. « Souffrir, ou mourir, » répétait souvent sainte Thérèse ; et dans la souffrance elle trouvait

[1] I Cor. i, 23. — [2] Joan. vi, 61.

plus de paix et de bonheur que n'en goûteront jamais ceux que le monde appelle heureux. « Une seule larme versée aux pieds de Jésus est plus délicieuse mille fois que tous les plaisirs du siècle[1]. »

Tels étaient les sentiments de Geneviève : elle avait supporté sans murmurer la perte de ceux qu'elle aimait le plus, et son cœur s'était incliné sous la main divine qui lui portait un coup si sensible. Maintenant la maladie vient affliger son corps, des souffrances inouïes le réduisent à un état voisin de la mort ; elle se tait, elle adore, elle prie ! Modèle admirable que chaque jour nous pouvons imiter avec le secours de la grâce. Vertus humbles et cachées, mais qui brilleront au jour de la manifestation de tout l'éclat que Dieu versera sur ses saints !

Ce n'était pas seulement par des communications intimes avec le Sauveur et par des visions bienheureuses que Geneviève éprouvait la faveur des grâces célestes ; Dieu lui avait donné en outre de pénétrer dans les replis des consciences et de voir ce qui se passait dans l'âme des personnes avec qui elle s'entretenait. Elle leur dévoilait leurs fautes, elle leur en disait le temps, le lieu, toutes les circonstances ; elle leur en rappelait le motif et l'occasion ; et surtout elle les exhortait à s'en repentir sincèrement, et à prendre la ferme résolution de ne les plus commettre. En voici un exemple, rapporté par l'historien de sa vie. Il y avait à Bourges une femme qui vivait dans une grande réputation de sainteté. Elle avait autrefois fait vœu de virginité ; mais elle avait eu le malheur de manquer au saint engagement qui lui faisait

____

[1] Lamennais, *Réflexions sur l'Imitation.*

une obligation de rester l'épouse de Jésus-Christ. Cependant personne n'avait connaissance du crime dont elle s'était rendue coupable, et elle continuait à jouir de la réputation de sainteté attachée à l'état de vierge.

Mais Dieu, qui avait pitié d'elle, lui ménagea une occasion favorable de revenir à lui, en lui montrant qu'elle s'était inutilement flattée de tenir ses désordres cachés. Il arriva, en effet, que cette femme fit un voyage à Paris, et que pendant son séjour dans cette ville elle vit sainte Geneviève et eut le bonheur de s'entretenir avec elle. Notre sainte l'interrogea sur ce qu'elle était ; elle lui répondit qu'elle servait Notre-Seigneur dans la virginité. Geneviève alors, lisant dans la conscience de cette malheureuse, lui reprocha sa faute et lui donna tous les détails du temps et du lieu où elle l'avait commise. Déchirée par la honte et le remords, la coupable se jeta aux pieds de la sainte, qui venait de lui dévoiler ce qu'elle cachait avec tant de soin dans son cœur, et lui promit de faire pénitence de son péché.

VII

Geneviève est favorisée du don des larmes. — Calomnies de ses ennemis. — Ils l'accusent d'être une visionnaire et une hypocrite. — Patience inaltérable de la sainte dans cette circonstance.

Geneviève ne s'enorgueillissait point de ces grâces extraordinaires dont le Ciel la comblait; elle en profitait, au contraire, pour redoubler de ferveur, pour prier mieux et plus longtemps, pour s'humilier davantage en présence de Dieu, pour lui dire d'un cœur plus enflammé son amour, sa tendresse et sa reconnaissance. Souvent, dans ces heures délicieuses d'un saint épanchement, on la voyait pleurer abondamment. C'est qu'elle avait reçu le *don des larmes,* de ces larmes douces et rafraîchissantes qui révèlent au fond de l'âme la présence d'un trésor inépuisable de grâces et de consolations d'en haut. Ce n'est pas du reste une faveur qui lui ait été spéciale, et l'Église nous offre, surtout au moyen âge, plus d'une âme pieuse favorisée de ce même don des larmes. « Elles en connaissaient la précieuse vertu, dit un grand écrivain[1], ces ferventes générations qui honoraient d'un culte si touchant la divine larme que Jésus avait laissée tomber sur le sépulcre de son ami. Il y avait des larmes

---

[1] M. de Montalembert, *Histoire de sainte Élisabeth de Hongrie.*

au fond de toute la poésie et de toute la piété des hommes du moyen âge. Ce *sang de l'âme,* comme disait saint Augustin, cette *eau du cœur,* comme l'appellent nos vieux romans, coulait à grands flots de leurs yeux ; c'était pour les âmes simples et pieuses en quelque sorte une formule de prières, un culte à la fois intime et expressif, une tendre et silencieuse offrande qui les associait à toutes les douleurs et à tous les mérites de Jésus-Christ et de ses saints, à tous les hommages de l'Église. Comme la bienheureuse Dominique du Paradis, on lavait avec ses larmes les souillures de son âme ; comme sainte Odile, on rachetait avec elles les péchés de ceux qu'on avait chéris en ce monde ; recueillies par les anges, qui les portaient aux pieds du père des miséricordes, elles étaient comptées par lui comme un don précieux de repentir et de saint amour.

« Et ce n'étaient pas seulement les faibles femmes, ce n'était pas seulement le peuple ignorant, qui ressentaient ainsi la douceur et la puissance des larmes : il suffit d'ouvrir au hasard un historien de ces siècles pour voir à chaque page comment les princes, les rois, les chevaliers, les armées entières s'épanchaient en pleurs sincères et involontaires. Tous ces hommes de fer, tous ces preux invincibles portaient dans leur poitrine un cœur tendre et naïf comme celui des enfants. On ne leur avait encore point appris à flétrir l'innocence naturelle de leurs sentiments, ou à en rougir. Ils n'avaient point encore desséché et glacé dans leurs âmes la source des émotions simples, pures et fortes, de cette rosée divine qui féconde et embellit la vie. Qui ne se souvient des sanglots et des larmes immortelles de Godefroy et des premiers croisés à la vue de ce tombeau du Christ, qu'ils avaient conquis après de si merveilleux exploits et de si dures épreuves? Plus tard, Richard Cœur-de-Lion pleurait amèrement à la vue de Jérusalem, qu'il ne pouvait sauver, et le confesseur de saint Louis raconte de son pénitent que « quand l'on disoit en la litanie ces mots : Biau Sire Diex, nous te prions que tu nous doignes fontaine de larmes, il saint roi disoit dévotement : O sire Diex, je n'ose requerre fontaine de larmes, ainçois me suffisent petites gouttes de larmes à arrouser la secheresse de mon cuer... Et il reconnut à son confesseur privement que aucune foiz lui donna Nostre-Sire larmes en oraison ; lesquelles quand il les sentoit courre par sa face souef (doucement) et entrer dans sa bouche, elles lui sembloient si savoureuses et très douces, non pas seulement au cuer, mais à la bouche. »

Telles sont les grâces particulières que Dieu se plaisait à répandre sur sa fidèle servante. Elle y répondait en redoublant d'ardeur pour tout ce qu'elle savait être agréable à ce Maître souverain, ou plutôt à ce Père plein de tendresse ; et plus elle s'efforçait de mériter les faveurs qu'elle recevait, plus les dons célestes descendaient abondamment dans son âme.

Il arrive quelquefois que la vertu inspire le respect et l'admiration ; mais plus souvent encore elle excite l'envie, et se voit en butte aux traits de la médisance et de la calomnie. C'est ce qui arriva pour notre sainte. On ne put lui pardonner de mener une vie si édifiante ; et, comme il était impossible de révoquer en doute ce qui éclatait aux yeux de tous, on prit le parti de s'armer contre elle de sa propre vertu. On traita ses révélations de visions puériles enfantées par une imagination en délire. Quant à sa piété, elle reçut simplement le nom d'hypocrisie, et en peu de temps Geneviève devint pour tout le peuple un objet de mépris et de haine.

Jésus-Christ a dit dans son Évangile : « Combien est étroit le chemin qui mène à la vie ! » — « Et voici, dit Bossuet, ce qui le rend si étroit. C'est que le juste, sévère à lui-même et persécuteur irréconciliable de ses propres passions, se voit encore persécuté par les injustes passions des autres, et ne peut pas même obtenir que le monde le laisse en paix dans ce sentier solitaire et rude, où il grimpe plutôt qu'il ne marche[1]. » Ce n'était pas assez pour Geneviève des croix qu'elle s'imposait volontairement ; il fallait encore que le monde y vînt ajouter ses outrages et ses persécutions de toutes espèces. On comprend ce qu'eut à souffrir cette épouse de Jésus-Christ lorsque, après avoir été pour tout le peuple un objet de vénération, elle se vit traitée par lui d'hypocrite et de folle. Elle ne murmura pas néanmoins ; car elle savait que ce ne sont pas les épreuves que nous choisissons nous-mêmes, mais celles que nous acceptons, de quelque part qu'elles viennent, qui nous donnent le plus de mérite, parce que c'est Dieu qui le permet pour sa plus grande gloire et notre salut.

[1] *Oraison funèbre de la reine d'Angleterre.*

VIII

Comment saint Germain passa de nouveau par Paris. — Il apprend le
mépris qu'on fait de Geneviève. — Il rend aux vertus de la sainte un
éclatant témoignage.

Nous avons vu que saint Loup et saint Germain avaient,
par leur zèle éclairé, arrêté les progrès de l'hérésie dans
la Grande-Bretagne. Après leur départ, les partisans
de Pélage avaient repris leur audace et recommencé
à semer leurs erreurs funestes. C'est à cette occasion
que le saint évêque d'Auxerre fut rappelé dans cette île,
en 446. Il prit pour compagnon de son voyage Sévère,
qui avait été disciple de saint Loup de Troyes, et qui
venait d'être nommé à l'archevêché de Trèves. Leur mission eut le plus heureux succès, et les pélagiens, ne trouvant plus de retraite dans l'île, la quittèrent pour toujours.

Comme la première fois, saint Geermain, en se
rendant dans la Grande-Bretagne, prit son chemin par
Paris ; comme la première fois aussi, en approchant de
cette ville, il vit venir au-devant de lui une foule considérable, heureuse de lui marquer sa vénération et de
recevoir les bénédictions que ses mains répandaient en
abondance autour de lui. Le premier soin du saint évêque
fut de s'informer de la pieuse vierge qu'il avait consacrée
au Seigneur. On se hâta de lui répondre « qu'elle était

loin d'être aussi bonne et aussi sainte qu'il le pensait. »
C'est toujours ainsi que la calomnie porte ses premiers
coups. Elle ne précise rien, elle accuse en général et
d'une manière vague, laissant entendre beaucoup plus
qu'elle ne dit, éveillant des soupçons sur toute la conduite de celui qu'elle veut perdre, par cela même qu'elle
n'a rien qu'elle puisse signaler. On insinuait donc, sans

Paris au temps de sainte Geneviève.

le dire précisément, que Geneviève affectait des vertus
qu'elle n'avait pas; que sa piété n'était rien moins que
sincère; que toutes ses mortifications ne consistaient
qu'en quelques pratiques auxquelles elle avait soin de se
livrer publiquement, mais que dans sa demeure tout
respirait des goûts bien différents, et que, non contente
d'y vivre avec des habitudes de bien-être peu conformes
à l'état qu'elle avait embrassé, elle y menait une existence tout à fait délicate et molle, d'autant plus coupable
qu'on la croyait plus sainte.

Le saint prélat n'eut pas de peine à reconnaître dans
ce langage les artifices du démon et la malice de l'envie.

Guidé par une prudence toute chrétienne, il ne répondit
point aux perfides insinuations de la calomnie; mais,
étant entré dans la ville, il se dirigea, suivi de la foule,
vers la demeure de Geneviève, et y entra avec ceux qui
avaient essayé de la faire passer pour une hypocrite. Ils
la trouvèrent humblement prosternée, s'entretenant avec
Dieu par la prière, et versant des larmes si abondantes,
que la terre en était inondée. Tout autour d'elle portait
la marque de la pénitence et de la piété. Il n'en fallut
pas davantage pour dissiper les préventions; et ceux qui
étaient venus la haine dans le cœur et la calomnie à la
bouche s'en retournèrent en publiant l'innocence et les
grandes vertus de la sainte. Quant à saint Germain, il
n'avait pas besoin de cette épreuve pour croire à la sincérité des pieux sentiments que professait Geneviève;
mais il rendit grâce à Dieu, qui venait de faire éclater
si visiblement sa puissance en confondant l'envie, en la
forçant à rougir d'elle-même et à louer celle qu'elle
voulait perdre.

Quelques âmes pieuses mais timides, sans prendre
tout à fait contre Geneviève le parti de ses détracteurs,
n'avaient pas osé rendre témoignage à ses vertus. Plusieurs ecclésiastiques même s'étaient laissé séduire par
les artifices du mensonge, et n'étaient pas loin de croire
que notre sainte n'avait de la piété qu'une vaine apparence. Lorsqu'ils surent ce qui venait de se passer, ils
gémirent d'avoir pu se laisser abuser à ce point, et
n'eurent qu'une voix pour proclamer la sainteté de la
vierge de Nanterre.

Au reste, saint Germain ne s'en tint pas à cette réparation, quelque éclatante qu'elle fût. Comme les voyageurs, en ces temps reculés, ne trouvaient sur les routes

aucune des ressources qui s'y rencontrent de nos jours
pour les besoins de la vie, ils avaient recours à la charité
des chrétiens. Les évêques, les prêtres demandaient
l'hospitalité aux pasteurs des lieux où ils passaient, et
l'homme de Dieu chargé de distribuer aux habitants
d'un petit hameau les secours de la religion s'estimait
heureux lorsqu'il lui était donné de laver les pieds d'un
prince de l'Église, de le voir s'asseoir à sa table pour
partager avec lui un frugal repas qu'il tâchait de rendre
meilleur. Par suite de cette coutume, l'évêque d'Auxerre
fut reçu comme hôte chez l'évêque de Paris. Là encore
il parla de Geneviève; il fit l'éloge de ses vertus, et
déploya un saint zèle pour faire briller son innocence.
Il rappela ce qui s'était passé à Nanterre lors de son
premier voyage; comment, éclairé d'une divine lumière,
il avait aussitôt distingué cette jeune fille entre ses compagnes, et déclaré au peuple assemblé les grands desseins
de Dieu sur elle; comment il n'avait pas craint de la
consacrer à Jésus-Christ dans un âge si tendre, bien
sûr qu'elle ne démentirait jamais par ses actions ni par
ses paroles le vœu qu'elle faisait de servir fidèlement ce
divin Maître; comment, depuis cette époque, elle n'avait
cessé de croître en vertu et de mériter de plus en plus
les grâces d'en haut; comment enfin elle était sortie
victorieuse de l'épreuve décisive à laquelle ses ennemis
venaient de la soumettre.

Les paroles du vénérable prélat eurent l'effet le plus
salutaire. En un instant toutes les préventions furent
dissipées, tous les doutes disparurent, et il ne resta plus
dans les esprits le moindre soupçon sur la pureté de
Geneviève. Pour elle, cet orage soulevé contre sa vertu
ne l'avait point effrayée, parce qu'elle mettait en Dieu

toute sa confiance ; quand elle y eut échappé d'une manière si glorieuse, elle n'en triompha pas ; elle rendit grâce au Ciel, qui, après lui avoir ménagé cette occasion d'exercer sa patience, s'était chargé de la justifier et de lui faire recouvrer l'estime qu'elle avait perdue.

Apprenons par l'exemple de sainte Geneviève comment nous devons nous conduire quand nous sommes en butte à la calomnie. Ne nous troublons pas des discours des hommes. Si nous n'avons pas commis les fautes qu'on nous reproche, pensons que nous en avons commis bien d'autres qu'on ne nous reproche point. Rappelons-nous surtout ces paroles si encourageantes de notre divin Sauveur : « Vous serez heureux quand on vous maudira, qu'on vous persécutera, et qu'on dira faussement toute sorte de mal contre vous ; réjouissez-vous alors et soyez ravis de joie, parce que votre récompense est grande dans les cieux[1]. »

[1] Matth. v, 11, 12.

IX

Le calme que saint Germain avait procuré à sainte
Geneviève ne fut pas de longue durée ; la haine, un
instant assoupie, se réveilla, et les persécutions recommencèrent contre la servante de Jésus-Christ. L'occasion
de la nouvelle guerre qu'on lui déclara fut l'invasion
d'Attila dans les Gaules. Ce farouche conquérant, traînant
à sa suite trois cent mille combattants tirés de toutes
les nations, tartares, scythiques, sarmates, scandinaves
et germaines, avait d'abord attaqué l'Orient et obtenu du
jeune empereur Théodose une honteuse soumission.
Mais Marcien, successeur de Théodose, ayant tenu une
conduite toute différente et s'étant mis en état de défense,
le roi des Huns tourna ses efforts et sa fureur contre
l'Occident, où tout semblait lui offrir, dans la Gaule
démembrée et dans l'Italie corrompue, une proie facile.
Il s'avança vers le Rhin, et la terreur marchait devant
lui ; la ruine de plusieurs villes qu'il avait détruites pour
les punir de leur résistance épouvantait les autres ; elles
lui ouvraient leurs portes ; les femmes, les vieillards, les
enfants espéraient éviter la mort en se précipitant dans
la servitude ; et la jeunesse gauloise, indignée, cherchait

4

dans les camps un asile que ne lui offraient plus des remparts qu'on ne lui permettait pas de défendre. Nous avons de saint Grégoire de Tours quelques pages qui marquent l'effroi inspiré par cet homme, qui voulait, disait-il, que jamais moisson ne repoussât dans les lieux où son cheval aurait passé, et qui s'appelait lui-même *le fléau de Dieu*.

« Le bruit s'était répandu, écrit saint Grégoire, que les Huns voulaient faire une irruption dans les Gaules. Il y avait dans ce temps dans la ville de Tongres un évêque d'une grande sainteté, nommé Arvutius. Adonné aux veilles et aux jeûnes, souvent baigné d'une pluie de larmes, il suppliait la miséricorde de Dieu de ne pas permettre l'entrée des Gaules à cette nation incrédule et toujours indigne de lui. Mais, ayant été averti par inspiration qu'à cause des fautes du peuple ce qu'il demandait ne lui serait pas accordé, il résolut de gagner la ville de Rome, afin que la protection des mérites apostoliques, unie à ses prières, lui obtînt plus facilement ce qu'il demandait humblement au Seigneur. S'étant donc rendu au tombeau du saint apôtre, il sollicitait le secours de sa bienveillance, se consumant dans une grande abstinence et un jeûne continuel, de sorte qu'il était deux à trois jours sans manger et ne mettait point d'intervalle dans ses oraisons. Étant demeuré dans cette affliction pendant l'espace de beaucoup de jours, on rapporte qu'il reçut cette réponse du bienheureux apôtre :

« — Pourquoi me tourmentes-tu, très saint homme ? Il a été irrévocablement fixé par les décrets du Seigneur que les Huns viendront dans les Gaules, et que ce pays sera ravagé par la plus terrible tempête. Maintenant donc prends ta résolution, fais une prompte diligence, dispose

ta maison, prépare ta sépulture; aie soin de te munir
d'un linceul blanc. Tu quitteras ton enveloppe mortelle,
et tes yeux ne verront pas les maux que les Huns doivent
faire à la Gaule. Ainsi l'a dit le Seigneur notre Dieu. »

Après avoir reçu cette réponse du saint apôtre, le
pontife hâte son voyage et regagne promptement la
Gaule. Étant arrivé à la ville de Tongres, il apprête
aussitôt ce qui lui était nécessaire pour sa sépulture;
et, disant adieu aux ecclésiastiques ainsi qu'au reste des
habitants de la ville, il leur annonça qu'ils ne verraient
plus longtemps son visage, et ceux-ci, le suivant avec
des larmes et des gémissements, le suppliaient humblement en disant :

« Saint père, ne nous abandonnez pas ! ne nous
oubliez pas, bon pasteur ! »

Mais, comme leurs pleurs ne pouvaient le retenir, ils
s'en retournèrent après avoir reçu sa bénédiction et ses
baisers. Lui donc, étant allé à la ville d'Utrecht, fut
attaqué d'une légère fièvre, et abandonna son corps; et,
ayant été lavé par les infidèles, il fut enterré au pied du
rempart public.

Les Huns, étant donc partis de la Pannonie, vinrent,
dépeuplant le pays, à la ville de Metz, où ils arrivèrent,
ainsi que quelques-uns le rapportent, la veille du saint
jour de Pâques. Ils livrèrent la ville aux flammes, passèrent les habitants au fil de l'épée, et égorgèrent même
les prêtres du Seigneur devant les autels sacrés. Rien
n'échappa à l'incendie que l'oratoire de Saint-Étienne.
Je n'hésite pas à raconter ce que j'ai entendu dire
à quelques-uns au sujet de cet oratoire. Ils rapportent
qu'avant l'arrivée des ennemis ils eurent une vision dans
laquelle leur apparut le bienheureux diacre Étienne,

s'entretenant avec les saints apôtres Pierre et Paul sur tous ces ravages, et disant :

« Je vous conjure, mes seigneurs, d'empêcher par votre intercession que nos ennemis ne brûlent la ville de Metz; car dans un endroit de cette ville sont les restes de mon pauvre corps; mais plutôt que les habitants connaissent que je peux quelque chose auprès du Seigneur, et que si les crimes du peuple se sont tellement accumulés que la ville ne puisse éviter l'incendie, que mon oratoire en soit au moins préservé. »

Ils lui répondirent :

« Va en paix, très cher frère, l'incendie ne respectera que ton oratoire. Quant à la ville, nous ne pouvons rien obtenir, parce que la volonté divine a déjà prononcé la sentence; car les péchés du peuple se sont accumulés, et le cri de sa méchanceté est monté jusqu'en présence de Dieu; la ville sera donc consumée par cet incendie. »

D'où il est hors de doute que c'est par leur intercession que, dans la désolation de la ville, l'oratoire est resté intact.

Cependant Attila, roi des Huns, ayant quitté la ville de Metz et ravageant impunément les cités des Gaules, vint mettre le siège devant Orléans, et tâcha de s'en emparer par le choc puissant du bélier. Vers ce temps-là, cette ville avait pour évêque le bienheureux Aignan, homme d'une éminente sagesse et d'une louable sainteté, dont les actions vertueuses ont été soigneusement conservées parmi nous. Et, comme les assiégés demandaient à grands cris à leur pontife ce qu'ils avaient à faire, celui-ci, mettant sa confiance en Dieu, les engagea à se prosterner tous pour prier et implorer avec larmes le secours du Seigneur, toujours présent dans les calamités.

Ceux-ci s'étant mis à prier, selon son conseil, le pontife dit :

« Regardez du haut des remparts de la ville si la miséricorde de Dieu vient à notre secours. »

Car il espérait, par la miséricorde de Dieu, voir arriver Aétius, que, prévoyant l'avenir, il avait été trouver à Arles; mais, regardant du haut des murs, ils ne virent personne, et l'évêque leur dit :

« Priez avec zèle, car le Seigneur vous délivrera aujourd'hui. »

Ils se mirent à prier, et il leur dit :

« Regardez une seconde fois; » et, ayant regardé, ils ne virent personne qui leur apportât du secours.

Il leur dit une troisième fois :

« Si vous le suppliez sincèrement, Dieu va vous secourir promptement. »

Et ils imploraient la miséricorde de Dieu avec de grands gémissements et de grandes lamentations. Leur oraison finie, ils vont, par ordre du vieillard, regarder pour la troisième fois du haut du rempart, et aperçoivent de loin comme un nuage qui s'élève de la terre. Ils l'annoncent au pontife, qui leur dit :

« C'est le secours du Seigneur. »

Cependant les remparts, ébranlés déjà sous les coups du bélier, étaient au moment de s'écrouler, lorsque voilà Aétius qui arrive, voilà Théodoric, roi des Goths, ainsi que Thorismond son fils, qui avancent vers la ville à la tête de leurs armées, renversant et repoussant l'ennemi. La ville ayant donc été délivrée par l'intercession du saint pontife, ils mettent en fuite Attila, qui, se jetant dans les plaines de Méry, se dispose au combat; ce que les Orléanais apprenant, ils se préparent à lui résister avec courage.

X

Frayeur des Parisiens à l'approche d'Attila. — Ils veulent abandonner leur ville pour se mettre en sûreté. — Geneviève les détourne de ce projet. — Danger qu'elle court en cette circonstance. — Arrivée de l'archidiacre d'Auxerre, qui la sauve d'une perte assurée.

Il semblait naturel qu'Attila, après s'être emparé de Metz et des autres villes qui se trouvaient sur son passage, marchât sur Paris, qui lui offrait une proie riche et facile. Les Parisiens, croyant déjà le voir à leurs portes et désespérant de pouvoir lui résister, ne soupçonnèrent plus de salut pour eux que dans la fuite, et se hâtèrent de rassembler ce qu'ils avaient de plus précieux, afin de l'emporter avec eux dans les lieux où ils voulaient chercher un asile.

Ils étaient sur le point d'exécuter leur dessein, lorsque Geneviève, éclairée par l'esprit de Dieu, rassemble les dames de la ville, et les exhorte à se réunir pour désarmer la colère du Seigneur par les veilles, le jeûne et la prière; elle leur rappelle que c'est par des moyens semblables qu'Esther et Judith ont désarmé autrefois le courroux de Dieu et sauvé leur peuple près de périr. Sa voix fut entendue; un grand nombre de femmes, suivant son conseil, se renfermèrent dans le baptistère [1]

______

[1] Il était situé dans l'ancienne église appelée depuis Saint-Jean-le-Rond,

pour veiller avec elle. Toutes ensemble elles disaient comme Judith : « Seigneur, que nos ennemis périssent, eux qui s'appuient sur leur grande multitude et qui se glorifient dans leurs chariots, dans leurs dards, dans leurs boucliers, dans leurs flèches et dans leurs lances, et qui ne savent pas que c'est vous qui êtes notre Dieu, vous qui dès le commencement exterminez les armées, et que votre nom est le Seigneur. Élevez votre bras comme vous avez fait autrefois; brisez leur force par votre force; que votre colère fasse tomber devant vous ceux qui se promettent de souiller votre sanctuaire, de déshonorer le tabernacle de votre nom, et de renverser avec leur épée la majesté de votre autel[1]. » Elles disaient avec Esther : « Seigneur, assistez-nous dans l'abandon où nous sommes, puisque vous êtes le seul qui nous puissiez secourir. Le péril où nous nous trouvons est présent et inévitable. Nous avons péché devant vous, et c'est pour cela que vous nous avez livrés entre les mains de nos ennemis. Mais maintenant ils ne se contentent pas de nous opprimer par une dure servitude; ils attribuent la force de leurs bras à la puissance de leurs idoles. Ils veulent renverser vos promesses, exterminer votre héritage, fermer la bouche à ceux qui vous louent, et éteindre la gloire de votre temple et de votre autel, pour ouvrir la bouche des nations, pour faire louer la puissance de leurs idoles et pour relever à jamais un roi de chair et de sang. Seigneur, n'abandonnez pas votre sceptre à ceux qui ne sont rien, de peur qu'ils ne se rient de notre ruine; mais faites retomber sur eux leurs mauvais desseins, et perdez celui qui

près Notre-Dame, et qui servait elle-même de baptistère à la cathédrale. —
[1] Judith ix, 9, 10, 11.

a commencé à nous faire ressentir les effets de sa cruauté. Souvenez-vous de nous, Seigneur, montrez-vous à nous dans le temps de notre affliction; délivrez-nous par votre puissante main, et assistez-nous, Seigneur, vous qui êtes notre unique secours[1]. »

Sainte Geneviève chercha aussi à persuader aux hommes que leur projet de quitter Paris était insensé, les assurant que cette ville n'avait rien à craindre, tandis que celles où ils voulaient chercher un asile seraient livrées au pillage et n'offriraient bientôt plus qu'un monceau de ruines.

« Attila, leur disait-elle, ne viendra même pas attaquer Paris; il s'en détournera pour aller porter ses fureurs d'un autre côté. Restez donc dans vos demeures, et croyez que la protection du Ciel ne vous manquera pas si vous l'implorez avec confiance. »

Quelques-uns se rendirent à ces salutaires avis; mais le plus grand nombre se souleva contre celle qui les donnait, prétendant, dit un ancien auteur, que « c'était une sorcière qui s'efforçait d'endormir les Parisiens à leur ruine ». Aussitôt ces malheureux conspirèrent la perte de celle qui voulait les sauver. D'accord sur le but, ils ne différaient plus que sur les moyens d'exécuter leur projet criminel. Les uns, pour assouvir plus complètement leur haine, voulaient la faire périr sous une grêle de pierres; les autres, pour en finir plus tôt avec la servante de Jésus-Christ, qu'ils traitaient de fausse prophétesse, étaient d'avis qu'on la précipitât dans la Seine.

Le péril était imminent, et Geneviève n'avait rien à

---

[1] Esther xiv.

Sainte Geneviève exhorte les Parisiens.
(D'après Delaunay.)

opposer à la fureur de ses ennemis que son innocence et ses larmes. Mais Dieu, qui ne laisse point le faible sans appui, voulut que l'heure qui devait marquer le supplice de la sainte fût celle de son triomphe.

Il arriva en effet que, dans ce même temps, l'archidiacre d'Auxerre vint à Paris et s'informa de Geneviève. On lui dit et le conseil qu'elle avait donné, et le danger que couraient ses jours. A cette nouvelle, l'archidiacre frémit, et se hâtant d'aller trouver les ennemis de la sainte :

« Que faites-vous? leur dit-il; vous voulez punir comme une criminelle celle que Dieu a élue dès le sein de sa mère? Oui, Dieu l'a choisie spécialement; ainsi nous l'avons appris de Germain, notre bienheureux évêque, et voici des eulogies[1] que je lui apporte de sa part. »

Au nom du pieux évêque d'Auxerre, la multitude, qui était pour lui pleine de vénération, et qui se rappelait comment une fois déjà il avait prouvé l'innocence de Geneviève attaquée par la calomnie, prit des sentiments tout différents de ceux qui l'animaient un instant auparavant; et, passant des transports de la haine à ceux de l'admiration, elle se mit à célébrer à haute voix les louanges de l'humble vierge de Nanterre.

Cependant l'événement justifia la prédiction de Geneviève; Attila, déjà prêt à fondre sur Paris, changea tout à coup de dessein et prit une autre direction, marquant partout son passage par la dévastation, en sorte que ceux qui avaient cherché leur salut dans la fuite eurent

---

[1] Les eulogies étaient des présents de choses bénites qu'on s'envoyait en signe d'union et d'amitié. Cette pieuse institution a été remplacée par le pain bénit, qui se distribue tous les dimanches.

bientôt lieu de se repentir de leur conduite. Il y a dans l'Ancien Testament un fait qui a trop de ressemblance avec celui-ci pour que nous ne le rapportions pas. Lorsque Nabuchodonosor s'empara de Jérusalem sous le règne de Sédécias, un certain nombre de Juifs ne furent point transportés à Babylone, et eurent la permission de rester dans la ville conquise. Ces Juifs vinrent trouver le prophète Jérémie et lui dirent :

« Recevez favorablement notre très humble supplication, et priez le Seigneur votre Dieu pour nous, pour ce petit reste de tout son peuple, en étant demeuré si peu d'une si grande multitude d'hommes, comme vous le voyez de vos propres yeux, afin que le Seigneur notre Dieu nous découvre la voie par laquelle nous devons marcher et ce que nous devons faire. Que le Seigneur soit témoin entre nous, ajoutèrent-ils, de la vérité et de la sincérité de la parole que nous vous donnons de faire tout ce que le Seigneur votre Dieu vous aura ordonné de nous dire. »

Dix jours après, le Seigneur parla à Jérémie. Celui-ci appela les principaux officiers de guerre et tout le peuple, depuis le plus petit jusqu'au plus grand, et il leur dit :

« Voici ce que dit le Seigneur, le Dieu d'Israël, auquel vous avez voulu que je m'adressasse pour présenter vos prières devant sa face. Si vous demeurez en repos dans ce pays, je vous édifierai et ne vous détruirai point; je vous planterai et ne vous arracherai point; car je suis déjà apaisé par le mal que je vous ai fait. Ne craignez pas le roi de Babylone, qui vous fait trembler; ne le craignez point, dit le Seigneur, parce que je suis avec vous pour vous sauver et pour vous tirer d'entre ses mains. Je vous ferai même trouver grâce devant lui; il aura pitié de vous et vous fera demeurer en paix dans votre pays. Que si, refusant d'obéir à la voix du Seigneur votre Dieu, vous dites : Nous ne demeurerons point dans cette terre; si vous répondez : Nous n'en ferons rien; mais nous nous retirerons en Égypte, où nous ne verrons point la guerre, où nous n'entendrons point le bruit des trompettes, où nous ne souffrirons point la faim, et nous y demeurerons en paix : écoutez maintenant sur cela la parole du Seigneur : L'épée que vous craignez tant vous surprendra dans l'Égypte, la famine qui vous donne tant d'inquiétude s'y attachera à vous, et vous y mourrez. »

« Tous ceux qui se seront opiniâtrés à se retirer en Égypte pour y demeurer mourront par l'épée, par la famine et par la peste; il n'en demeurera pas un seul, et nul n'échappera aux maux que je ferai tomber sur eux [1]. »

La chose arriva comme le prophète Jérémie l'avait prédit.

[1] Jerem. XLII.

XI

Crédit de Geneviève auprès des grands. — Elle recouvre l'estime des Parisiens. — Siège de Paris. — Famine horrible. — Geneviève, par son zèle et sa charité, procure des vivres aux habitants.

Les vertus de Geneviève, sa charité inépuisable, son dévouement à toutes les souffrances, les bienfaits qu'elle répandait sur son passage, lui donnèrent partout de bonne heure un crédit considérable auprès des grands. Nous en trouvons dans son histoire une preuve éclatante. Childéric, père de Clovis, en marchant avec les Romains, passait souvent par Paris. Ses troupes campaient dans les plaines voisines, et leur roi même logeait dans le camp. Il arriva qu'un soldat se rendit coupable de maraudage. Il fut surpris en flagrant délit et conduit à Childéric, qui, voulant frapper par un exemple terrible ceux qui seraient tentés de l'imiter, le condamna à mort. Si cette sévérité était nécessaire au maintien de la discipline, elle ne laissait pas d'exciter la pitié en faveur du coupable. Ceux qui s'intéressaient plus particulièrement au sort de ce malheureux avertirent Geneviève du danger qu'il courait, et la prièrent d'intercéder en sa faveur auprès du roi. Geneviève se mit aussitôt en devoir d'aller trouver Childéric, qui était dans la ville ; mais ce prince, averti qu'elle voulait lui parler, se douta du sujet qui l'amenait vers lui, et, craignant de ne pouvoir résister aux sollicitations de cette sainte fille, il se hâta de sortir de Paris pour faire exécuter ses ordres. Il avait commandé de fermer les portes derrière lui ; cette précaution fut inutile : Geneviève se les fit ouvrir et rejoignit le roi, qui ne put lui refuser la grâce du coupable.

Depuis que Dieu avait marqué d'une manière si évidente sa protection à l'égard de Geneviève, elle recevait tous les jours des Parisiens des témoignages de reconnaissance et d'admiration, et ils n'entreprenaient rien sans la consulter. Aussi éprouvèrent-ils plus d'une fois encore les effets de sa puissante intercession auprès de Dieu et de son inépuisable charité. A cette époque, les Francs n'occupaient encore que le nord de la Gaule, et Paris n'était point sous leur domination. Il arriva que le roi Clovis, jaloux d'étendre de plus en plus la puissance de sa nation, vint assiéger cette ville avec une armée nombreuse, et la réduisit en peu de temps à la plus affreuse disette. Tous les habitants étaient consternés ; ils ne voulaient pas se rendre, et ils comprenaient que leur résistance allait coûter la vie à une foule d'infortunés. Les mères, pressant leurs enfants sur leur sein, demandaient en vain quelques aliments pour les aider à soutenir une existence qui leur était plus chère que leur propre vie ; les vivres étaient si rares, qu'il leur fallait renoncer à l'espoir d'obtenir ceux qui leur étaient nécessaires. Geneviève ne put supporter le spectacle de tant de misères sans essayer d'y apporter quelque remède ; elle entreprit de se rendre à Arcis-sur-Aube, afin d'en rapporter des vivres. C'était un voyage très long pour cette époque, et surtout il n'était pas sans danger ; il fallait remonter la Seine et l'Aube, et il y

avait dans l'une de ces deux rivières un passage si difficile, que presque tous les bateaux qui osaient s'y engager
périssaient, ou n'en sortaient que fort endommagés.
Geneviève ne s'effraya pas de cet obstacle, que l'on
disait insurmontable ; elle s'embarqua sans crainte,
parce qu'elle avait mis son voyage, comme elle faisait
pour toutes ses entreprises, sous la protection du Ciel.
Elle savait, sur la parole de Jésus-Christ, que la foi est
capable de transporter des montagnes, et qu'il n'est rien
que la prière ne puisse obtenir lorsqu'elle est faite avec
l'esprit que Dieu veut que nous y apportions. Sur cette
assurance, elle n'hésita pas, elle, pauvre et simple fille,
à entreprendre une navigation qui effrayait les hommes
les plus intrépides et les mieux éprouvés. Quand on fut
arrivé à l'endroit du péril, elle commanda aux bateliers
de la déposer à terre et d'y venir avec elle. Lorsqu'ils
y furent, elle leur montra un arbre, leur fit comprendre
que c'était toute la cause du danger et leur dit de
l'abattre. Ils se mirent aussitôt en devoir de lui obéir ;
et tandis qu'ils frappaient à coups de hache, Geneviève
priait avec ferveur. Bientôt on vit l'arbre s'incliner et se
déraciner comme de lui-même, et depuis ce temps aucun
bateau ne périt en cet endroit.

Dès que Geneviève fut arrivée à Arcis, elle employa
tout son zèle à solliciter la charité des habitants en faveur
des malheureux Parisiens. Partout où elle s'adressa
sa voix fut entendue, et en peu de temps elle eut réuni
assez de vivres pour en charger onze bateaux. Elle se
remit en route avec ces provisions abondantes, rendant
grâces à Dieu, qui avait permis que sa mission eût un
si heureux succès. Pendant quelque temps les barques,
portées doucement par le courant, eurent à peine besoin

d'être dirigées, et tout faisait espérer qu'elles arriveraient sans encombre jusqu'au lieu de leur destination. Mais, lorsqu'on eut fait environ la moitié de la route, il s'éleva

Sainte Geneviève fait entrer des vivres dans Paris affamé.

subitement une violente tempête. La rivière, tout à l'heure si calme, devint fortement agitée, et les barques furent jetées par la fureur de l'ouragan entre des arbres et des rochers, d'où elles ne pouvaient se dégager. Déjà l'eau y pénétrait de toutes parts et commençait à les faire pencher du côté où les entraînait le poids des marchandises. Tout le monde tremblait en songeant que l'espoir de tant d'infortunés était sur le point d'être détruit. Geneviève seule ne se laissait point aller à ces frayeurs, non qu'elle fût indifférente au malheur qui résulterait pour tout un peuple de la perte de ces bateaux: qui plus qu'elle, au contraire, devait en être profondément touché? mais plus le péril était imminent, plus elle sentait redoubler sa foi. Elle se prosterna donc humblement; et, s'adressant à Celui qui calme à son gré les tempêtes, elle lui demanda dans une fervente prière d'avoir pitié de tant d'infortunés, qui n'avaient plus d'autres ressources pour soutenir leur existence que les secours qu'elle s'efforçait de leur porter. Ses vœux furent exaucés: à l'instant même les barques se redressèrent et recommencèrent à voguer en paix sur le fleuve devenu tranquille. Un prêtre nommé Bessus, qui avait ressenti un grand effroi au milieu du danger, se voyant, avec ses compagnons de voyage, sauvé si miraculeusement, ne put s'empêcher de faire éclater sa joie en chantant tout haut ces paroles de la sainte Écriture: « C'est à Dieu que nous devons notre salut et notre délivrance; il est venu à notre aide et nous a couverts de sa protection. » Et tous s'unirent à lui pour rendre des actions de grâces à Celui dont la main toute-puissante venait de les arracher à une mort presque certaine.

Il est inutile de dire avec quelle joie Geneviève fut reçue par les Parisiens lorsqu'elle entra dans leurs murs. Tous l'appelaient leur libératrice et ne pouvaient lui marquer assez de reconnaissance, tandis que cette sainte fille les engageait à oublier les efforts qu'elle avait tentés pour eux, et à rapporter à Dieu tout le bien qu'il avait daigné faire par ses mains. Au reste, ce n'était pas assez pour Geneviève d'avoir obtenu des vivres et de les avoir fait parvenir à Paris, il fallait encore les distribuer avec prudence; car la charité aussi a sa prudence; et il ne suffit pas, pour pratiquer dignement cette vertu, de répandre à pleines mains les dons et les aumônes; il est nécessaire en outre d'y apporter ce discernement qui empêche que nous ne soyons trompés, et rend la répartition de nos dons plus juste sans la rendre moins généreuse. Geneviève usa donc de cette prudence toute chrétienne, et distribua du blé à chacun selon ses besoins. Souvent elle se chargeait de faire elle-même cuire le pain, et le partageait ensuite entre ceux qui souffraient le plus de la disette. Mais, comme parmi les pauvres il s'en trouvait quelques-uns qui, loin de souffrir leurs maux avec patience, murmuraient et offensaient Dieu, elle leur donnait des pains entiers pour arrêter le blasphème sur leurs lèvres. Les filles qui l'aidaient à faire cuire ces pains, voyant que le nombre diminuait même dans le four, ne savaient que penser, et cherchaient avec soin ceux qui pouvaient les avoir dérobés. Elles rencontrèrent plusieurs de ces pauvres gens à qui leur charitable maîtresse les avait donnés, et qui la bénissaient à haute voix d'avoir ainsi exercé sur eux une double charité, en empêchant leur âme de se livrer au péché, et en donnant à leur corps le pain qui devait les sauver d'une mort certaine. C'est ainsi qu'elles découvraient les bienfaits dont Geneviève se plaisait à combler secrètement les malheureux qui l'imploraient dans leur détresse [1].

____

[1] Charpentier, II, 50.

XII

Crédit de Geneviève auprès des Parisiens. — Elle fonde un monastère. —
Histoire de Célinie, l'une des premières vierges qui entrèrent dans cette
pieuse maison.

Geneviève avait une seconde fois sauvé les Parisiens;
l'envie n'osait plus s'attaquer à ses vertus, ou plutôt
il semblait que ceux qui s'étaient le plus efforcés de
noircir sa réputation par leurs calomnies voulussent
réparer leurs injustices à son égard. Tous, en effet, se
plaisaient à proclamer sa sagesse, à confesser qu'elle était
animée et éclairée de l'esprit de Dieu, à reconnaître
l'efficacité de ses prières, à se mettre sous sa protection,
à se conduire en tout par ses avis; les vierges la suppliaient de leur servir de mère; les veuves voulaient
apprendre d'elle à sanctifier leur viduité; les unes et les
autres croyaient ne pouvoir marcher sûrement que sous
ses pieux auspices. Ce fut pour céder à tant d'instances
qu'elle fonda un monastère qui s'appela depuis monastère
des Audriettes, du nom de sainte Alde ou Aude, la plus
célèbre des saintes filles qui vécurent dans cette maison.

Une des premières vierges qui vinrent s'enfermer
dans cette retraite offerte à l'innocence fut une jeune
personne nommée Céline ou Célinie. Naissance, fortune,
esprit, beauté, elle possédait tous les avantages naturels

qui peuvent procurer dans le monde un brillant établissement. Aussi n'avait-elle pas tardé à être recherchée en mariage par plusieurs jeunes gens. Quoique Célinie fût dès lors d'une grande piété, persuadée que notre sainteté ne dépend pas de l'état que nous embrassons, mais de la manière dont nous nous y conduisons, elle n'avait marqué aucune répugnance pour accepter un époux. Elle était donc fiancée à un jeune homme de grande espérance qui avait conçu pour elle une violente passion, et rien ne semblait devoir contrarier l'accomplissement de cette union. Mais Dieu, qui tient dans ses mains tous les cœurs et qui les incline à son gré, destinait Célinie à de plus augustes nœuds.

Célinie habitait Meaux ; sainte Geneviève ayant fait un voyage dans cette ville, elles eurent occasion de se voir : il est facile d'imaginer quelle dut être leur entrevue. Geneviève, depuis longtemps consacrée à Dieu, n'avait plus rien à craindre des tempêtes du monde ; elle les regardait en quelque sorte de loin, comme le marin retiré dans le port considère la fureur des vagues auxquelles il vient d'échapper. Aussi tout respirait en elle ce calme et cette sérénité qui semble un avant-goût des douceurs du Ciel. Célinie ne put voir sans en être profondément touchée cet éclat de félicité angélique répandu sur toute la personne de la vierge de Nanterre. Elle se demanda si elle aussi ne pouvait pas aspirer au même bonheur, à la même tranquillité d'âme. C'est dans la vivacité de ce nouveau désir qu'elle alla trouver Geneviève. Cette démarche seule indiquait assez que la grâce avait déjà parlé à son cœur. Il n'y eut donc pas besoin de longs discours pour la convaincre de la vanité des biens du siècle et de la réalité du bonheur de se donner à Dieu. En quelques mots Geneviève lui fit comprendre qu'elle ne trouverait dans le monde aucune joie solide ; que tout y était trouble et agitation sans fin, espérances brisées, illusions éphémères suivies de longs regrets. Elle ajouta qu'elle ne pouvait, sans se rendre coupable d'une grande faute, résister à la sainte inspiration par laquelle Dieu l'appelait si visiblement à lui. Dès qu'elle eut achevé, Célinie, rompant subitement avec tout ce qui pouvait lui rappeler un état où elle ne voulait plus vivre, se dépouilla de la riche parure dont elle était revêtue, et reçut des mains de Geneviève la tunique bleu de ciel et le manteau noir que portaient alors les vierges consacrées à Dieu, et qui servaient à les distinguer du reste des femmes.

Dès que le jeune homme qui était fiancé à Célinie apprit ce qui venait de se passer, il se hâta d'accourir à Meaux pour revendiquer ses droits. Il pleura, il pria, il menaça ; tout fut inutile, la jeune vierge demeura inébranlable dans sa résolution. Alors, désespérant de triompher de sa constance, il jura, dans sa colère, de se venger d'elle un jour, aussi bien que de celle qui l'avait aidée à accomplir son projet.

Célinie courut aussitôt dire à sa sainte protectrice le danger qui les menaçait toutes deux. Geneviève ne craignit rien pour elle-même ; mais elle crut devoir mettre en sûreté cette jeune fille qui s'était adressée à elle avec tant de confiance, et dont elle était devenue en quelque sorte la mère spirituelle. D'ailleurs elle savait que l'esprit des ténèbres ne dort jamais, et qu'il ne manquerait pas de saisir la moindre occasion qu'on lui laisserait de renouer les liens qui attachaient Célinie au monde et qu'elle venait de briser si courageusement.

Elle prit donc le parti de fuir avec elle et de l'emmener loin de son fiancé. Elles se disposèrent sur-le-champ à quitter Meaux ; mais, comme elles allaient sortir de la ville, elles aperçurent le jeune homme qui venait à leur rencontre. Pour se soustraire à sa fureur, elles se dirigèrent vers l'église ; à leur approche, les portes du baptistère s'ouvrirent d'elles-mêmes et leur donnèrent un sûr asile contre ses poursuites. Frappé de ce miracle, le jeune homme y reconnut la main de Dieu, et renonça dès lors à ses injustes prétentions.

Geneviève, remerciant le Ciel d'avoir manifesté si visiblement sa volonté, conduisit Célinie dans la sainte retraite qu'elle avait ouverte à l'innocence. Elle y vécut longtemps dans le glorieux état de la virginité, et ne cessa de faire l'édification de ses compagnes par l'humilité avec laquelle elle pratiqua toutes les vertus. Après sa mort elle fut mise au rang de celles dont les fidèles invoquent le secours dans leurs prières, et sa mémoire est encore honorée dans les églises de Paris et de Meaux.

Saint Paul, s'adressant aux vierges, les exhorte à demeurer libres, n'ayant d'autre époux que l'Époux céleste ; et voulant en donner la raison, il ne dit pas : C'est afin que vous soyez dans une oraison plus éminente ; il dit : « Afin que vous ne soyez point dans un malheureux partage entre Jésus-Christ et un époux mortel, entre les exercices de la religion et les soins dont on ne peut se garantir quand on est dans l'esclavage du siècle ; c'est afin que vous puissiez « prier sans empêchement » ; c'est que vous auriez, dit-il, dans le mariage, « les tribulations de la chair, et je voudrais vous les épargner ; » c'est, dit-il encore, « que je voudrais vous voir dégagée de tout embarras [1]. » A la vérité, ce n'est pas un précepte ; car cette parole, comme Jésus-Christ le dit dans l'Évangile [2], ne peut être comprise de tous. Mais heureux, même dès cette vie, ceux à qui il est donné de la comprendre, de la goûter et de la suivre ! Ce n'est pas un précepte, mais un conseil de l'Apôtre plein de l'esprit de Dieu : c'est un conseil que tous n'ont pas le courage de suivre, mais qu'il donne à tous en général, afin qu'il soit suivi de ceux à qui Dieu mettra au cœur le goût et la force de le pratiquer [3]. »

Ce conseil de la perfection, Célinie l'entendit, et ne recula devant aucun des sacrifices qu'il imposait. Richesses, brillant parti, joies recherchées, elle mit tout sous ses pieds, et, se faisant une sainte violence pour sortir du monde, elle dit avec le roi-prophète : « Il m'est bon d'être unie à Dieu. » Qui oserait prétendre qu'elle se soit trompée dans le choix qu'elle eut le courage de faire ?

[1] I Cor. vii, 25 et seq. — [2] Matth. xix, 11. — [3] Bossuet, *Entretiens sur la vie religieuse.*

XIII

Quelques auteurs ont prétendu que la religion chrétienne avait été prêchée dans une partie des Gaules par saint Luc, et surtout par saint Crescent, disciple de saint Paul. On sait d'ailleurs que, pendant le IIe siècle, saint Irénée étendit beaucoup dans cette contrée le royaume de Jésus-Christ. Cependant la lumière de l'Évangile ne pénétra pas sitôt jusqu'au nord de la Gaule ; ce ne fut que vers le milieu du IIIe siècle qu'elle se répandit dans tous les points de ce pays. A cette époque, saint Fabien, qui occupait le siège de Rome, envoya en Gaule sept missionnaires, au nombre desquels étaient saint Martial de Limoges, saint Gatien de Tours, et saint Denis, qui s'avança plus loin que les autres et alla se fixer à Paris. C'est à ce dernier ou à ses disciples que la religion fut redevable de la fondation des églises de Chartres, de Senlis, de Meaux, de Cologne et de quelques autres qui florissaient dans le IVe siècle.

Après avoir converti à la foi un grand nombre d'idolâtres et rempli avec un zèle tout apostolique les fonctions de l'épiscopat, saint Denis termina sa carrière

par un glorieux martyre. On pense généralement qu'il
souffrit pendant la persécution de Valérien, en 272, et
qu'il périt par le glaive avec le prêtre Rustique et le
diacre Éleuthère. Les trois martyrs furent jetés dans
la Seine; mais une femme chrétienne nommée Catula
trouva moyen de les en retirer et de les enterrer hono-
rablement près du lieu où ils avaient été décapités. Les
fidèles bâtirent dès lors une chapelle sur leur tombeau.

Cette chapelle était déjà détruite depuis longtemps,
lorsqu'en 469 Geneviève, qui avait une dévotion particulière à saint Denis et à ses compagnons, voulut leur
donner un témoignage particulier de sa vénération en
faisant élever un temple en leur honneur sur le lieu même
où ils avaient reçu la sépulture. Mais que pouvait une
humble et simple fille sans fortune et sans nom pour une
entreprise aussi considérable? Où trouver les ressources
nécessaires à la construction d'un édifice digne du saint
apôtre de la France et de ses généreux compagnons?
Geneviève cependant ne se décourage pas; elle sait que
Dieu est toujours prêt à nous venir en aide dans les
choses que nous faisons pour sa gloire, et plus d'une
fois elle a éprouvé par elle-même que sa puissante protection ne manque point à ceux qui savent l'invoquer
selon le véritable esprit de la religion. Elle place donc
en lui toute son espérance pour les succès de son pieux
projet, et ne doute pas qu'il ne le fasse réussir au delà
de ses vœux, s'il doit y trouver la gloire et l'honneur
dus à son nom divin.

Il peut arriver néanmoins que nous nous fassions illusion même pour les œuvres les plus saintes. Parce que
nous nous sommes dit que c'est pour Dieu que nous les
entreprenons, nous nous figurons que cela suffit, et

qu'après tout doit réussir au gré de nos désirs. Nous ne
voyons pas que sous cette apparence de zèle se cache
encore un reste d'amour-propre, et que, sous prétexte
de plaire à Dieu, c'est seulement notre satisfaction personnelle que nous cherchons. Ce n'est pas ainsi qu'agit
la véritable humilité. Pleine de la plus entière confiance
dans le secours du Ciel, elle n'en attend pas moins avec
une patience et une soumission parfaites ce qu'il lui plaît
d'ordonner, certaine qu'il n'accorde et ne refuse rien
que selon les lois de sa bonté et de sa justice infinies.
Surtout l'humilité ne se fie point à ses propres pensées,
et s'en remet toujours aux avis de quelques personnes
d'une prudence éprouvée. C'est, pourquoi Geneviève
n'eut pas plus tôt conçu le dessein dont nous venons de
parler, qu'elle se hâta d'en faire part aux prêtres du
bourg de Catule[1], où les précieuses reliques étaient
déposées. Élever une basilique en l'honneur de ceux qui
étaient venus planter la foi dans les Gaules, consacrer la
mémoire du supplice qu'ils avaient souffert si généreusement pour le nom de Jésus-Christ, les proposer comme
des modèles à l'imitation de tous, et par-dessus tout
rendre gloire à Dieu, qui est toujours si admirable dans
ses saints et qui fait par eux de si grandes choses : un
tel projet devait être bien accueilli par des ministres
qui n'avaient d'autre pensée que d'être agréables à ce
même Dieu et de faire connaître de plus en plus et respecter son nom. Ils entendirent donc avec joie les
paroles de Geneviève, et ne doutèrent pas qu'elles ne
fussent l'effet d'une inspiration du Ciel ; mais en même
temps ils éprouvèrent une grande affliction en pensant

----

[1] Aujourd'hui Saint-Denis.

que cette sainte entreprise était trop au-dessus de leurs forces, et qu'elle ne se réaliserait peut-être jamais. Ils ne cachèrent pas à la pieuse vierge qu'ils conservaient peu d'espoir de voir s'élever le temple dont elle leur parlait, et, pour lui donner une idée de la faiblesse de leurs ressources, ils ajoutèrent qu'ils n'auraient pas même le moyen de se procurer la chaux nécessaire pour commencer la construction de l'édifice. En ce moment Geneviève sent redoubler sa foi, elle lève les yeux au ciel, elle prie avec ferveur ; puis, s'adressant aux prêtres qui étaient présents :

« Mes pères, s'écrie-t-elle d'un accent prophétique, que quelqu'un de vous aille vers le pont de la ville, et qu'il me rapporte ce qu'il y aura entendu. »

Ces pieux ecclésiastiques, qui ne voyaient plus en Geneviève une personne ordinaire, mais une vierge privilégiée que Dieu éclairait de ses lumières, et par la bouche de laquelle il faisait entendre sa volonté, obéirent sur-le-champ et sans hésitation. Ils se rendirent au lieu indiqué, et là ils écoutèrent avec soin s'il serait dit quelque chose d'utile au dessein qu'avait conçu Geneviève. Ils approchaient déjà du pont et n'avaient rien entendu encore, lorsque tout à coup ils aperçurent deux pâtres qui s'entretenaient ensemble ; ils prêtèrent l'oreille à leur conversation et ne furent pas peu surpris d'entendre l'un d'eux dire à l'autre :

« Ce matin, en cherchant un de mes animaux qui s'était écarté du troupeau, j'ai trouvé non loin d'ici un endroit où il y a une prodigieuse quantité de chaux.

— Et moi, répondit le second pâtre, ici près, à l'entrée de la forêt, j'ai fait la même découverte sous la racine d'un arbre nouvellement arraché. »

Les ecclésiastiques, bénissant Dieu dans leurs cœurs, allèrent aussitôt reconnaître les fours à chaux, et, s'étant assurés du lieu où ils étaient situés, ils vinrent rapporter à Geneviève la découverte miraculeuse du secours que

Saint Denis et ses compagnons arrivant à Lutèce.

le Ciel leur accordait. Il est inutile de dire quelle fut la joie de la sainte : autant elle avait montré de confiance en Dieu lorsqu'elle avait appris la résolution d'élever un temple aux saints martyrs, autant elle lui témoignait de reconnaissance lorsqu'il eut manifesté d'une manière si frappante sa volonté. Mais en même temps, voulant répondre par son zèle à cette faveur extraordinaire de la divine Providence, elle s'adressa aux habitants de Catule, et, usant auprès d'eux de tout le crédit que lui donnait son immense charité, elle les sollicita de concourir de tous leurs moyens à une œuvre commencée sous de si favorables auspices. Ses exhortations furent entendues, et chacun s'empressa de mettre à sa disposition ce qu'il pouvait offrir pour la construction du pieux monument; quelques-uns voulurent y travailler de leurs propres mains, estimant qu'ils ne pouvaient être qu'agréables à Dieu en consacrant leurs forces à élever une basilique qui devait étendre et perpétuer la gloire de son nom.

Au reste, il plut au Seigneur de faire alors un nouveau miracle pour justifier la foi de sa servante et consoler la piété de ceux qui l'aidaient avec un si généreux empressement. Un jour, il faisait une chaleur excessive, et les ouvriers, épuisés de fatigue, n'avaient plus de vin pour réparer leurs forces. Le prêtre Génésius, qui était chargé de diriger la construction de l'édifice, en avertit notre sainte. Aussitôt elle se jeta à genoux, et versant des larmes abondantes, elle conjura Dieu d'avoir pitié de ces pauvres gens et de venir à leur secours. Dès qu'elle sentit que sa prière était exaucée, elle se leva, prit entre ses mains le vase où il ne restait plus rien de la liqueur qu'on y avait mise pour les travailleurs; elle fit dessus le signe de la croix, et au même instant il se trouva de nouveau complètement rempli. L'auteur qui nous a transmis ce fait ajoute que, tant que dura l'ouvrage, ce secours miraculeux ne manqua pas un seul jour.

Ainsi Geneviève conçoit un projet dont l'exécution

paraît presque impossible humainement; elle n'a aucune
ressource à sa disposition, elle n'a d'autre éloquence
pour persuader les peuples de l'aider dans son œuvre
que la charité dont elle est animée; et cependant a-t-elle
fait part de sa pensée à quelques fidèles, que Dieu lui-
même vient lui offrir les moyens de commencer l'entreprise qu'elle médite, et lui fournit ensuite ceux de la
continuer et de l'achever. Soyons, comme la pieuse
vierge de Nanterre, pleins de confiance dans la puissance
et dans la bonté de Dieu, et, comme elle, nous éprou-
verons la vérité de ces paroles de Notre-Seigneur :
« Tout ce que vous demanderez en mon nom, vous l'ob-
tiendrez. »

XIV

Avant la construction de l'église Saint-Denis, il n'était point de lieu où Geneviève aimât autant venir se prosterner pour prier que le tombeau de ce saint martyr et de ses compagnons. Mais depuis qu'il avait plu à Dieu de faire en cet endroit de si grandes choses en sa faveur, depuis que les saintes reliques étaient déposées dans un temple digne d'elles, elle y venait plus fréquemment encore s'agenouiller sur la pierre du sanctuaire pour épancher librement son cœur devant le divin objet de son amour, pour le conjurer de ne pas laisser incomplète l'œuvre si heureusement commencée par saint Denis, pour lui demander de faire fructifier par toute la France la céleste semence de l'Évangile, en sorte qu'il ne restât plus le moindre vestige d'idolâtrie.

C'était d'ordinaire avant l'aurore que Geneviève se rendait à l'église des saints martyrs, et elle continuait d'y prier longtemps après le coucher du soleil, sans cesser de trouver dans cet exercice des délices toujours nouvelles. Elle avait surtout l'habitude de passer en pieuses veilles les nuits du samedi au dimanche, à l'imitation des premiers chrétiens, qui honoraient ainsi le jour du Seigneur. Elle menait presque toujours avec elle les jeunes filles qui vivaient sous sa direction dans la communauté qu'elle avait fondée. Comme elles se mettaient en route de grand matin, il leur fallait le plus souvent des lumières pour éclairer leur marche.

Un jour que le temps était mauvais, le cierge que l'une d'entre elles portait devant Geneviève s'éteignit tout à coup et les laissa dans une obscurité profonde. On se figure sans peine quels devaient être le trouble et la frayeur de ces jeunes vierges au milieu d'épaisses ténèbres, dans des chemins difficiles, qu'une pluie abondante rendait encore plus périlleux. Geneviève seule ne se troubla pas ; *elle seule est à l'abri des terreurs de la nuit,* des dangers des ténèbres, parce qu'elle a mis son espérance dans le Très-Haut, et qu'elle croit à la parole de Celui qui a dit : « Le mal n'approchera point de vous ; car le Seigneur a ordonné à ses anges de vous garder dans toutes ses voies. Ils vous porteront dans leurs mains, de peur que votre pied ne heurte contre la pierre[1]. » Elle demande le flambeau, et à peine on l'a remis entre ses mains, qu'il brille d'un éclat nouveau. Pleine de joie à la vue de ce prodige, la petite troupe continue sa marche en rendant à Dieu des actions de grâces, et arrive sans autre accident au pied des saints autels.

Des miracles semblables se renouvelèrent souvent en faveur de Geneviève ; mais nous avons hâte d'arriver à d'autres plus éclatants. Il lui fut donné plusieurs fois de guérir de malheureux possédés en proie à des souffrances horribles.

Que l'incrédulité se rie du démon et de ses artifices ;

---

[1] Ps. xc.

pour nous, nous avons appris de l'Écriture qu'il y a des
« esprits de malice répandus dans l'air[1] » ; que ces esprits
sont « des Principautés, des Puissances » ; que leur chef
suprême est « le fort armé[2], le prince du monde[3], le roi
du siècle[4] » ; nous savons que depuis le jour où, voulant
s'égaler au Très-Haut, il fut précipité du ciel, il est en
proie à la rage et au désespoir[5], et qu'il tourne sa haine
contre tout ce qui existe. L'Évangile nous apprend d'ailleurs que les démons entrent quelquefois dans le corps de
certains hommes et y exercent un tel empire, que ces
malheureux deviennent véritablement les esclaves des
esprits de ténèbres ; et nous voyons dans plus d'une circonstance le Sauveur chasser ces esprits malfaisants par
la puissance de sa divine parole. A l'époque où une partie de la France était encore idolâtre, il n'était pas rare
de rencontrer quelques-uns de ces infortunés que le
démon possédait et tourmentait horriblement dans leur
corps.

Un jour on amena à Geneviève douze malheureux que
cet esprit de ténèbres tourmentait cruellement. Elle fut
émue jusqu'aux larmes des souffrances auxquelles ils
étaient en proie. Mais la douleur qu'elle éprouvait n'était
pas l'effet d'une vaine et stérile pitié : elle venait de cette
ardente charité qui la faisait prendre part à tous les
maux du prochain comme s'ils lui eussent été propres
à elle-même, en sorte qu'elle ne voyait personne souffrir
sans qu'elle cherchât à lui procurer quelque soulagement. Elle se mit donc aussitôt en prière, et conjura
Notre-Seigneur de ne pas laisser ces infortunés plus
longtemps à la merci des fureurs du démon. Tout le

[1] Ephes. vi, 2. — [2] Luc. xi, 21. — [3] Joan. xiii, 31. — [4] II Cor. iv, 4. —
[5] Apocal. xi, 12.

temps que dura son oraison, ceux-ci ne cessèrent de pousser des cris déchirants, comme cela avait presque toujours lieu quand les esprits de ténèbres se voyaient contraints de quitter les personnes dont ils s'étaient emparés. Elle commanda ensuite aux énergumènes d'aller à l'église Saint-Denis. Comme ils refusaient, ou plutôt comme le démon qui était en eux refusait d'obéir, elle leur fit lier les mains derrière le dos et les contraignit de marcher en cet état, en leur enjoignant de se taire. Elle se rendit après eux dans le temple, et se remit à prier de toute la ferveur de son âme.

Alors ils recommencèrent à pousser des cris affreux, en disant qu'ils voyaient venir ceux que Geneviève appelait à leur secours. Elle se releva enfin ; et, s'approchant des infortunés qui lui avaient confié le soin de leur délivrance, elle fit sur chacun d'eux le signe auguste de la croix. Aussitôt une odeur infecte se répandit dans le temple, et fit connaître aux assistants que les esprits immondes abandonnaient leur proie.

Pénétrés de reconnaissance, les malheureux possédés bénirent mille fois le Seigneur du miracle qu'il venait d'opérer en leur faveur, et tout le peuple avec eux mêlait, dans des cantiques d'actions de grâces, le nom de Geneviève à celui du Très-Haut[1].

Geneviève, qui avait montré une si grande dévotion à saint Denis ainsi qu'aux deux saints Rustique et Éleuthère, qui étaient morts avec lui pour la foi, ne pouvait manquer d'avoir également une profonde vénération pour un autre saint qui avait, lui aussi, répandu dans le pays que nous habitons les divines lumières de l'Évan-

____
[1] Charpentier, § 29.

gile, et que ses nombreux miracles ont fait appeler, à bon droit, le grand thaumaturge des Gaules. Nous voulons parler de saint Martin, évêque de Tours. Il n'est guère de saint dans l'Église, il n'en est point en France dont le nom soit plus connu et plus vénéré. Lorsque la foi vivait encore dans tous les cœurs, lorsqu'on ignorait ce que c'est que cet esprit de révolte et de sédition qui s'attaque aux choses les plus saintes, on accourait de toutes parts à la basilique Saint-Martin, et les pèlerins qui s'y pressaient n'étaient pas moins nombreux que ceux de Saint-Jacques-de-Compostelle ou de la Palestine. Les pauvres, les infirmes, tous les affligés y venaient chercher un soulagement à leurs maux; les grands et les rois y venaient s'humilier en s'agenouillant, avec cette foule pieuse de tous les rangs et de toutes les conditions, au tombeau du saint évêque; tous les fidèles y venaient demander quelques grâces, ou témoigner leur reconnaissance pour celles qu'ils avaient obtenues par l'intercession de saint Martin.

Au temps de Geneviève, il devait exister encore un grand nombre de personnes qui avaient pu voir le saint évêque de Tours, jouir de ses entretiens tout célestes, être témoins des merveilles que Dieu opérait par ses mains. Quelle ne devait dont pas être alors la dévotion à ce grand saint? Il y avait trop de rapport d'ailleurs entre les vertus que pratiquait Geneviève et celles qui avaient illustré saint Martin pour qu'elle ne lui témoignât pas une sorte de prédilection. Malgré la distance assez longue que la difficulté de voyager mettait alors entre Paris et Tours, elle entreprit donc avec joie ce pèlerinage. Elle ne le faisait que pour puiser à son tombeau des leçons de parfaite humilité; mais là encore

Dieu permit que sa puissance sur les démons parût avec
éclat. Comme elle approchait de la ville, on vit tout à
coup un grand nombre de possédés venir à sa rencontre.
Les esprits malins qui tourmentaient ces malheureux
criaient par leur bouche qu'ils se sentaient brûlés de
nouvelles flammes depuis que sainte Geneviève était à
Tours, et qu'ils souffraient entre elle et saint Martin

Tombeau de saint Martin, du Ve au XIe siècle.
(Restitué d'après le texte de saint Grégoire de Tours et les fouilles faites depuis 1860.)

d'horribles supplices. Sans se troubler de leurs clameurs,
Geneviève poursuit son chemin et se dirige vers le temple.
Là elle se prosterne et prie. Bientôt, reconnaissant
qu'elle est exaucée, elle se lève, fait sur les possédés le
signe de la croix, et force le démon à se reconnaître
vaincu et à fuir loin d'eux.

Pendant son séjour à Tours, elle délivra encore par
ses prières trois femmes cruellement obsédées par le
malin esprit. Le lendemain de ce miracle, elle assistait
à l'office de la nuit dans l'église Saint-Martin. Retirée

dans l'endroit le plus obscur du temple pour prier avec plus d'attention et se dérober aux regards des hommes, elle goûtait ces pures délices que Dieu verse dans les âmes qui lui sont fidèlement unies, lorsque tout à coup elle fut interrompue par un malheureux qui vint se jeter à ses pieds en implorant sa pitié. C'était un des chantres de l'église, dont le démon venait de s'emparer. Geneviève conjure à l'instant l'esprit des ténèbres, et à sa voix il est forcé d'abandonner sa proie. Ce prodige, dont tout le monde fut témoin, attira à la pieuse vierge la vénération publique, et on lui rendit toute sorte d'honneurs lorsqu'elle passait dans les rues[1].

Il serait trop long de rapporter tous les miracles de ce genre qui furent opérés par notre sainte. Mais ceux dont nous venons de faire mention suffisent pour nous montrer quelle est la force de la prière, et combien Dieu se plaît à nous exaucer quand nous l'invoquons avec une foi vive et une ferme espérance, et que ne nous lui demandons rien qui ne soit dans l'ordre d'une parfaite charité.

[1] Charpentier, § 45.

XV

Pieuse société qui se forme entre Geneviève, sainte Clotilde et saint Remi.
— Leurs prières obtiennent de Dieu la conversion de Clovis.

En instituant une maison où de saintes filles se consacraient, sous sa direction, au service de Dieu, en élevant un temple destiné à honorer la mémoire des premiers apôtres de la France, en montrant surtout par ses exemples les vertus qu'enfante l'Évangile, Geneviève avait fait beaucoup pour la religion; mais il restait beaucoup à faire pour remplacer partout le culte des idoles par celui du vrai Dieu. La pieuse vierge était vivement affligée de voir encore un si grand nombre d'âmes sous l'empire du démon. Tous les jours elle demandait au Seigneur d'éclairer des lumières de la foi cette belle contrée; elle le priait surtout de toucher le cœur du fils de Childéric, de ce Clovis qui était connu par son courage et son habileté, mais dont les yeux étaient encore couverts des ténèbres de l'idolâtrie. Dieu, qui avait sur ce prince de merveilleux desseins, qui voulait en faire un instrument puissant pour étendre le règne de Jésus-Christ, et qui le destinait à devenir la tige de cette longue suite de rois qui eurent la gloire d'être appelés les fils aînés de l'Église; Dieu suscita à côté de Geneviève deux autres âmes saintes, qui mettaient comme elle tout leur bonheur à faire fructifier sur tous les points de la France la céleste semence de la foi, et demandaient en particulier au Ciel la conversion du roi des Francs : nous voulons parler de saint Remi, évêque de Reims, et de sainte Clotilde, épouse de Clovis.

Saint Remi n'avait que vingt-deux ans lorsqu'il fut élu pour remplir le siège épiscopal de Reims. Son mérite extraordinaire parut aux évêques de la province une raison suffisante pour lui accorder la dispense de l'âge requis par les canons. Le nouvel évêque se livra avec une ardeur incroyable à toutes les fonctions de son ministère. Il priait, il méditait les Écritures, il instruisait le peuple confié à ses soins; il travaillait sans cesse à la conversion des pécheurs, des hérétiques et des infidèles. Il annonçait les divins oracles avec tant de force et d'onction, que plusieurs l'appelaient un second saint Paul.

Les discours de saint Remi tiraient principalement leur force de la sainteté du prédicateur, qui pratiquait le premier les vérités qu'il annonçait aux autres. Dieu confirma aussi par le don des miracles la doctrine que prêchait son serviteur. Ce fut ainsi qu'il le prépara à devenir l'apôtre d'une grande nation. Dans le même temps que Clovis était encore adonné aux erreurs du paganisme, il traitait déjà avec bonté les chrétiens, et surtout les évêques; cependant on peut dire qu'il n'était point de prélat qu'il honorât à l'égal de saint Remi. C'était pour les fidèles un grand sujet de joie; car ils pensaient avec raison que le vertueux évêque de Reims persuaderait un jour à ce prince d'entrer dans le sein de l'Église.

Mais c'est particulièrement de la pieuse Clotilde que

Bataille de Tolbiac.

Dieu voulut se servir pour amener Clovis à la foi catholique. Cette princesse, en s'efforçant tous les jours d'adoucir les mœurs farouches de son mari, le disposait insensiblement à embrasser la religion véritable. Étant devenue mère d'un fils qu'on nomma Ingomer, elle le fit baptiser. Le jeune prince mourut au bout de quelques jours, lorsqu'il portait encore l'habit blanc qu'on donnait dans l'église à ceux qui avaient reçu le baptême. Clovis fut vivement affligé de cette perte et voulut en rendre Clotilde responsable.

« Si l'on avait invoqué, lui dit-il, le nom de mes dieux sur mon fils, il vivrait encore; mais parce qu'il a été baptisé au nom du vôtre, la mort me l'a enlevé. »

La reine se contenta de lui répondre qu'elle s'estimait heureuse d'avoir mis au monde un enfant qui était en possession du royaume céleste. Quelque temps après elle accoucha d'un second fils, qui fut également baptisé et qui reçut le nom de Clodomir. Ce prince étant tombé malade, le roi, transporté de colère, dit à Clotilde :

« Voilà l'effet de votre entêtement; mon fils mourra comme son frère, pour avoir été baptisé au nom de votre Christ. »

C'est ainsi que Dieu se plaisait à éprouver sa servante. Cependant il se laissa toucher cette fois par ses prières, et le jeune prince recouvra la santé.

Jusque-là Clotilde n'avait pu déterminer son époux à renoncer au culte des idoles; mais Dieu, dont la miséricorde est infinie, ménagea une circonstance favorable pour sa conversion. Les Suèves et les Allemands ayant formé dans la Germanie une armée nombreuse, que commandaient plusieurs rois, passèrent le Rhin et vinrent attaquer les Francs pour leur enlever les riches dépouilles de l'empire romain dans les Gaules. Clovis résolut aussitôt de marcher contre eux. Clotilde lui dit à son départ :

« Seigneur, vous allez à la guerre; mais si vous voulez vaincre, invoquez le Dieu des chrétiens. Il est le seul maître de l'univers, et il s'appelle le Dieu des armées. Si vous vous adressez à lui avec confiance, rien ne pourra vous résister. »

Les deux armées se rencontrèrent à Tolbiac. Le choc des ennemis fut si terrible, que l'infanterie des Francs se vit presque aussitôt défaite et mise en déroute. Clovis fit avec sa cavalerie des prodiges de valeur; mais il ne put empêcher ses soldats de lâcher bientôt pied à leur tour et de se disperser. Il employa tour à tour, pour les rallier, les prières et les menaces; tout fut inutile. Alors, se rappelant les paroles que Clotilde lui avait adressées à son départ :

« O Christ, s'écria-t-il, vous que Clotilde invoque comme le Fils du Dieu vivant! j'implore votre secours. Je me suis inutilement adressé à mes dieux; j'ai éprouvé qu'ils n'ont aucun pouvoir. Je vous invoque donc, je crois en vous. Délivrez-moi de mes ennemis, et je me ferai baptiser en votre nom. »

A peine eut-il achevé cette prière, que sa cavalerie dispersée se rallia autour de lui. On recommença le combat avec une nouvelle ardeur, et les ennemis furent complètement taillés en pièces.

Depuis ce jour, Clovis songea sérieusement à demander le baptême. Étant passé par Toul en revenant de son expédition, il eut occasion de voir saint Vaast, qui menait dans cette ville une vie retirée. Il le prit avec lui, afin qu'il l'instruisît, sur la route, des mystères de la

foi. Il avait un tel désir d'accomplir son vœu, qu'il se
fût reproché le moindre délai volontaire. Clotilde, infor-
mée de ce qui s'était passé, envoya chercher saint Remi,
et partit avec lui pour aller en Champagne au-devant
du roi. Dès que le prince l'aperçut, il lui cria :

« Clovis a vaincu les Allemands, et vous avez triom-
phé de Clovis. Ce que vous désiriez si vivement est fait;
mon baptême ne peut être longtemps différé.

— C'est au Dieu des armées, répondit la reine, qu'est
due la gloire de ces deux triomphes. »

Elle l'exhorta à persévérer dans les pieuses résolu-
tions où il était; en même temps elle lui présenta le
vénérable évêque de Reims.

Saint Remi continua d'instruire Clovis, et le disposa
par le jeûne, la pénitence et la prière à recevoir le baptême. Au jour marqué, on se rendit à l'église. Saint
Remi conduisait par la main le roi, qui était suivi de la
reine et du peuple. Lorsqu'on fut près des fonts baptis-
maux :

« Courbe la tête, fier Sicambre, lui dit-il; brûle ce
que tu as adoré, et adore ce que tu as brûlé. »

A l'exemple de leur roi, trois mille Francs abjurèrent
aussi leurs erreurs, et reçurent le sacrement de la régénération spirituelle.

XVI

Joie que fait éprouver à Geneviève la conversion de Clovis. — Estime
particulière de ce prince pour notre sainte. — A sa sollicitation, il fait
commencer une église en l'honneur des apôtres saint Pierre et saint Paul.

On comprend quelle dut être la joie de Geneviève en
voyant briller ce jour qu'elle avait si longtemps appelé
de ses vœux. Comme saint Remi et sainte Clotilde, elle
avait adressé d'ardentes prières au Ciel pour la conversion du roi des Francs; comme eux elle adressa au Seigneur de ferventes actions de grâces de ce que, dans sa
miséricorde, il avait envoyé à Clovis son esprit de force
et d'intelligence, et avait voulu que la religion montât
avec lui sur le trône. Lorsque saint Germain d'Auxerre
avait cessé de vivre, Geneviève, par une inspiration
d'en haut, avait choisi pour son guide le saint évêque
de Reims, et c'est par lui sans doute qu'elle avait eu le
bonheur de connaître particulièrement Clotilde. Ce fut
aussi par elle qu'elle devint respectable et chère à Clovis.
Ce prince, qui l'estimait déjà avant d'embrasser le christianisme, voulut, après sa conversion, lui donner un
témoignage particulier de son affection. Sachant qu'elle
était souvent à Reims pour conférer avec le saint prélat,
il lui fit présent de deux métairies qui se trouvaient sur
la route, afin qu'elle pût s'y reposer. Geneviève fut très
sensible à cette générosité du prince; mais, craignant

de manquer à la pauvreté évangélique en acceptant pour
elle-même ce don, elle pria le roi de permettre qu'elle
en disposât en faveur de saint Remi. Le pieux archevêque de Reims rapporte dans son testament ce présent
que lui fit Geneviève, dont il ne parle qu'avec vénération,
et qu'il appelle sa chère fille et sa sœur en Jésus-Christ.

Ainsi une grande reine et un illustre prélat ne dédaignaient pas d'avoir pour amie une humble et simple
fille. Telle est l'amitié chrétienne : dégagée des intérêts
du temps, elle ne considère ni la condition ni la naissance; plus qu'humaine par les sentiments qui l'ins-
pirent, on pourrait presque l'appeler divine à cause de
son objet; car les vrais chrétiens ne s'aiment pas en eux
et pour eux, mais en Celui et pour Celui qui est tout le
bien, toute la perfection, et hors de qui rien n'est
aimable. Lorsque, par une union ineffable, plusieurs
âmes se sont rencontrées en Dieu, leur amitié est parfaite, parce qu'elles ne sauraient s'aimer sans aimer
Dieu, et qu'elles s'aiment d'autant plus qu'elles aiment
Dieu davantage. Elles n'ont plus qu'une seule pensée,
qu'un seul sentiment; elles respirent ensemble, pour
ainsi dire, et vivent de la même vie, de la vie de la foi,
de l'espérance et de la charité; c'est comme un avant-
goût du bonheur de la céleste patrie.

Ce bonheur, Geneviève le goûtait dans toute sa pureté;
mais il ne lui faisait pas oublier le zèle qui doit agir, et
elle se fût reproché comme un crime de se reposer dans
les ineffables douceurs de son commerce spirituel avec
les plus saintes âmes de son temps, si ces pieuses communications l'eussent détournée un instant du but
qu'elle se proposait de propager de plus en plus la gloire
de Dieu. Le Ciel lui ménagea une occasion favorable de

travailler encore à son œuvre de prédilection. Lorsque Clovis eut résolu de faire la guerre aux Visigoths, il assembla les principaux des Francs, et leur dit :

« Je ne puis souffrir que les ariens occupent plus long-temps une grande partie des Gaules : marchons prompte-ment contre eux, et, avec l'aide du Ciel, réduisons sous notre obéissance le beau pays dont ils sont possesseurs. »

Toute l'assemblée applaudit au discours du prince, qui mit aussitôt ses troupes en campagne.

Voyant la bonne disposition de ses soldats, il voulut se rendre le Ciel favorable par un établissement religieux que sollicitait sainte Geneviève. Cette pieuse vierge, qui avait déjà fait bâtir l'église Saint-Denis, jugea qu'il serait digne d'une ville telle que Paris d'élever un temple aussi à la mémoire des glorieux apôtres saint Pierre et saint Paul. Elle en conféra avec sainte Clotilde, et toutes deux, unissant leurs efforts, persuadèrent au roi de faire construire ce pieux édifice. Ce prince n'eut pas le temps de le voir terminé. Il mourut avant d'avoir eu cette satisfaction, et ce fut par les ordres et la munifi-cence de la reine Clotilde que l'édifice fut achevé.

Telle est la puissance de la foi : une simple fille ose entreprendre des œuvres capables d'effrayer une ville entière. Elle ne s'inquiète point des obstacles qu'il faudra surmonter, parce qu'elle sait que Dieu sera avec elle dans tout ce qu'elle fera pour lui. Nous nous étonnons souvent que nos efforts demeurent stériles; c'est que nous n'avons pas la foi, c'est que nous nous contentons de dire de bouche : « Je crois, » sans le dire de cœur. Disons-le de cœur plus que de bouche. Croyons que nous ne pouvons rien par nous-mêmes, mais que nous pouvons tout en Celui qui nous fortifie; croyons que

Dieu veut avec nous tout ce que nous voulons bien, et

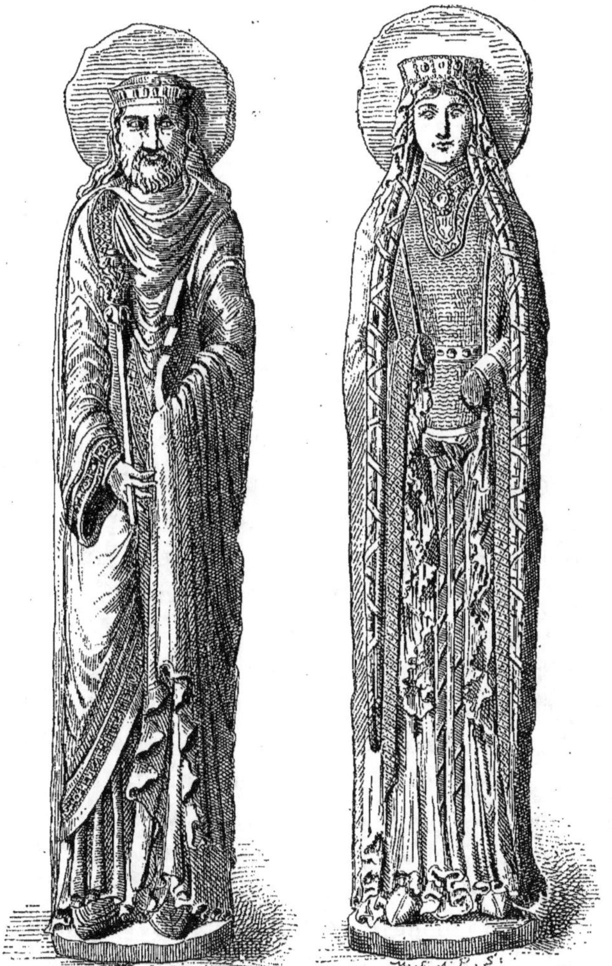

Statues de Clovis et de sainte Clotilde à l'église Notre-Dame de Corbeil,
aujourd'hui démolie (xiie siècle).

nous verrons réussir toutes les œuvres qu'il nous est
donné d'entreprendre et d'accomplir pour sa gloire.

7

XVII

Comment Geneviève rapportait à Dieu tout le mérite de ses actions. — Comment elle prenait soin de cacher ses vertus, et comment elles furent néanmoins connues de saint Siméon Stylite.

On a vu de quelle considération Geneviève jouissait non seulement à Paris, mais dans la plus grande partie de la France. Partout où elle allait, on accourait sur ses pas, on se pressait en foule autour d'elle; chacun lui exposait ses misères et ses besoins, et la priait d'intercéder pour lui ou pour les siens auprès du souverain dispensateur de tous les biens; et à chacun Geneviève répondait qu'elle ne pouvait rien, mais que Dieu pouvait tout; puis elle se jetait aussitôt à genoux, elle priait avec larmes, et bientôt les grâces qu'elle sollicitait descendaient du ciel abondamment; les malades étaient guéris, les possédés étaient délivrés du démon qui les obsédait, la mort même rendait ses victimes. Une des tentations les plus subtiles et les plus dangereuses auxquelles soit exposée une âme chrétienne, c'est la tentation de l'orgueil dans le bien. Quelle épreuve donc pour l'humilité de notre sainte que ce concert unanime de louanges et de bénédictions qui retentissent autour d'elle! Comment se cacher à elle-même les merveilles que Dieu opérait par ses mains? Comment ne pas s'en entretenir quelquefois avec complaisance lorsqu'elles éclataient aux yeux de tous, et que des villes entières en rendaient un glorieux témoignage! Loin de prendre là-dessus le moindre sentiment favorable d'elle-même, elle semblait se demander avec étonnement, comme plus tard un grand serviteur de Dieu [1], ce que signifiaient ces miracles, et pourquoi Dieu avait trouvé bon de faire de telles choses par de telles mains.

L'évêque et les habitants de Paris implorent sainte Geneviève
dans une calamité publique.
(D'après un manuscrit de la Bibliothèque nationale, XIVe siècle.)

Et nous, s'il nous arrive quelquefois de répondre aux grâces que Dieu nous envoie, et d'opérer avec son secours le moindre bien, nous n'avons pas le courage de cacher à la main gauche ce bien tel quel que fait la main droite; nous n'attendons même pas que les louanges nous viennent trouver, nous sonnons devant nous de la trompette [2] pour les provoquer, pour faire entendre à tous que nos œuvres sont admirables, et qu'il est bien injuste de ne pas reconnaître que nous avons un grand

---

[1] Saint Bernard. — [2] Saint Matthieu.

mérite. Ainsi ce n'est pas assez que nous soyons si lâches et si tièdes dans la pratique des bonnes œuvres, il faut encore que nous gâtions par amour-propre le peu de bien qu'il nous est donné de faire, et que nous perdions par notre faute tout le fruit que nous en devrions retirer. Non, sans l'humilité, quel que soit le mérite apparent de nos actions, elles ne sauraient plaire à Dieu; avec l'humilité, au contraire, le moindre effort de notre part nous est compté et contribue à l'œuvre de notre salut. Ce n'est pas parce qu'ils ont fait de grandes choses que les saints ont conquis cette place qu'ils occupent dans le ciel et que nous les honorons sur la terre, c'est parce qu'ils ont tout fait en esprit d'humilité. Ce n'est pas parce que Geneviève opérait des miracles qu'elle était si agréable à son céleste Époux, c'est parce qu'elle n'en faisait aucun dont elle ne lui rapportât toute la gloire, et qu'elle s'oubliait entièrement elle-même.

Mais, plus elle prenait de soin à cacher ses vertus, plus elle s'abaissait et s'anéantissait en présence de Dieu, plus ce père miséricordieux, qui nous rend au centuple les avantages que nous lui sacrifions, permettait que le nom de sa servante se répandît de toutes parts et qu'elle crût en gloire dans les hommes. Ce n'était pas assez que la France entière eût les yeux sur elle, qu'elle l'honorât, qu'elle la bénît comme sa bienfaitrice; sa réputation passait au delà des mers, et faisait connaître dans les contrées les plus éloignées les grandes choses que Dieu se plaisait à opérer par ses mains. Alors vivait en Orient un grand saint dont les premières années ne sont pas sans rapport avec celles de sainte Geneviève. Nous voulons parler de saint Siméon Stylite.

Siméon était né en un bourg de Cilicie appelé Sisan.

Son père, qui était berger, le chargea dès l'enfance de
garder ses brebis. Un jour que le troupeau ne pouvait
sortir à cause de la neige, Siméon alla à l'église, où il
entendit lire ces paroles de l'Évangile : « Bienheureux
sont ceux qui pleurent! bienheureux sont ceux qui ont le
cœur pur[1]! » Il demanda à un bon vieillard comment on

Saint Siméon Stylite.

pouvait arriver à ce bonheur : « C'est, lui répondit celui-
ci, en jeûnant, en offrant à Dieu ses prières avec crainte
et respect aux différentes heures du jour et pendant la
nuit, comme on fait dans les monastères. Il faut, mon
fils, ajouta-t-il, supporter la soif, la nudité, les injures
et les opprobres; il faut gémir, pleurer, veiller et prendre
à peine un peu de sommeil, user de la maladie comme de
la santé, renoncer à ce qu'on aime le plus, être humilié
et persécuté par les hommes sans attendre de consolation. Entendez-vous, mon fils, ce que je vous dis? Dieu

[1] Matth. VIII.

vous donne par sa miséricorde la volonté de le pratiquer ! »

Siméon n'avait alors que treize ans ; cependant ces paroles firent une telle impression sur son esprit, qu'après avoir prié Dieu de le conduire à une piété parfaite, il se retira dans un monastère composé de quatre-vingts moines, qui s'exerçaient aux travaux les plus pénibles de la pénitence. Siméon surpassa bientôt tous ses confrères en austérité ; car les autres mangeaient de deux jours l'un, tandis que lui ne mangeait qu'une fois la semaine, donnant aux pauvres la nourriture qu'il recevait pour son usage. De là il alla s'établir dans une loge abandonnée, où il forma le dessein d'imiter le jeûne de Moïse, d'Élie et de Notre-Seigneur Jésus-Christ. Après être resté trois ans dans cette cabane, il monta au haut d'une montagne, où il fit faire une enceinte de pierres sèches, et s'y renferma, résolu d'y vivre exposé aux injures de l'air. Sa réputation se répandant de tous côtés, on lui amenait plusieurs malades, et on le priait de les guérir. Pour se délivrer de cette foule, qui interrompait sa prière, Siméon se retira sur une colonne qui avait environ un mètre de diamètre, et qui était fermée d'une petite enceinte à hauteur d'appui, comme une chaire de prédicateur. C'est ce qui lui a fait donner le surnom de *Stylite,* d'un mot grec qui signifie *colonne.*

Un jour, parmi les nombreux pèlerins qui se rendaient continuellement au pied de la colonne du saint, il s'en trouva quelques-uns qui venaient du pays que Geneviève édifiait de ses vertus, et qui peut-être avaient éprouvé par eux-mêmes les heureux effets de sa puissante intercession auprès de Dieu. Ils racontèrent à saint Siméon ce qu'ils savaient de la vierge de Nanterre ; comment Dieu l'avait appelée à lui dès l'âge le plus tendre et l'avait prévenue de ses grâces les plus abondantes ; comme elle avait suivi la divine inspiration qui la portait à se consacrer au céleste Époux. Ils lui dirent qu'elle avait plusieurs fois sauvé Paris ; que dans un grand nombre de villes elle avait miraculeusement rendu la santé aux malades et quelquefois la vie aux morts. Tous ces détails étaient dignes d'exciter l'intérêt et l'admiration, et le saint éprouvait sans doute une joie bien grande en les écoutant. Cependant il nous semble que ce n'est pas là ce qui dut le frapper davantage. Mais lorsqu'il entendit raconter que celle pour qui Dieu faisait tant de merveilles semblait ignorer qu'elle eût le moindre mérite et se regardait comme la dernière des servantes de Jésus-Christ ; quand on lui dit qu'elle avait au plus haut degré l'esprit de prière, de pénitence et d'humilité ; qu'elle recevait avec une parfaite résignation les maladies qui affligeaient son corps, les calomnies par lesquelles on s'efforçait de noircir sa réputation, et toutes les croix qu'il plaisait à Dieu de lui envoyer, ce fut alors qu'il dut considérer Geneviève comme un modèle de véritable sainteté, digne d'être proposé à l'imitation de ceux qui aspirent à la perfection que conseille l'Évangile. Il pria ceux qui venaient l'implorer lui-même de si loin de se souvenir de lui lorsqu'ils seraient de retour en France, et de le recommander à la sainte fille dont ils lui parlaient, afin qu'elle demandât pour lui à Dieu les grâces dont il sentait qu'il avait besoin.

C'est ainsi que les âmes pieuses se trouvent tout d'abord fortement liées. Il n'y a point pour elles de distances, parce qu'elles sont partout en présence de Celui dans la charité duquel se forme et se maintient leur union.

XVIII

Éminente sainteté de Geneviève dans la retraite. — Son esprit de prière, de mortification et d'absolu détachement.

Nous avons vu jusqu'ici sainte Geneviève mêlée au monde, à travers lequel, à l'exemple du Sauveur, elle passait en faisant du bien; nous avons considéré les œuvres admirables et les vertus éminentes qui faisaient la joie et l'édification des fidèles, et commandaient même aux plus indifférents le respect et la vénération. Il faut jeter maintenant un regard sur la vie intérieure et cachée de la pieuse vierge ; il faut entrer un instant dans l'étroite cellule où elle venait chaque jour reprendre de nouvelles forces pour opérer le bien qu'elle méditait. Que voyons-nous? quelle est la vie qu'elle mène loin des yeux des hommes, là où les louanges et les applaudissements ne peuvent venir la chercher?

D'abord elle prie, non pas avec cette tiédeur et cette négligence qui font que nos prières demeurent le plus souvent sans effet; elle prie avec cette foi vive qui transporte les montagnes, avec cette espérance sans bornes qui ne doute jamais de la puissance de Dieu et qui attend tout de sa bonté, avec une ardente charité, qui ne désire et ne demande rien que de parfaitement conforme à la volonté de Celui hors de qui nous ne devons rien vouloir. Elle prie comme Moïse, qui désarmait le bras du Seigneur justement irrité et sauvait la vie à plusieurs milliers d'hommes ; elle prie comme Élie, dont la voix ouvrait le ciel et en faisait descendre la pluie et la fécondité ; elle prie comme Esther et Judith, qui par leurs prières triomphèrent des impies et sauvèrent le peuple de Dieu ; elle prie enfin comme ont prié dans tous les temps les âmes fidèles, et sa prière est efficace comme la leur : comme eux, elle commande à la nature, elle chasse les démons, elle guérit les malades, elle rend la vie aux morts, elle écarte les fléaux du monde, qui ne subsiste que par les prières des saints [1].

« Veillez et priez, » dit Notre-Seigneur ; et tous les saints, fidèles à ce divin prétexte, ont joint à la prière l'esprit de mortification ; tous ont travaillé à réduire en servitude ce corps de mort, dont le poids nous accable et nous empêche de courir aussi facilement que nous le voudrions dans la voie des commandements de Dieu ; tous ont crucifié cette chair de péché qui sans cesse conspire contre l'esprit ; tous enfin ont livré ce glorieux combat dont parle l'Apôtre et après lequel la palme est donnée à ceux qui ont remporté la victoire. Parmi ces généreux athlètes si forts pour lutter contre eux-mêmes, Geneviève mérite un des premiers rangs. Depuis l'âge de quinze ans, où elle entra en religion, jussqu'à l'âge de cinquante ans, elle ne se nourrit que de pain d'orge et de fèves. Elle en faisait bouillir à la fois dans une chaudière de quoi lui servir deux à trois semaines, comme si elle eût trouvé encore trop de délicatesse à renouveler plus souvent ce mets déjà si simple. Elle jeûnait cinq fois

---

[1] *Sanctorum precibus stat mundus.* (Ruffin, *Præfatio in Vitas Patrum.*)

par semaine, et elle ne buvait ni vin ni aucune liqueur

Statue de sainte Geneviève (xiiie s.)
(D'après la *Statistique monumentale*
d'Albert Lenoir.)

capable d'enivrer. Lorsqu'elle eut atteint l'âge de cinquante ans, les évêques l'obligèrent d'ajouter à sa nourriture ordinaire un peu de lait et de poisson. Elle pleura de cet adoucissement qu'il lui fallait apporter à la pénitence qu'elle s'imposait depuis tant d'années et qu'elle eût voulu continuer de pratiquer jusqu'à sa dernière heure; mais elle obéit néanmoins sur-le-champ et sans hésiter à l'injonction des évêques; car elle savait que c'est d'eux que Jésus-Christ a dit : « Celui qui vous écoute m'écoute; celui qui vous méprise me méprise. » Au reste, elle savait réparer par d'autres mortifications celle qu'elle était obligée de s'interdire. Elle remplissait volontairement les fonctions les plus viles, jusqu'à balayer la maison et nettoyer les habits de ses compagnes; et sans cesse elle cherchait à faire mourir en elle les derniers sentiments qui pouvaient ressembler encore à de l'amour-propre. Mais, remarque un ancien historien de sa vie, pendant qu'elle s'efforçait ainsi de s'abaisser et de se mettre au-dessous de toutes les pieuses filles qui vivaient avec elle, Dieu montrait assez qu'il l'élevait au-dessus de toutes.

La sagesse du siècle demande avec étonnement pourquoi ces veilles, pourquoi ces austérités de toute sorte. La folie de la croix, cette folie apparente qui est dans la parole du Fils de Dieu, et qui doit passer par imitation dans la vie de ses serviteurs, ne sera pas embarrassée de répondre : « C'est que le nom de chrétien signifie un homme souffrant; c'est qu'il faut par de longs travaux et une grande suite de tribulations parvenir au royaume des cieux [1]; c'est que nous avons un corps et une âme qui doivent être exposés à toutes sortes d'incommodités [2]; c'est que nous devons travailler à dompter notre corps, et à éteindre l'appétit de ses voluptés qui par leur délicatesse rendent molle et efféminée cette mâle vertu de la foi [3]; c'est enfin qu'il nous faut vivre sans plaisir, pour que nous puissions mourir avec plaisir [4]. » Cette parole est dure; mais il ne s'agit pas de la juger, il s'agit de l'accomplir, ou il n'y a point de salut à espérer. Par quel étrange oubli de vous-mêmes vous en allez-vous, sans rien prévoir, vers ce jour où nul ne pourra être excusé ni défendu par un autre, mais où chacun sera pour soi un fardeau assez pesant? Maintenant votre travail produit son fruit, vos larmes sont agréées, vos gémissements écoutés; votre douleur satisfait à Dieu, et purifie votre âme. Ne vaut-t-il pas mieux se purifier maintenant de ses péchés et retrancher ses vices que d'attendre à les expier en l'autre vie? Oh! combien nous nous trompons nous-mêmes par l'amour désordonné que nous avons

[1] Act. xiv, 21. — [2] Tertull., *de Patient.*, n. 8. — [3] Id., *de Cult. fem.*, n. 13. — [4] Id., *de Spect.*, n. 29.

pour notre chair! Plus vous vous épargnez vous-mêmes à présent, plus vous flattez votre chair, plus ensuite votre châtiment sera terrible, et plus vous amasserez pour le feu éternel. Là une heure sera plus terrible dans le supplice que cent années ici dans la plus dure pénitence. Soyez donc maintenant pleins d'appréhension et de douleur pour vos péchés, afin de partager au jour du jugement la sécurité des malheureux. « Car les justes alors s'élèveront avec une grande assurance contre ceux qui les auront opprimés et méprisés [1]. Alors on s'applaudira des tribulations souffertes avec patience, et toute iniquité sera muette [2]. Alors la chair affligée se réjouira plus que si elle avait toujours été nourrie dans les délices. Alors les vêtements pauvres resplendiront, et les habits somptueux perdront leur éclat. Alors le souvenir d'une pieuse prière vous sera de plus de consolation que celui d'un repas splendide. Apprenez donc maintenant à supporter quelques légères souffrances, afin d'être alors délivré de souffrances plus grandes [3]. »

Mais encore, diront quelques âmes chrétiennes, quel besoin avait Geneviève de livrer à son corps ce rude combat? Quels péchés si énormes avait-elle à expier? Avec cette foi vive, cette ferme espérance, cette ardente charité, pouvait-elle craindre de n'être pas sauvée? Non seulement elle pouvait n'être pas assurée de son salut, mais elle ne devait pas l'être. Dieu veut que le salut en cette vie nous soit incertain, et que nous n'ayons sur la terre nulle apparence de notre prédestination éternelle. C'est une loi de sa providence : providence, dit saint Augustin, que nous devons adorer, puisqu'elle nous entre-

----

[1] Sap. v, 1. — [2] Ps. cvi, 42. — [3] *Imitation de Jésus-Christ*, l. XXIV.

tient dans l'humilité et qu'elle excite en nous la ferveur et la vigilance. Tant que nous vivons ici-bas, nous ne pouvons être exempts de tribulations et d'épreuves. Il n'y a point de lieu si sacré où l'on ne trouve des tentations : car nous en portons le germe en nous, à cause de la concupiscence dans laquelle nous sommes nés ; et sans cesse l'ennemi de notre salut « tourne de tous côtés, cherchant quelqu'un pour le dévorer [1] ». C'est pourquoi Notre-Seigneur nous dit : « Veillez et priez, afin que vous n'entriez point en tentation [2]. » Et quand faut-il veiller et prier ? « Veillez et priez continuellement [3], » et ne vous contentez pas de résister quelques jours ; prenez garde, après avoir lutté généreusement, de fléchir tout à coup et de tomber dans l'abattement. « Agissez avec courage et soyez forts [4] » jusqu'au bout ; « celui qui persévérera jusqu'à la fin sera sauvé [5]. » Ne dites pas : « Cette guerre est bien longue ; » rien n'est long de ce qui finit : vous touchez au terme ; car « le temps est court, et la figure du monde passe [6] ». C'est pourquoi « attendez le Seigneur [7] » ; car « vous ne savez l'heure où il viendra [8] ». « Renouvelez en vous l'esprit intérieur [9]. » « Dépouillez-vous du vieil homme et revêtez-vous de l'homme nouveau ; faites-vous à tous les instants de la vie cette sainte violence que prêche Jésus-Christ, et souvenez-vous que la manne est donnée aux victorieux [10], et que les souffrances du temps n'ont nulle proportion avec la gloire qui doit en être le prix [11]. » C'est parce qu'elle avait compris ces grandes vérités que Geneviève pratiquait les austérités que nous venons de voir,

----

[1] I Petr. v, 8. — [2] Matth. xiv, 38. — [3] Luc. xxi, 36. — [4] I Cor. xvi, 13. — [5] Matth. xxiv, 13. — [6] I Cor. vi, 25-31. — [7] Ps. xxvi, 14. — [8] Luc. xii, 40. — [9] Ephes. iv, 71. — [10] Apocal. ii, 17. — [11] Rom. viii, 18.

et qu'elle accomplissait tant d'œuvres pieuses et chères à Dieu, à qui seule elle s'inquiétait de plaire.

Dans notre temps de mollesse et de tiédeur, avec nos âmes languissantes et déshabituées de toute foi vivace et pratique, nous comprenons peu ces rigueurs exercées et subies en vue de plaire à Dieu; mais, à cette époque de forte croyance, cela ne causait pas la moindre surprise parmi les personnes du siècle. Quant à Geneviève, en se courbant volontairement, comme elle le fit, sous le joug de Dieu, pour marcher plus sûrement dans la voie étroite, elle paraît peut-être, aux yeux de quelques-uns, oublier le soin d'être heureuse; mais c'est alors, au contraire, qu'elle goûte un bonheur véritable. « Rien, s'écrie saint Grégoire de Nazianze, non, rien n'est comparable au bonheur de celui qui, méprisant les sens, détaché de la chair et du monde, ne tient plus aux choses humaines que par les seuls liens de la nécessité, converse uniquement avec Dieu et avec lui-même, et, s'élevant au-dessus des objets sensibles, ne vit que des divines clartés, qu'il conserve en soi toujours pures, toujours brillantes, sans aucun mélange des ombres de la terre et des vains fantômes errant ici-bas autour de nous; qui, réfléchissant comme un miroir céleste Dieu et ses éblouissantes perfections, sans cesse ajoute à la lumière une lumière plus vive, jusqu'au moment où, la vérité dissipant tous les nuages, il arrive à la source même de toute lumière, à l'éternelle fontaine de splendeur, fin bienheureuse de son être et son immortel ravissement[1]. »

[1] Orat. XXIX.

XIX

Comment Geneviève oubliait toutes les choses de la terre et n'avait plus de pensées que pour le ciel. — Ses derniers moments. — Sa mort bienheureuse.

A mesure que l'âme fidèle se dégage de la terre et d'elle-même, toutes ses pensées, tous ses désirs s'élèvent et viennent se confondre en Celui qu'elle aime uniquement. Alors elle gémit des liens qui l'appesantissent et la retiennent encore ici-bas. Pressée d'un amour qui croît sans cesse, elle voudrait briser son enveloppe mortelle, s'élancer dans le sein de l'Être infini auquel elle aspire, s'y plonger et s'y perdre éternellement ; elle s'écrie avec David : « Qui me donnera des ailes comme à la colombe ? et je volerai et me reposerai[1]. Oh ! quand viendrai-je et paraîtrai-je en présence de mon Dieu[2] ? »

Le temps approchait où Geneviève devait aller recevoir au ciel le prix de ses laborieuses épreuves ; elle y était depuis longtemps par la foi et l'espérance ; mais Dieu voulait qu'elle sortît, pour n'y plus rentrer, de cette prison du monde, et que, après avoir méprisé des biens périssables, elle fût mise en possession des biens éternels qui sont le partage des élus. Dès ce moment

[1] Ps. LIV, 7. — [2] Ps. XLI, 3.

elle n'aspira plus, comme saint Paul, qu'à la dissolution
de son corps, afin d'être plus tôt avec Jésus-Christ[1]. Et
pourquoi eût-elle redouté ce passage qui allait l'introduire dans sa véritable patrie? Qu'avait-elle à regretter
sur la terre? N'était-elle pas morte depuis longtemps à
tout ce qui peut attacher ici-bas? Ne pouvait-elle pas
dire, comme un autre grand saint disait plus tard : « Je
ne tiens plus à la vie par aucun rapport ni affection. J'ai
résigné mes volontés entre vos mains, ô mon Dieu, vous
m'avez appris à mourir il y a longtemps. Les sentiments
du monde, qui sont morts en moi, m'ont fait leçon de
la mort; les mortifications de l'esprit ont assoupi mon
corps. Je ne vivais pas, puisque j'étais mort par dessein
et par règlement; je n'estimais point de vie que celle qui
est en vous. Je ne pouvais pas me dire en vie, puisque
toutes mes intentions étaient d'éteindre le feu qui fait la
vie des mondains, pour le comparer à une mort ou plutôt à un doux sommeil, où je m'efforçais de me joindre
à vous et de m'approcher de la vie éternelle.

« Maintenant, ô mon Dieu, les ravissements d'esprit
me présentent un échantillon du contentement de la
béatitude. Je n'ai plus foi dans mes extases, car je vois;
je n'ai plus d'espérance, car je commence à posséder;
la charité seule me reste pour me joindre à vous, qui
êtes la charité même d'où sort un feu d'amour qui
embrase les cœurs des âmes dévotes, et comme le feu,
de sa nature, monte toujours en haut, ainsi mon cœur,
qui en tient, s'envole à vous; et plus je sens les forces
de mon corps s'affaiblir, plus mon esprit se fortifie et se
délivre de la prison du corps; et en cet état je vois comme

[1] Philip. i, 23.

Mort de sainte Geneviève.
(D'après J.-P. Laurens.)

dans un miroir ce qui est de la béatitude. Que les contentements et les délices d'une âme qui est en la grâce de Dieu sont indicibles ! Les plaisirs sensibles apportent la satiété, témoignage de leur imperfection ; mais les contentements de l'âme sont infinis, donnent toujours de l'appétit et ne se lassent point de la jouissance, parce qu'ils n'ont point de fin et ne sont point bornés par les sens et par les objets. Sortons de ce monde, et montons au ciel par le secours de la miséricorde de Dieu[1]. »

L'histoire ne dit rien des derniers moments de notre sainte ; et Dieu, qui nous a laissé connaître peu de chose de sa naissance et de ses premières années, a voulu couvrir d'un voile plus épais encore les circonstances de sa mort. « Après avoir demeuré sur la terre comme dans un lieu d'exil, et vécu dans la pratique de toutes sortes de vertus jusqu'à l'âge de quatre-vingts ans et davantage, étant parvenue à une vieillesse pleine de vigueur et de bénédictions, elle mourut en paix, le troisième jour du mois de janvier de l'an de Notre-Seigneur 512[2]. »

Ce sont les seules paroles par lesquelles l'historien de sainte Geneviève rend compte de son passage de cette vie à l'éternité. Sans doute il est regrettable que nous n'ayons pas sur cet instant suprême de la pieuse vierge quelques-uns de ces détails que nous offre la vie de la plupart des autres saints ; ils ne pourraient que servir à nous édifier davantage. Mais, s'il est vrai que l'on meurt comme on a vécu, n'est-il pas facile de deviner comment mourut celle qui pendant toute sa vie n'avait travaillé qu'à se détacher des choses de la terre pour être plus uniquement occupée de celles du ciel ! Mourir ne

---

[1] S. François de Sales, *Testament spirituel.* — [2] Charpentier, § 52.

fut pas pour elle l'affaire d'une heure, elle ne cessa de s'y préparer pendant tout le cours de sa longue existence. Elle savait que nous n'avons ici-bas qu'une affaire; que, si celle-là se fait, toutes les autres se trouveront faites; que, si elle manque, toutes les autres, quelque succès qu'elles semblent avoir, tomberont en ruine. « O mon Dieu, s'écriait sans doute cette âme sainte dans les sentiments d'une parfaite soumission, ô mon Dieu! que m'importe de vivre ou de mourir! La vie n'est rien, elle est même dangereuse dès qu'on l'aime. La mort ne détruit qu'un corps de boue; elle délivre l'âme de la contagion du corps et de son propre orgueil; des pièges du démon elle la fait passer à jamais dans le règne de la vérité. Je ne vous demande donc, ô mon Dieu! ni santé ni vie! je vous fais un sacrifice de mes jours. Vous les avez comptés; je ne demande aucun délai : ce que je demande, c'est de mourir dans la patience et dans l'amour, si vous voulez que je meure. O Dieu, qui tenez dans vos mains les clefs du tombeau pour l'ouvrir ou pour le fermer, soit que je vive, soit que je meure, je ne veux être qu'à vous[1]. » — « Père céleste, dit Notre-Seigneur, j'ai achevé l'ouvrage que vous m'aviez donné à faire[2]. » A l'imitation du divin Maître, Geneviève s'était mise en état de dire aussi : « Père céleste, j'ai achevé l'ouvrage que vous m'aviez donné à faire. » C'est pourquoi la mort n'eut rien de rude pour elle, et elle la vit approcher comme l'heure de la délivrance et le commencement de l'éternité bienheureuse.

Lorsque Geneviève eut rendu le dernier soupir, les Parisiens, voulant acquitter toutes les obligations qu'ils

---

[1] Fénelon. — [2] Joan. XVII, 4.

avaient à la sainte, firent placer son corps auprès de celui de Clovis dans l'église Saint-Pierre-et-Saint-Paul. L'humble vierge de Nanterre et le prince illustre qui avait régné sur la France étaient réunis dans la mort, pour rappeler que c'était aux prières de la sainte que Clovis avait dû sa conversion, et qu'il avait toujours professé pour ses vertus la plus grande estime.

XX

Non seulement les saints passent sur la terre en faisant du bien, comme notre divin Sauveur, mais encore ils continuent, lorsqu'ils sont entrés dans l'éternelle gloire, de veiller sur nous avec une tendre sollicitude. Ils intercèdent pour nous auprès de Dieu, dont ils sont les fidèles serviteurs et les véritables amis, et Dieu accorde à leurs prières des grâces que nous ne méritons pas d'obtenir. Souvent il permet que le puissant crédit dont ils jouissent auprès de lui éclate aux yeux des hommes par des bienfaits extraordinaires, par des guérisons miraculeuses ; et ces merveilles, qui tournent toujours à sa plus grande gloire, ont de plus pour effet de fortifier la foi, de nourrir la piété des âmes dévotes, et de confondre l'orgueil des incrédules et des impies. Il faut aussi que ces personnes saintes, que leur humilité a tenues pendant leur vie dans une profonde obscurité, ou qui n'ont été connues du monde que pour en être la balayure et le rebut[1], suivant l'expression du grand Apôtre, soient replacées dans le rang qui leur convient, et qu'aux mépris et aux outrages dont on les abreuvait succèdent le respect et

[1] I Cor. iv, 13.

1 admiration ; Dieu, en quelque sorte, se doit de faire qu'ils obtiennent cette justice et cette réparation. A ce titre, nous ne devons pas être surpris que Geneviève ait eu le privilège de soulager encore après sa mort toutes sortes de souffrances, de rendre à des infortunés la santé de l'âme et du corps.

La sainte avait à peine cessé de vivre que plusieurs miracles s'opérèrent par son intercession. « Ces faits, dit un auteur du xiie siècle, sont tirés de documents très authentiques et dignes de toute confiance, conservés dans l'église consacrée à la sainte. » Nous les rapporterons donc sans nous croire obligés de les prouver autrement. S'ils font sourire l'incrédule, ils seront lus avec respect par les fidèles qui savent que Dieu se plaît souvent à manifester ainsi sa puissance, et à montrer combien les prières de ses serviteurs lui sont agréables. Le premier prodige dont il soit fait mention eut lieu au moment même, pour ainsi dire, des funérailles de sainte Geneviève. Dans l'église où elle était déposée brûlait une lampe que la piété des chrétiens y avait allumée pour honorer des restes qui leur étaient chers à tant de titres. Lorsqu'au bout de quelque temps celui qui était chargé d'entretenir cette lampe s'approcha pour en renouveler l'huile, il s'aperçut qu'elle n'avait point diminué, et qu'elle brûlait sans se consumer. Elle continua de donner ainsi de la lumière comme d'une source inépuisable ; et, afin qu'il ne restât aucun doute sur le caractère miraculeux de ce fait, Dieu permit que plusieurs malades qui s'étaient frottés de cette huile vissent aussitôt leur foi récompensée en obtenant la guérison de leurs maux. D'autres fois il suffisait de s'approcher du tombeau de la sainte pour être délivré de ses infirmités. Un jour un

infortuné qui était tout ensemble aveugle et muet s'y
rendit avec une pleine confiance que la présence seule
des dépouilles mortelles de celle qu'il invoquait comme
sa protectrice suffirait pour délier sa langue et ouvrir
ses yeux. C'était l'heure de la messe. Il assista avec un
recueillement profond et une grande dévotion à l'oblation
du saint sacrifice. Puis, au moment de la sainte communion, comme les clercs chantaient : « Seigneur, faites
briller sur vos serviteurs la lumière de votre visage, »
il recouvra tout à coup l'usage ds la parole et de la vue,
et s'en retourna en louant Dieu et en rendant publiquement témoignage du miracle que sainte Geneviève venait
d'opérer en sa faveur. A quelque temps de là, une
femme fut avertie par une vision d'apporter à ce même
tombeau son fils, qui était aveugle de naissance. L'évangile du jour était tiré de saint Jean, chapitre ix. On lut
donc les paroles suivantes : « Jésus vit en passant un
homme qui était aveugle de naissance. Sur quoi ses
disciples lui demandèrent : Maître, est-ce à cause de
ses propres péchés ou des péchés de ceux qui l'ont mis
au monde, que cet homme est né aveugle? Jésus leur
répondit : Ce n'est point à cause de ses péchés, ni des
péchés de ceux qui l'ont mis au monde, mais c'est afin
que les œuvres de la puissance de Dieu éclatent en lui.
Il faut que je fasse les œuvres de Celui qui m'a envoyé,
pendant qu'il est jour; la nuit vient dans laquelle personne ne peut agir. Tant que je suis dans le monde, je
suis la lumière du monde. Après avoir ainsi parlé, il
cracha à terre; et, ayant fait de la boue avec sa salive,
il appliqua cette boue sur les yeux de l'aveugle. Puis il
lui dit : Allez vous laver dans la piscine de Siloé. Il y
alla donc, il s'y lava, et il en revint voyant clair. »

Comme on achevait de réciter ces mots, l'enfant, guéri subitement, ouvrit les yeux, et dans son étonnement il voulait saisir le cierge que sa mère avait apporté.

Un autre jour, un homme muet de naissance eut aussi une vision qui lui enjoignait de se rendre au tombeau de la sainte. Persuadé que c'était un avertissement du Ciel, et qu'il ne lui était pas donné en vain, il obéit sans hésiter et se mit en route sur-le-champ. Il arriva un dimanche, et entendit la messe. On récita un passage de l'Évangile selon Marc[1] où il est dit que quelques-uns, ayant présenté à Jésus un homme qui était sourd et muet, le suppliaient de lui imposer les mains ; qu'alors Jésus, le tirant de la foule et le prenant à part, lui mit ses doigts dans les oreilles et de la salive sur la langue ; que, levant les yeux au ciel, il jeta un soupir et dit : Ephphéta, c'est-à-dire ouvrez-vous, et qu'aussitôt ses oreilles s'ouvrirent, et que, sa langue s'étant déliée, il parlait fort distinctement. Lorsqu'on en fut à l'endroit où les témoins de ce miracle s'écrient avec admiration : « Il a bien fait toutes choses, il a fait entendre les sourds et parler les muets, » cet homme, qui était venu muet au tombeau de la sainte, se trouva en un instant capable de prononcer distinctement les mots qu'il voulait. Le premier usage qu'il fit de la parole fut de rendre gloire à Dieu et de témoigner avec effusion sa reconnaissance à celle qui lui avait obtenu une grâce si admirable. Mais le Ciel lui en réservait une plus précieuse encore. En effet, lorsqu'il fut guéri de son infirmité, l'abbé lui ayant demandé ce qu'il comptait faire, il se sentit touché d'un vif désir de demeurer dans cette pieuse retraite et de s'y consacrer

---

[1] Chap. vii.

au service de sainte Geneviève. L'abbé, heureux de le
voir dans ces saintes dispositions, l'embrassa avec joie,
le confirma dans son dessein, et lui fit donner tout ce
qui était nécessaire pour subsister dans le pieux état où
il voulait passer sa vie.

La sainte ne couvrait pas seulement de sa protection
ceux que leurs vertus pouvaient en rendre dignes. Dieu
permit plus d'une fois qu'elle vînt au secours des malheureux que le démon tenait sous sa puissance ou dont il
inspirait les actions. Les deux faits que nous allons rapporter en sont une preuve éclatante.

Il y avait à Paris un possédé dont la fureur était si
terrible, qu'il fallait continuellement le tenir enchaîné et
le garder à vue. Une nuit, s'apercevant que ses gardiens
étaient endormis, il en profita pour s'échapper. Le Ciel
dirigea ses pas vers le temple où étaient déposés les
restes mortels de Geneviève. A peine s'était-il agenouillé
sur le seuil, qu'il se sentit délivré de l'esprit de ténèbres.
Quelque temps après on ouvrit les portes pour la célé-
bration de l'office Il entra dans l'église, remercia Dieu
de la grâce qu'il lui avait faite, ainsi que celle qui la lui
avait obtenue, suspendit en *ex-voto* la chaîne qui avait
serré ses membres, et rentra chez lui aussi paisiblement
que s'il n'eût jamais éprouvé aucun mal. Une autre fois,
un criminel attendait en prison le supplice qui lui était
réservé. Étant parvenu, à la faveur des ténèbres, à
tromper la vigilance de ses gardiens, il s'enfuit à l'église
Sainte-Geneviève. Le magistrat de la ville envoya aussitôt des soldats à sa poursuite. L'un d'eux eut le temps
d'arriver près du fugitif avant qu'il pût entrer dans la
chapelle; alors eut lieu une lutte d'un nouveau genre.
Le malheureux condamné n'essaya pas de se défendre

contre celui qui le poursuivait, mais il appela à son aide la sainte qu'on invoquait en ce lieu. Le soldat se moquait de cette confiance, qui lui semblait vaine, et tournait en ridicule le prétendu pouvoir de Geneviève. Tout à coup, au milieu de son blasphème, il tombe comme frappé d'une main invisible pour ne plus se relever. Ses compagnons, effrayés, ne trouvent, en arrivant près de lui, qu'un cadavre; ils cessent de poursuivre le criminel, et retournent sur leurs pas pour aller ensevelir leur mort sans honneur et hors de la ville.

Quelque frappantes que fussent les merveilles opérées jusque-là par l'intercession de sainte Geneviève, Dieu voulut manifester par des faits plus saisissants encore le crédit dont jouissait auprès de lui sa fidèle servante; il voulut que celle qui avait plus d'une fois sauvé Paris pendant sa vie mortelle vînt encore à son secours après sa mort; et pour cela il permit que cette ville se vît si près de sa perte, qu'elle comprît bien que toute force purement humaine était impuissante à la sauver.

Sous le règne de Louis le Débonnaire, les eaux de la Seine s'élevèrent à une telle hauteur, qu'en peu de temps toutes les églises furent inondées. L'évêque de Paris, nommé Inchade, fidèle à la conduite que l'Église a tenue de tout temps dans de semblables calamités, ordonna aussitôt un jeûne général et des prières publiques. Mais où réunir la pieuse foule des chrétiens pour célébrer devant elle les saints mystères et lui rompre le pain de la parole de vie? Plein de confiance dans le secours du Seigneur, Inchade rassemble quelques ecclésiastiques, *et leur commande d'aller en bateau s'assurer s'il n'y* aurait point quelque sanctuaire que les flots n'eussent point envahi. C'était un spectacle imposant de voir voguer sur la Seine, qui ressemblait en ce moment à une vaste mer, ces vénérables ministres du Seigneur, vêtus de leurs habits sacerdotaux, élevant vers le Ciel de ferventes prières, et faisant retentir les airs de leurs chants sacrés. L'un de ces clercs, nommé Richard, s'avança jusqu'au monastère de vierges fondé par sainte Geneviève, et qui fut nommé depuis les Audriettes. On conservait religieusement dans cette maison le lit sur lequel la sainte avait exhalé son dernier soupir. Quel fut l'étonnement de Richard en voyant que l'eau, qui s'élevait dans toute la maison à la hauteur des fenêtres, avait respecté cette couche virginale et semblait craindre d'en approcher! Surpris et touché de ce spectacle, il retourna vers l'évêque pour l'en avertir. Celui-ci se rendit sur-le-champ au monastère avec les clercs et une grande foule de peuple. Le miracle fut publiquement constaté, et tous reconnaissant que c'était en Geneviève que Dieu les avertissait de mettre leur confiance, l'évêque ordonna des prières publiques en l'honneur de cette sainte, afin qu'elle intercédât pour son peuple auprès de Celui qui commande aux flots irrités. Les fidèles entrèrent avec joie dans les pieux sentiments de leur pasteur et adressèrent au Ciel des vœux ardents par l'intercession de Geneviève. Leur espérance ne fut pas trompée : au bout de quelques jours, les eaux du fleuve s'abaissèrent et rentrèrent complètement dans leur lit.

XXI

Parmi les fléaux qui vinrent fondre sur la France aux différentes époques de son histoire, on peut mettre au premier rang les invasions des Normands ou hommes du Nord.

Les Normands étaient originaires de la Scandinavie, qui comprenait les royaumes de Danemark, de Norvège et de Suède. L'immortalité de l'âme était un des dogmes fondamentaux de leur religion; mais il n'y avait que ceux dont le sang avait été versé dans les combats qui pussent aspirer aux plaisirs du palais de *Walhall,* et l'ignominie était attachée à toute mort qui n'était point ensanglantée. La crainte d'entrer dans le *Nistheim* portait le courage jusqu'au fanatisme. Hela ou la Mort y exerçait son empire; son palais était l'angoisse; sa table, la famine; ses serviteurs, l'attente et la lenteur; le seuil de sa porte, le précipice; son lit, la maigreur : elle était livide, et ses regards seuls glaçaient d'effroi.

Lorsque ces peuples apparurent dans l'Europe, guidés par leurs mythes terribles, ils répandirent l'épouvante dans tous les lieux où ils débarquèrent. Du vivant de Charlemagne, ils avaient déjà fait quelques descentes dans la Frise ; mais les précautions déjà prises par ce prince mirent ses États à l'abri de leurs incursions. La vigilance de Louis le Débonnaire, et les succès que ses armes obtinrent contre les ennemis extérieurs, garantirent aussi le royaume pour quelque temps. Mais après la mort de ces deux princes, les invasions des Normands devinrent plus fréquentes et plus désastreuses.

La race des guerriers et des hommes libres avait été en grande partie détruite par les guerres étrangères et par la guerre civile qui ensanglantaient l'Europe depuis près d'un siècle. Des hommes attachés à la glèbe, étrangers au métier des armes, étaient peu propres à arrêter les courses des Normands, qui pénétraient dans les fleuves avec leurs barques légères, descendaient en silence sur le rivage, et attaquaient avec fureur les habitations isolées, les abbayes et les monastères désarmés. Leurs succès leur inspirèrent tant d'audace, qu'ils ne craignaient pas de pénétrer en petit nombre dans les villes, et d'aller, pendant la guerre, chercher du vin jusque dans Paris.

En 866, sous le règne de Charles le Chauve, les barbares, ayant remonté la Seine, vinrent s'établir dans l'île de Saint-Denis. Peu scrupuleux sur les moyens de satisfaire leur cupidité, ils allaient jusqu'à livrer aux flammes les reliques des saints, pour s'emparer des châsses précieuses où elles étaient renfermées. L'église où se gardait le corps de sainte Geneviève n'était point protégée par les murailles de la ville ; il était à craindre que ce précieux dépôt ne tombât aux mains sacrilèges de ces farouches ennemis. Quel parti devaient prendre les pieux lévites chargés de veiller sur ces reliques bénies ? Il n'y en avait qu'un qui fût digne de leur dévo-

tion pour la sainte, et conforme aux véritables intérêts
de la religion : c'était de chercher un lieu moins exposé
à la fureur et à la profanation des Normands. Ils sor-

Les pieux lévites transportèrent le trésor confié à leur surveillance
d'abord à Athis, puis à Draveil.

tirent en effet de Paris, où ils ne pouvaient plus trouver
aucune sûreté, et ils transportèrent le trésor confié à
leur surveillance d'abord à Athis, puis à Draveil, qui
dépendaient l'un et l'autre de leur église.

Charles le Chauve ayant traité avec les ennemis, presque aussitôt les saintes reliques furent apportées à Paris et placées non plus dans le caveau où elles avaient d'abord été déposées, mais dans l'église, sous l'autel même des saints apôtres.

Elles ne devaient pas y demeurer longtemps. Les Normands, qui n'avaient consenti à se retirer qu'à des conditions très favorables, trouvaient trop d'avantages à revenir pour ne pas le faire dès qu'ils le pourraient.

Après s'être contentés, pendant une vingtaine d'années, de quelques ravages passagers, ils équipèrent, en 885, une flotte formidable qui portait environ quarante mille soldats; ils remontèrent la Seine et vinrent faire le siège de Paris. Soutenus par l'énergie de Goslin, leur évêque, et du comte Eudes, leur gouverneur, les Parisiens se défendirent avec un courage qui semblait surnaturel; et si Charles le Gros, qui s'était rapproché de Montmartre avec une armée, avait secondé le mouvement de ces intrépides guerriers, leurs efforts auraient lassé la persévérance des assiégeants; mais ce prince indolent semblait prendre à tâche d'humilier et de perdre la France. Il assista sans coup férir aux dévastations que les Normands exerçaient de toutes parts autour de lui; et, lorsqu'il parut devant eux, ce ne fut pas pour les combattre, ce fut pour acheter leur éloignement et faciliter leur retraite.

On comprend quelle dut être encore une fois la frayeur des pieux lévites qui veillaient sur les dépouilles de Geneviève, lorsqu'ils virent les barbares sous les murs de la ville. Se rappelant les sacrilèges et les profanations dont ils avaient gémi quelques années auparavant, ils n'hésitèrent pas à chercher de nouveau dans la fuite la sûreté qu'ils y avaient déjà trouvée lors du premier péril qu'avaient couru les saintes reliques. Ils les transportèrent au village de Marisy, qui dépendait de leur église, et situé sous la tour de la Ferté-Milon, qui passait pour une place imprenable. Pendant ce court exil, les restes de Geneviève opérèrent encore plusieurs miracles dans les lieux qu'ils traversèrent : des malades furent guéris de leurs infirmités, des possédés furent délivrés du démon qui les tourmentait dans leurs corps, des infortunés de toute espèce éprouvèrent les heureux effets de la présence de la sainte. Dès que la paix fut conclue, le pieux dépôt fut rapporté en triomphe et replacé dans l'église des saints apôtres, où les fidèles devaient continuer d'apporter leurs vœux et les témoignages de leur reconnaissance.

XXII

Miracles opérés par la présence des reliques de sainte Geneviève. — Le mal des Ardents. — Origine de la fête de Sainte-Geneviève-des-Ardents.

Depuis près de deux siècles que les reliques de Geneviève étaient rentrées dans Paris, elles avaient soulagé bien des souffrances et consolé bien des afflictions; mais l'histoire ne nous en a pas conservé la mémoire, et ce n'est qu'aux jours des grandes calamités publiques qu'il faut chercher des souvenirs de la puissante intercession de la sainte et de la confiance des peuples en son secours efficace.

En 1129, sous le règne de Louis VI, dit le Gros, la ville de Paris fut frappée d'un mal horrible dont on n'avait encore vu en France aucun exemple. Ceux qui en étaient atteints se sentaient dévorés d'un feu intérieur qui les consumait jusqu'à la moelle des os, et bientôt ils expiraient au milieu des plus cruelles douleurs. L'art épuisa en vain toutes ses ressources pour disputer à la mort quelques victimes; les remèdes ne servaient qu'à prolonger un peu les souffrances des pauvres malades, sans pouvoir leur apporter un soulagement véritable. Dans cette extrémité, les Parisiens, reconnaissant la main de Dieu qui leur infligeait un châtiment trop mérité, coururent s'adresser à leur évêque pour le consulter sur les moyens de conjurer le fléau. Étienne (c'était le nom du vénérable prélat) ordonna aussitôt des jeûnes, des processions, des prières, pour fléchir le Ciel justement irrité. A cette voix respectée et chérie, tous coururent se prosterner au pied des autels, se frappant la poitrine et implorant humblement le pardon de leurs péchés.

Cependant Dieu restait sourd à leurs prières, et le fléau destructeur continuait de décimer la population consternée. Tout à coup Étienne, divinement inspiré, assemble son clergé, et le conduisant sur la montagne où repose le corps de celle qui fait désormais toute son espérance : « Nous ne méritons pas, dit-il, que Dieu exauce nos prières, parce que nous ne sommes que de misérables pécheurs; mais, si nous les lui présentons par les mains de sa fidèle servante, j'ai la confiance qu'il les écoutera favorablement. » Depuis longtemps déjà le corps de Geneviève, tiré de son tombeau, avait été renfermé dans une châsse d'un riche métal et exposé sur l'autel des saints apôtres à la vénération des fidèles. Étienne pria les chanoines qui en avaient la garde de vouloir bien le faire descendre afin de le porter en procession à travers les rues désolées de la cité. Les chanoines n'eurent qu'une voix pour applaudir à la pieuse pensée du vénérable prélat, et dès la nuit suivante ils firent descendre la châsse, pendant que les assistants prosternés imploraient la miséricorde du Dieu de Geneviève.

Le lendemain, dès que l'aurore parut, l'évêque et le clergé de Notre-Dame, sortant de la cathédrale, vinrent avec la châsse de saint Marcel chercher celle de sainte Geneviève; puis le pieux cortège se mit en marche.

A chaque pas il grossissait par l'affluence des fidèles jaloux de marcher sous la conduite de leur sainte patronne; à chaque pas aussi on voyait renaître l'espérance, la sérénité reparaissait sur tous les visages; bientôt un grand nombre de guérisons miraculeuses vinrent prouver que cette confiance n'était pas vaine. Des milliers de victimes déjà marquées par la mort se virent subitement rappelées à la vie. Trois malheureux seulement avaient douté du crédit de Geneviève auprès de Dieu, ils furent les seuls qui n'éprouvèrent pas le bienfait des prières de la sainte. Mais les blasphèmes qui sortaient de leur bouche, mêlés aux actions de grâces de tous les autres, étaient encore un témoignage rendu à la puissance du nom de Geneviève.

L'année suivante, le pape Innocent II vint à Paris; il fut si touché du récit qu'on lui fit de ce miracle, qu'il ordonna que la mémoire en fût célébrée chaque année sous le nom de sainte Geneviève du Miracle-des-Ardents. Cette fête se célèbre le 26 novembre.

XXIII

Dévotion des rois de France pour sainte Geneviève. — Ils recourent à sa
protection dans toutes les grandes circonstances de leur règne. — Faveurs
qu'ils obtiennent.

La sollicitude de sainte Geneviève pour le royaume
de Clovis avait éclaté d'une manière si visible par les
faits miraculeux que nous venons de rapporter, qu'on
eut toujours en France une pieuse dévotion pour cette
sainte, et qu'aux différentes époques de notre histoire nos
plus grands rois se sont fait gloire de recourir à sa puissante intercession. Sous le règne de Philippe-Auguste,
une cruelle inondation désola de nouveau Paris; aussitôt
la châsse fut descendue; et, à la vue des saintes reliques,
la Seine, comme frappée de respect, rentra dans son lit.
Sous le règne de saint Louis, pour une calamité semblable, on employa le même remède, et ce fut avec
autant de succès. Mais ce n'était pas seulement dans les
malheurs publics que ce grand prince demandait à la
bergère de Nanterre le secours de ses prières; telle était
sa foi dans les mérites de cette sainte, qu'il recourait à
elle afin d'obtenir plus sûrement les grâces particulières
dont il avait besoin pour lui ou pour sa famille. C'est
ainsi que, dans une maladie dangereuse du comte d'Artois, son frère, il demanda qu'on voulût bien descendre

la grande châsse et la porter en procession à l'intention
du prince. On le fit, et le jour même où eut lieu cette
pieuse cérémonie, le comte d'Artois recouvra la santé.
Il est inutile d'ajouter qu'il conserva tout le reste de sa
vie une tendre dévotion pour son auguste bienfaitrice.

Fidèle à l'esprit chrétien de ses prédécesseurs,
Charles V, celui qui mérita le surnom de Sage, ordonna
dans le cours de son règne plusieurs processions de la
sainte châsse, et il y assista lui-même en personne avec
toute la dévotion d'un simple fidèle. Ce qui marque
encore jusqu'où il portait la vénération pour les saintes
reliques, c'est qu'il voulut que tous les ecclésiastiques,
tant séculiers que réguliers, les suivissent pieds nus,
comme le faisait déjà le clergé de Sainte-Geneviève.

Franchissons près d'un siècle, et nous allons voir
sainte Geneviève sauver une fois de plus sa France bien-
aimée. Les défaites désastreuses de Crécy, de Poitiers
et d'Azincourt avaient mis presque tout le royaume aux
mains des Anglais, et Charles VII, en montant sur le
trône, se trouvait tout au plus souverain de quelques
villes, et se voyait, pour ainsi dire, exilé dans ses propres
États, qu'occupaient des troupes étrangères. Geneviève
est touchée de cette triste situation ; elle prie Dieu de se
servir d'elle encore pour arracher à une perte assurée le
peuple qu'elle a pris sous sa protection. Dieu prête à ses
prières une oreille favorable ; bientôt il permet qu'elle
apparaisse, dans une sainte vision, à une jeune vierge,
comme elle simple fille des champs, qu'elle lui représente
avec force les maux de leur commune patrie, qu'elle
l'excite à marcher à son secours, qu'elle mette dans son
âme le courage et surtout la foi nécessaire pour accomplir une si grande et si salutaire entreprise ; et aussitôt

la jeune bergère quitte sa houlette pour ceindre le glaive des guerriers, et venant prendre Charles VII, alors relégué à Chinon, elle le reconduit comme par la main jusqu'à Reims, où il reçoit l'onction sacrée qui le fait enfin roi de France. A ces traits on a reconnu la vierge de Domremy, l'immortelle Jeanne d'Arc.

Que, plus tard, des maux d'une autre espèce viennent

Culte de sainte Geneviève à Paris. — Descente solennelle de la châsse.
(*Statistique monumentale* d'Albert Lenoir, d'après une gravure du XVIIe siècle.)

éprouver notre pays; que les hérétiques profanent les choses saintes; qu'ils foulent aux pieds le corps et le sang de Jésus-Christ cachés sous les espèces du pain et du vin : c'est à Geneviève que s'adressent les fidèles dans la douleur que leur causent ces outrages faits à Dieu lui-même. François Ier, Henri II, Charles IX, ordonnent tour à tour des cérémonies expiatoires et des processions où la châsse de sainte Geneviève soit portée solennellement. Malgré la diversité de leurs caractères et de leurs sentiments, ces princes s'accordent en ce point, que, lorsqu'il s'agit de réparer un grand sacrilège, il n'y a point de secours plus efficace que celui de la bergère de Nanterre.

Lorsque, rentré dans le sein de l'Église, Henri IV a reçu de Rome l'absolution qu'il sollicitait, c'est par une procession en l'honneur de sainte Geneviève qu'il rend grâce à Dieu de ce bienfait qui le met en possession du royaume de ses pères. Quant à Louis XIII, il avait trop de piété pour attendre que le Ciel vînt l'avertir, par des épreuves terribles, de recourir à la puissante intercession de Geneviève ; et, dans les années les plus heureuses de son règne, il ne cessa de recommander aux prières de la sainte patronne de Paris toutes les entreprises qu'il formait. Mais personne n'eut peut-être pour sainte Geneviève une dévotion plus grande que Louis XIV. Persuadé que c'était à une neuvaine en son honneur qu'il devait d'avoir été délivré d'une maladie dangereuse, c'est à elle qu'il recommande la reine, atteinte aussi d'un mal qui faisait craindre pour ses jours. Dans une autre circonstance, il montra mieux encore tout ce qu'il espérait de la protection de la vierge de Nanterre. Le moment était venu où la France expiait par de cruels revers la longue suite de ses triomphes. Aux désastres inévitables d'une guerre si acharnée se joignit le fléau d'une horrible famine. En vain la charité répandit les dons à pleines mains, la misère était devenue générale ; et les blés se desséchant faute d'eau, l'année suivante le désespoir était dans tous les cœurs. Dans cet état d'affliction, les Parisiens allèrent porter leurs gémissements et leurs prières aux pieds de leur bienfaitrice ordinaire. On se rendit par milliers au lieu où étaient déposées les saintes reliques. Le roi voulut que ce pèlerinage se fît avec ordre, et ce fut une véritable procession dont la pompe et la solennité surpassaient tout ce qu'on avait vu jusqu'alors. A peine cette pieuse cérémonie était-elle achevée, que la pluie tomba en abondance, et vint rendre à la terre la fécondité qu'elle semblait avoir perdue.

Nous pourrions ajouter à la liste des princes qui ont eu pour notre sainte une dévotion particulière le nom de Louis XV; mais ici nous touchons à l'histoire de l'église Sainte-Geneviève, dont il est temps de dire quelques mots.

XXIV

On se rappelle que les restes de Geneviève avaient
été déposés dans l'église Saint-Pierre-et-Saint-Paul,
qu'elle avait fait commencer, et qui n'était pas encore
terminée. Aussitôt après sa mort, le peuple, se rappelant
les vertus dont elle n'avait cessé de donner au monde le
spectacle admirable, se hâta de lui rendre les honneurs
dus aux saints qui ont été sur la terre un sujet d'édification; on éleva sur son tombeau un oratoire en bois, en
attendant que l'édifice consacré aux saints apôtres fût
achevé. Dans la suite on leva son corps de terre, pour
le renfermer dans une châsse magnifique faite par saint
Éloi. Cette châsse, élevée sur quatre grosses colonnes
de jaspe et soutenue par quatre chérubins, fut placée
derrière le grand autel. Mais, comme elle n'était qu'en
argent, Robert de la Ferté-Milon, abbé de Sainte-Geneviève, voulant la rendre plus digne des saintes reliques
qui devaient y reposer, ordonna, l'an 1242, de la refaire
en vermeil. Il y entra cent quatre-vingt-treize marcs et
demi d'argent, et huit marcs et demi d'or.

Cependant les processions que les malheurs des temps
rendaient si fréquentes avaient occasionné de grands

dommages à cette châsse. En 1614, Dieu inspira au pieux abbé Benjamin de Brichanteau la pensée de la faire réparer : on lui fit hommage, en cette occasion, de riches présents en diamants, émeraudes et pierres précieuses. La reine Marie de Médicis donna un magnifique bouquet de diamants, qui fut placé au haut de la châsse. La duchesse de Savoie, de son côté, fit présent d'une croix d'or chargée de sept turquoises d'une grosseur extraordinaire, et tous ces dons réunis firent de la châsse, où étaient renfermés les saints ossements d'une humble bergère, un des plus beaux et des plus riches reliquaires du monde. Louis XIII en rehaussa encore l'éclat en faisant présent de deux colonnes de jaspe pour la supporter.

Il paraît, par l'acte d'une donation faite à la cathédrale de Paris, que la basilique élevée en l'honneur des saints apôtres Pierre et Paul avait pris, dès l'an 811, le nom de Sainte-Geneviève. Avec les siècles, ce temple avait perdu beaucoup de sa solidité, et déjà il menaçait ruine, lorsqu'un roi de France conçut le pieux projet de le remplacer par un autre qui surpassât en magnificence les plus beaux monuments dont l'antiquité nous ait laissé le souvenir.

Les premières années de Louis XV avaient été signalées par des victoires éclatantes : Courtray, Menin, Ypres, Furnes, Château-Dauphin, étaient tombés tour à tour au pouvoir des Français. Dans le temps que le roi ordonnait un *Te Deum* solennel en action de grâces de ses succès, il se sentit tout à coup saisi d'une fièvre violente qui en peu de jours le mit aux portes du tombeau. Des qualités réelles faisaient de Louis un roi selon le cœur de ses sujets, et d'un commun accord ils l'avaient surnommé le *Bien-Aimé;* aussi, dès qu'on apprit à Paris la nouvelle de sa maladie, la consternation fut dans toutes les âmes. Toutes les églises se remplirent d'une foule nombreuse qui venait, en pleurant, demander à Dieu la santé du roi. Mais c'était surtout dans l'église de leur sainte patronne que les Parisiens se portaient avec empressement. La châsse avait été descendue, et l'on avait commencé une neuvaine solennelle. Le Ciel fut sensible à des vœux si touchants. Le roi, qui le 14 août était en danger de mort, se trouva beaucoup mieux dès le lendemain, et fut en état, dès le mois suivant, de voler à de nouvelles victoires.

L'enivrement de ses triomphes ne lui fit pas oublier que c'était à la puissante intercession de Geneviève qu'il devait la vie; et, pour lui en témoigner sa reconnaissance, il résolut d'élever en son honneur une église plus digne de recevoir ses cendres que celle où elles reposaient depuis plus de douze siècles. L'architecte Soufflot fut chargé de dresser les plans du nouvel édifice; le roi en posa la première pierre le 6 septembre 1764; et bientôt on vit s'élancer dans les airs cette hardie coupole dont l'église Saint-Pierre de Rome avait offert l'admirable modèle.

« Un poète ingénieux, dit M. de Feller dans son *Dictionnaire historique,* en voyant élever ce superbe édifice au moment où le dépérissement de la religion devenait de jour en jour plus visible, adressa à la piété, qu'il appelle tardive pour avoir différé si longtemps l'exécution de ce bel ouvrage, des vers dont voici le sens :

« Un temple grand et auguste s'élève dans la ville royale, édifice digne de la cité et de la vierge qu'elle a adoptée pour patronne. C'est trop tard, ô piété, que tu édifies de vains honneurs; ces temps ne répondent point à la dignité de ces entreprises; car, avant que tu aies élevé un temple au Seigneur dans la reine des cités, l'impiété proscrira Dieu dans la ville et dans ses temples. »

En effet, l'édifice était à peine achevé, que l'impiété,

Façade de l'abbaye Sainte-Geneviève, à Paris (xiiie siècle).
La façade n'a été achevée qu'au xve siècle et se trouve aujourd'hui enclavée dans les bâtiments du lycée Henri IV.

alors toute-puissante en France, s'en empara pour le consacrer à un usage tout profane, c'est-à-dire pour y déposer les cendres des grands hommes que la patrie jugerait dignes de cet honneur. En conséquence, l'Assemblée nationale décréta, le 4 avril 1791, que la sainte basilique s'appellerait désormais Panthéon, nom emprunté à un temple du paganisme, et qui signifie *réunion de tous les dieux*. Au premier rang de ces dieux mortels figuraient Voltaire et Jean-Jacques Rousseau. En présence

de ces profanations, la religion, impuissante à les empêcher, voulut du moins protester par ces paroles de sa
légitime indignation : « Un magnifique monument, s'écria
le premier pasteur de Paris, avait été élevé par la piété
de nos rois et le vœu de tous les citoyens en l'honneur
de notre sainte patronne, et il est converti aujourd'hui
en un temple païen ! Le nom du vrai Dieu qui se lisait
sur son frontispice en a disparu, et les cendres des plus
cruels ennemis de la religion sont en possession de la
place où la religion elle-même devait déposer la dépouille
mortelle d'une vierge sainte, l'objet de la vénération
publique depuis l'établissement de la monarchie, et dont
la capitale a tant de fois éprouvé la sainte protection !
Ne semble-t-il pas, grand Dieu, que nous soyons retour-
nés au temps de ces barbares, idolâtres ou hérétiques,
qui démembrèrent l'empire romain après l'avoir couvert
de ruines ; au temps des Goths et des Vandales, qui
laissaient partout sur leur passage des traces de leur
férocité ou de leur fanatisme ? »

C'était trop peu encore pour des hommes qui avaient
dit dans leur cœur : « Il n'y a point de Dieu. » Près de
l'enceinte sacrée qu'ils avaient envahie continuait de subsister le temple commencé autrefois par Clovis, et dans
lequel reposaient les saintes reliques de la vierge de
Nanterre. Là, du moins, les fidèles trouvaient quelque
consolation dans la présence de leur puissante protectrice. Ce dernier asile ne fut pas respecté des impies.
Animés d'uns fureur sacrilège qu'augmentait encore la
cupidité, ils se précipitent sur les trésors du sanctuaire,
pillent ces riches offrandes d'une pieuse reconnaissance ;
puis, se jetant sur le coffre qui renfermait les saintes
reliques, ils en tirent les ossements vénérables, les pro-

mènent ou plutôt les traînent ignominieusement dans ces mêmes rues qu'ils avaient traversées autrefois avec tant d'honneurs, et vont enfin les brûler en place de Grève, aux grands applaudissements d'une multitude frénétique, qui croyait anéantir le crédit de Geneviève en détruisant ses restes mortels.

Église Sainte-Geneviève,
aujourd'hui laïcisée sous le nom de Panthéon.

Enfin aux jours de la Terreur succédèrent les jours plus calmes de l'empire. Les temples du vrai Dieu se rouvrirent, l'église Sainte-Geneviève reprit son nom; mais elle ne fut point rendue à sa destination première, et par un décret du 20 février 1806 elle fut désignée comme le lieu de sépulture réservé aux maréchaux, grands officiers et sénateurs de l'empire. Cependant, par les soins de M. de Voisins, alors curé de Saint-Étienne-du-Mont, des fouilles furent faites dans la chapelle souterraine de l'ancienne abbaye de Sainte-Geneviève. On découvrit une pierre qui ne pouvait être que le fond du tombeau de la sainte. Mgr l'archevêque de Paris autorisa M. le curé de Saint-Étienne-du-Mont à offrir cette relique à la vénération des fidèles, et les grâces obtenues par ceux qui prièrent devant ces pieux débris auraient suffi, à défaut d'autres preuves, pour en démontrer l'authenticité. Sous la restauration, la sainte basilique, après avoir été purifiée des profanations dont on l'avait souillée, redevint un temple chrétien, et fut consacrée de nouveau sous l'invocation de sainte Geneviève. La cérémonie eut lieu le 3 janvier 1830. Mais la révolution de 1830 devait encore une fois faire tomber la croix qui s'élevait sur l'édifice sacré, effacer le nom du vrai Dieu qui se lisait sur le frontispice, et bannir l'humble vierge du sanctuaire où les âmes pieuses lui apportaient leurs hommages. Ces jours d'épreuves ne furent pas de longue durée. Peu après la chute de la monarchie de juillet, un décret présidentiel du 22 mars 1852 ordonnait que le Panthéon fût rendu à sa première destination, qui était toute religieuse ; et la sainte patronne de Paris rentrait en possession du magnifique temple que la piété des fidèles lui avait élevé, et que la fureur révolutionnaire avait si indignement profané. Cet acte solennel de réparation semblait devoir fermer à jamais l'ère des troubles religieux, et annoncer au monde chrétien que la France reprenait à la tête des nations son rôle de fille aînée de l'Église. Ces espérances étaient vaines. Après plus de trente années de paix religieuse, l'impiété se flatte de nouveau de renverser tous les autels et annonce hautement ses desseins sacrilèges. Pour consacrer sa toute-puissance, déjà souillée par

d'autres forfaits, elle n'a pas craint de se servir du
cadavre d'un grand poète et de jeter un véritable défi

Saint-Étienne-du-Mont. — La châsse de sainte Geneviève.

à la conscience publique. Malgré les protestations éloquentes de l'archevêque de Paris, elle a, par un semblant
de légalité ironique, arraché Dieu du Panthéon ; elle

10

a banni encore la vierge de Nanterre du temple qui lui était consacré, pour faire de cet auguste monument le séjour des morts illustres.

Avec quelle éloquence et quelle hauteur de pensée le vénérable prélat qui gouverne l'Église de Paris réfute les sophismes invoqués pour cette spoliation! Avec quelle vue prophétique il montre les suites funestes de cet attentat!

« On verra, dit-il aux ministres dans sa lettre du 30 mai 1885, les conséquences de cette politique qui livre une à une les institutions les plus respectables pour donner satisfaction aux exigences toujours croissantes de l'esprit de désordre.

« Tout sera emporté, la fortune publique et privée, l'ordre de la rue, la sécurité des personnes. On aura sacrifié gratuitement ce qu'il fallait défendre; on ne sauvera pas ce qu'on voulait conserver. »

Puisse l'avenir se montrer moins rigoureux pour notre pays! A Dieu seul il appartient de savoir combien de temps doivent durer ces jours de deuil, et quand nous reverrons se relever les autels de sainte Geneviève; mais, nous en avons la confiance, malgré notre ingratitude, elle ne nous abandonnera pas, elle continuera de veiller sur cette France qu'elle a tant aimée.

Pour servir d'éclaircissements au présent ouvrage, nous ne saurions mieux faire que d'emprunter les chapitres qui vont suivre à l'œuvre
magistrale de M. Godefroy Kurth : *les Origines de
la civilisation moderne.*

I

LA CHUTE DE L'EMPIRE ROMAIN EN OCCIDENT

Après trois cents ans de combats contre ses ennemis intérieurs et extérieurs, l'empire, affaibli par la grandeur de ses efforts, atteignait péniblement son quatrième siècle. Les graves problèmes qu'il avait eu pour mission de résoudre se dressaient devant lui, plus menaçants que jamais. Il n'avait pas extirpé le christianisme, il n'avait pas dompté les barbares ; tout au contraire, miné par celui-là, envahi par ceux-ci, déserté par les Romains eux-mêmes, il voyait, au soir d'une journée orageuse et brillante, ses destinées s'incliner à l'horizon sans espoir de lendemain. Le poids de l'empire pesait lourdement sur les épaules de ses souverains ; les ris et les plaisirs fuyaient le trône, chassés par les pénibles préoccupations qui assiégeaient les hôtes augustes du Palatin. Le malaise et l'accablement étaient universels ; partout régnait le pressentiment d'une catastrophe prochaine. Mais, comme il arrive en ces heures troublées, si chacun se rendait compte du danger, tous en prenaient gaiement leur parti, et le monde continuait de descendre en riant et en s'amusant la pente du gouffre fatal.

Il fallait donc désespérer de l'empire, à moins qu'une main puissante ne vînt arracher le char de l'État à l'ornière traditionnelle pour le lancer hardiment dans la voie d'un avenir nouveau. Tôt ou tard l'idée d'une tâche pareille devait se présenter à quelque esprit politique doué d'assez de génie pour la concevoir, et d'assez de caractère pour oser l'entreprendre. Terminer l'énervant conflit qui depuis des siècles mettait Rome aux prises avec les chrétiens et avec les barbares, la réconcilier d'une manière sincère avec les uns et avec les autres, engager à son service, par des concessions devenues inévitables, ces deux grandes forces qui avaient toujours travaillé contre elle, et, en donnant ainsi à la civilisation romaine une base plus large et vraiment universelle, intéresser tout le genre humain à l'éternité de l'empire, quelle œuvre grandiose! C'est la gloire de Constantin le Grand d'en avoir pris l'initiative; c'est celle de Théodose le Grand d'avoir, parmi tous ses successeurs, le mieux compris sa pensée, et d'en avoir poursuivi la réalisation avec le plus d'intelligence et de bonheur. Le dernier siècle de l'empire d'Occident est compris tout entier entre ces deux hommes illustres, qui l'ouvrent et le ferment avec un mélancolique éclat, et qui doivent à une grande pensée la grandeur de leur nom.

Un si prodigieux revirement de la politique romaine semblait avoir quelque chose de surnaturel, et Constantin lui-même y reconnut l'effet d'une inspiration divine. Ce fut, en effet, un spectacle inouï que de voir, à partir de son règne, les barbares introduits dans les charges civiques, et les évêques siéger dans les conseils de l'empereur. Les persécuteurs, dont les mains étaient encore rouges de sang, ne purent plus franchir le seuil du palais impérial sans y rencontrer, éclairés des faveurs et des sourires du maître, ces pontifes qui jusqu'alors n'avaient comparu devant eux que pour entendre une sentence de mort; et les vétérans des légions qui avaient blanchi dans la guerre contre les Germains purent lire, dans les fastes consulaires, les noms étranges de ceux-ci mêlés à ceux des plus illustres familles patriciennes. Révolution pacifique, mais profonde, et qui changeait la face de la société! Qu'auraient dit un Auguste ou un Trajan, s'il leur avait été donné d'en être les témoins? Auraient-ils reconnu leur successeur dans le prince qui s'entourait d'évêques, qui les faisait dîner avec lui, qui les appelait ses frères, qui baisait sur les traits de leurs visages les traces des mutilations qu'ils avaient subies pour la foi sous ses prédécesseurs, qui s'asseyait, humble et attentif, sur un tabouret, au milieu des Pères du concile de Nicée, et qu'on entendait revendiquer, comme un titre de gloire, le nom d'*évéque du dehors*[1]? Et quelle n'eût pas été leur stupeur de voir son palais assiégé par des foules de barbares pacifiés, qui lui apportaient les hommages et les présents de leurs nations, et qui dans leurs costumes pittoresques et variés, avec leurs corps énormes, leurs chevelures blondes, leur aspect farouche, formaient autour de lui, non plus une garde du corps comme au temps d'Auguste, mais une véritable cour nouvelle, moins obséquieuse et plus dévouée que l'autre[2]? Une Rome chrétienne et barbare, quel contresens pour des esprits

Théodose.
(D'après un médaillon d'argent
du Cabinet de France.)

qui voyaient dans les barbares et dans le christianisme la négation de la civilisation romaine!

Cet aspect nouveau du monde s'accentua encore sous les successeurs de Constantin. On vit un Gratien se revêtir du costume barbare, et rejeter avec mépris la robe de grand pontife païen, comme pour donner une forme sensible à la double réconciliation de l'empire avec le monde germanique et avec l'Église chrétienne. Sous Théodose, la transformation apparut dans tout son éclat. Les évêques ne furent plus des suppliants ni des protégés, mais de véritables princes, entourés d'une majesté sans pareille. Au lieu de devoir une partie de leur éclat à l'empereur, comme sous Constantin, ils semblaient, au contraire, lui communiquer le leur. Pendant qu'il leur ouvrait toutes grandes les portes de son palais, eux ne craignaient pas de lui fermer celles de l'Église comme à un simple fidèle, jusqu'à ce qu'il eût fait pénitence de ses fautes. Quant aux barbares, bien qu'il leur fît sentir à plus d'une reprise le poids de ses armes victorieuses, il voulut les dompter plus par la douceur que par la force; aussi lui donnèrent-ils eux-mêmes le nom d'ami de la nation gothique, et on se plaignait parfois que les Goths fussent plus

[1] Euseb. *Vit. Constantin.* IV, xxiv. — [2] *Id.*, *ibid.*, IV, vii.

favorisés de l'empereur que ses propres sujets. A force de grandeur d'âme il parvint à regagner les cœurs les plus ulcérés des ennemis de Rome. Lorsqu'Athanaric mourut à Constantinople, réconcilié avec l'empire et plein de vénération peur son généreux vainqueur, la capitale assista avec étonnement aux funérailles splendides que ce grand homme fit faire au chef barbare, et dans lesquelles il voulut lui-même suivre à pied le cercueil[1]. C'est à de pareilles manifestations qu'on reconnaissait la politique nouvelle, qui se proposait de supprimer à jamais les funestes dissensions des trois siècles précédents, et qui entrevoyait au bout de ses efforts, dans une vision magnifique, les deux grandes familles des peuples occidentaux s'avançant ensemble vers un avenir nouveau sous le même *labarum!*

Cet idéal sublime, ce n'est ni dans l'Église ni chez les barbares qu'il devait trouver des obstacles à sa réalisation. Les barbares ne méprisaient pas la civilisation romaine. Loin de là, ils en convoitaient ardemment les jouissances, et, s'ils voulaient y pénétrer, ce n'était pas pour la détruire, mais pour en prendre leur part. Ils avaient pour l'empire une admiration profonde, et ils subissaient, à leur insu bien souvent, le prestige que répandait autour d'elle l'ombre de Rome. Cette gigantesque société, qui s'étendait dans les pays les plus fertiles et les plus riants du monde, autour d'une mer magnifique dont elle avait fait un lac national, qui réunissait tant de peuples divers dans les délices de la paix romaine, dont les proportions, la richesse et la gloire semblaient défier la pensée, et qui, pleine d'ordre et d'harmonie, était pénétrée et dirigée, dans toute son immensité, par un souverain rival des dieux, c'était là, en comparaison des chétives sociétés germaniques, de leur triste climat, de leur pauvreté, de leur anarchie et de leur impuissance, quelque chose de trop merveilleux pour ne pas frapper vivement des imaginations jeunes et ardentes. La divinité de l'empereur était un dogme accepté des barbares comme des Romains; à toutes les époques, il s'éleva des voix parmi eux pour lui rendre hommage. « J'ai vu un dieu, je suis content, » disait ce vieillard

---

[1] Jordan. *De orig. actibusque Getarum*, c. xxviii.

inconnu qui traversa l'Elbe dans un canot pour voir Tibère, et qui repartit sans demander autre chose. « Oui, répétait trois siècles plus tard Athanaric à Constantinople, oui, c'est un dieu que l'empereur, et c'est un sacrilège que de toucher à sa personne [1]. » La sincérité de ces paroles ne saurait être contestée; elles sont l'expression naïve de l'enthousiasme des barbares pour la majesté de l'empire, dont quatre siècles d'une expérience décevante n'avaient pas encore refroidi la chaleur. Leur respect pour la pourpre impériale devait survivre à toutes les humiliations de celle-ci. Même lorsqu'elle fut tombée entre leurs mains, ils n'osèrent pas s'en revêtir, convaincus qu'elle porterait malheur à l'audacieux qui jetterait sur ses épaules le fardeau redoutable de ce vêtement divin. Là est le secret des hésitations et de la modération apparente d'un Arbogast, d'un Alaric, d'un Ricimer, d'un Oreste, de tous les barbares, en un mot, qui, avant Odoacre, se trouvèrent en état de disposer des destinées de l'empire.

Les Germains ne se bornaient pas à être les admirateurs de la civilisation romaine; il y avait longtemps qu'ils avaient pris l'habitude de se mettre à son service. C'étaient d'excellents soldats, d'une bravoure à toute épreuve, d'une fidélité remarquable. Les empereurs recrutaient parmi eux leur garde du corps, et, déjà sous Néron, leurs contingents étaient considérés par leurs propres frères d'armes comme l'élément le plus solide de l'armée [2]. Tous les jours leur nombre grossissait, et leur influence plus encore. Ces jeunes barbares qui sortaient des forêts de la Germanie, demi-nus et n'ayant pour toute fortune que leur framée, arrivaient, grâce à leur supériorité morale et physique sur les Romains dégénérés, aux plus hautes fonctions militaires. Le iii⁰ siècle nous montre encore à la tête des armées quelques Romains illustres; à partir du iv⁰, nous n'y rencontrons plus qu'un catalogue de noms germaniques : Stilicon, Gainas, les deux Arbogast, Charietto, Merobaudes, Ricimer, Carosius, sans compter ceux qui, comme Aétius, Silvanus, Oreste et tant

---

[1] Vellej. Patercul. II; cvii; Jordan. c. xxviii; Zozim. IV, xxxiv. — [2] Tacit. *Hist.* II, xxviii.

d'autres, cachent sous un nom romain une origine barbare. Ils furent les derniers défenseurs de l'empire, qu'ils servirent même contre leurs propres frères, préférant à la voix du sang la fidélité au drapeau et le respect de leurs engagements. Ceux d'entre eux qui, sous le nom de *læti*, furent établis sur les frontières, avec mission de les couvrir en échange des terres qu'on leur abandonnait, se laissèrent marcher sur le corps par les envahisseurs plutôt que de trahir la confiance dont ils étaient honorés. Leur nom même, à ce que prétendent les étymologistes latins, était une preuve du bonheur qu'ils éprouvaient à se voir admis au sein de la grande civilisation impériale.

Enfin les nations indépendantes qui s'échelonnaient le long des rives du Rhin et du Danube étaient aussi souvent les alliés que les adversaires de l'empire. Elles les combattaient, il est vrai, quand le besoin de nouvelles terres ou la pression de quelque ennemi les forçait à se dilater du côté des provinces romaines; mais, en dehors de ces circonstances, elles mettaient leurs armes au service de Rome et consentaient à n'être que les instruments de sa politique. « Levez-vous, leur écrivit Valentinien, et venez défendre l'État dont vous faites partie[1]. » Et ils accoururent en foule, Francs, Burgondes, Visigoths, combattirent à l'ombre des aigles romaines dans cette fameuse bataille de Mauriac, qui fut le duel à mort de la civilisation et de la sauvagerie. Ils étaient du côté de la civilisation en ce jour décisif, et c'est par eux qu'elle fut sauvée. Tant, vis-à-vis des hordes dévastatrices de la Mongolie, l'unité de race et la communauté d'aspirations s'affirmaient puissamment entre eux et les Romains !

Ainsi les meilleurs éléments du monde barbare venaient au-devant de l'influence romaine, prêts à se laisser absorber et transformer par l'action d'un pouvoir qui serait bienveillant et pacifique, mais intelligent et ferme. L'Église était encore plus disposée à seconder et même à subir une action de ce genre. Pas un instant, depuis le jour où son divin fondateur avait proclamé la nécessité de rendre à César ce qui était à César, elle

---

[1] Jordan. c. XXXVI.

n'avait pris vis-à-vis de lui l'attitude d'une hostilité systématique.
Au fort des persécutions qu'elle avait subies, on avait bien, il
est vrai, entendu çà et là l'indignation légitime d'un confesseur
s'exhalant en paroles amères contre une société qui versait si
cruellement le sang de ses meilleurs enfants; mais ce n'étaient
là que des exceptions. L'Église ne cessait d'enseigner la soumission au pouvoir, même tyrannique, aux maîtres, même
injustes; elle en faisait un devoir religieux, et elle défendait,
à l'égal du crime, la révolte ou la résistance à main armée.
A part le concours actif au mal, qui aurait été un péché, et
auquel il fallait se refuser même au prix de la vie, l'État pouvait
tout exiger du chrétien sans rencontrer aucune entrave de la
part de l'Église.

C'est qu'aux yeux de l'Église, l'empereur, qu'il fût païen ou
chrétien, était investi d'une mission providentielle. Elle honorait
en lui l'organe de ce pouvoir que Dieu lui-même a déposé au
sein de toutes les sociétés humaines, pour leur permettre d'y
faire régner la paix et respecter le droit. Cette attitude si con-
ciliante vis-à-vis de l'autorité temporelle se changea en une
véritable amitié lorsque les empereurs se firent chrétiens. L'Église
leur montra, dans toutes les choses qui n'étaient pas du domaine
de la conscience, la soumission la plus respectueuse, voire la plus
humble. Ses philosophes et ses penseurs accueillirent sans répugnance les doctrines romaines sur la durée de l'empire, et les
rajeunirent même en les rattachant aux prophéties de l'Ancien
Testament. Cette réconciliation de la pensée chrétienne avec
l'esprit païen sur le terrain du patriotisme donna naissance à une
nouvelle théorie de l'empire, qui était appelée à exercer une longue
influence sur l'esprit moderne. L'empire, d'après cette théorie,
représentait, dans la vie terrestre, cette unité du genre humain
que l'Église réalisait dans la vie spirituelle. Il n'y avait qu'un
empereur sur terre, de même qu'il n'y avait qu'un Dieu au
ciel, et le souverain d'ici-bas recevait son pouvoir du souverain
céleste pour faciliter l'œuvre du salut de l'humanité, en se faisant
le protecteur de l'Église et en lui fournissant les moyens de
remplir sa tâche sociale. Des apologistes se complaisaient à faire
remarquer que l'empire et le christianisme étaient nés en même

temps, et l'on voyait dans cette circonstance l'indice d'une volonté providentielle, qui avait indissolublement lié les destinées de l'un à celles de l'autre. Et, en effet, que ne pouvait-on pas espérer d'une alliance dans laquelle l'Église et l'État, ces deux grandes forces sociales, se seraient donné une main fraternelle et auraient travaillé de concert au bonheur du genre humain?

L'Église fit tout ce qu'elle put pour réaliser cette grande idée. Elle accepta sans arrière-pensée le protectorat des empereurs. Autant elle avait déployé de précautions vis-à-vis de leurs prédécesseurs païens, autant elle leur montra de confiance et d'abandon, maintenant qu'ils étaient devenus ses enfants. Bien des fois, depuis cette époque, elle a soutenu de rudes assauts pour défendre, contre les princes chrétiens, des droits qu'en cette première heure de la réconciliation elle laissa exercer par les empereurs, tant elle s'était ralliée avec sincérité au régime inauguré par Constantin.

Mais l'empire ne sut pas profiter des bonnes dispositions qu'il rencontrait à la fois chez les Germains et dans l'Église, et il resta en dessous de l'œuvre ardue qui semblait solliciter son activité. Il ne parvint pas à transformer les Barbares en Romains, n'ayant plus, à partir du jour où il fit leur rencontre, la puissance d'action nécessaire pour les soumettre à ses lois. Ceux-là même en qui il trouva des défenseurs, il ne réussit jamais à en faire des sujets. Ils prirent de la civilisation ce qui convenait à leurs goûts grossiers : ses festins et son luxe ; mais ils restèrent barbares sous la toge comme au milieu des camps. Leur imagination seule fut éblouie par l'aspect prodigieux que gardait encore l'empire ; mais leur naturel ne fut pas modifié, et ce qui faisait le citoyen antique, à savoir le culte passionné de la patrie et l'abdication de l'individu entre les mains de l'État, les barbares ne le connurent jamais.

Par contre, il leur arriva ce qui arrive à toute société jeune et sans expérience, mise en contact avec une société vieille et blasée. Leurs mœurs s'altérèrent avec une rapidité prodigieuse, et d'un état qui était presque celui de nature, ils tombèrent d'emblée dans une espèce de décrépitude sénile, sans avoir passé par les phases intermédiaires entre la barbarie et la civilisation, entre la civilisation et la décadence. A la fois grossiers et subtils, incultes et raffinés, naïfs et vicieux, ils présentèrent ce genre particulier de corruption que l'on peut comparer à la pourriture du fruit vert. Aussi, tout en combattant pour l'empire contre ses ennemis du dehors, ils furent dans ses flancs un dissolvant de plus. Le mépris affecté que les Romains ne cessèrent d'étaler vis-à-vis de ces hommes, dont ils avaient tant besoin, continua à les aigrir et à les exaspérer. Se croyant toujours les maîtres du monde, ils ne pouvaient se résoudre à voir en eux des égaux, alors même qu'il fallait déjà les subir comme des protecteurs. Rien de pitoyable comme l'ineptie mêlée de déloyauté avec laquelle des gouvernements tels que ceux de Valence et d'Honorius les poussaient, en quelque sorte, à tourner leurs armes contre l'empire. C'était littéralement exciter le lion. Quoi d'étonnant si les barbares rendaient à Rome le mal pour le mal? Lâchés sur le monde civilisé par ceux-là mêmes qu'ils servaient, ils erraient à travers l'immensité des provinces comme des corps étrangers, dont le rude contact produisait des meurtrissures cruelles. Le pas pesant de leurs masses énormes, qui se jetaient lourdement d'une extrémité de l'empire à l'autre, au gré de leurs caprices, déplaçait à chaque instant l'équilibre factice de la vie politique, et ébranlait jusque dans sa base l'édifice dont la garde leur était confiée.

On eût pu croire que le christianisme rendrait à l'empire la force morale et le prestige nécessaires pour assimiler les barbares. Et sans doute il en aurait été ainsi, si l'empire, abjurant les vices qui le menaient à la tombe, était allé chercher la guérison dans les ondes régénératrices du christianisme. En se débarrassant des causes de mort qui le minaient, et en asseyant désormais ses institutions sur la base de la morale chrétienne, il aurait introduit dans ses flancs un principe d'immortelle jeunesse, qui lui aurait assuré un avenir indéfectible. Mais il n'en fut rien, et, malgré de fallacieuses apparences, il resta profondément et obstinément païen. Cette assertion peut surprendre à première vue : un examen approfondi de ses relations avec l'Église chrétienne en attestera la rigoureuse exactitude. Certes,

on ne peut nier que des efforts sincères aient été faits par
quelques empereurs pour sceller entre l'empire et le christianisme un pacte durable d'alliance et d'amitié. A partir de l'édit
de Milan, qui proclamait la liberté des cultes, les souverains
donnèrent au culte chrétien des preuves nombreuses de leur
bienveillance, en même temps qu'ils se détournaient de plus en
plus du vieux culte national. Pendant plus d'un siècle, les
faveurs à l'Église chrétienne et les mesures de rigueur contre
la religion païenne se développèrent parallèlement dans le code.
Tandis que d'une part le culte officiel, gêné d'abord dans ses
manifestations et persiflé par les constitutions impériales, puis
répudié comme religion d'État, était enfin frappé d'une inter-
diction formelle, le christianisme, devenu la religion de l'empereur et bientôt celle de l'empire, était accablé de largesses,
obtenait des dotations annuelles pour son culte, héritait du
droit d'asile des temples, voyait son clergé soustrait aux principales charges civiques, exempté des fonctions municipales,
des servitudes personnelles, de la capitation, de la juridiction
séculière, investi d'attributions publiques, et élevé peu à peu
à une condition qui en faisait une des autorités de l'État.

La législation se ressentit aussi du changement d'attitude des
empereurs. Le christianisme, qui, à une époque où il était
traqué et proscrit, avait su parfois pénétrer par les mœurs
jusque dans les lois, devait à plus forte raison y faire valoir
son influence, maintenant qu'il était publiquement reconnu et
honoré par les souverains. Les lois qui étaient en contradiction
manifeste avec ses exigences tombèrent d'abord, comme, par
exemple, les sévères dispositions contre le célibat, qui mettaient
des entraves au libre exercice de la vie monastique et sacerdotale. Le dimanche devint un jour de repos légal ; les grandes
fêtes chrétiennes, Noël et Pâques, furent prises pour dates des
vacances publiques; la fureur pour les spectacles dut faire
relâche le jour de la Résurrection, et, à cause de la sainteté du
carême, tous les procès criminels furent suspendus pendant ce
temps « où les fidèles attendaient l'acquittement de leurs âmes[1] ».

---

[1] *Cod. Theod.* IX, xxxv, 4 et 5.

Une inspiration nouvelle se fait jour dans les mesures relatives
aux questions d'ordre moral ; la loi devenait plus humaine,
plus respectueuse des droits individuels. Parfois même, comme
on vient de le voir, pour bien marquer l'influence à laquelle
elle obéissait, elle employait jusqu'aux expressions chrétiennes,
qu'on rencontre avec étonnement dans la langue de Papinien.
Le législateur se préoccupa de la pureté des mœurs ; il déclara
incestueux les mariages entre proches parents ; il punit du feu
les vices contre nature, par respect, dit le texte, « pour la
sainteté du logis de l'âme humaine[1]. » La pudeur du sexe faible
fut protégée par la loi, qui défendit d'arracher de leurs maisons
les matrones déférées au juge. Le rapt des jeunes filles entraîna
pour les séducteurs, et même pour leurs complices, des peines
d'une sévérité exceptionnelle.

Avec cet esprit de pureté se répandait un esprit de douceur
dont les bienfaisants effets trouvèrent également leur expression
dans les lois. L'autorité paternelle perdit son droit abusif de vie
et de mort, et l'exposition des enfants fut, sinon abolie, du
moins entravée. Quiconque recueillait un enfant exposé avait
sur lui, de par la loi, tous les droits du maître sur son esclave,
pour que le père dénaturé fût empêché à jamais de revendiquer
les siens : mesure bien remarquable qui, sous couleur de rouvrir
une source de l'esclavage, était en somme une précaution de plus
en faveur de la faiblesse menacée. C'est une pensée du même
genre qui a déterminé le législateur à décréter par une autre loi
que les enfants des indigents seraient élevés aux frais du fisc,
de peur que les parents ne fussent tentés de les tuer ; car, dit
Constantin, « l'éducation de l'enfance ne souffre aucun retard,
et les mœurs de notre temps ne permettent pas qu'on laisse
périr de faim une créature humaine[2]. » Le régime des prisons
fut adouci, la promiscuité des sexes fut supprimée, chaque prisonnier assuré d'une nourriture suffisante et de l'usage des bains,
et tous placés sous la protection du prêtre, qui était l'homme
de la miséricorde. La durée de la prison préventive fut dimi-
nuée, et la prison privée interdite. Le maître qui faisait périr

---

[1] *Cod. Theod.* IX, vii, 6. — [2] *Id., ibid.*, XI, xxvii, 1 et 2.

un esclave dans les tourments s'entendit déclarer homicide. Il fut défendu de marquer d'un stigmate la figure des condamnés aux mines, car c'était « souiller cette face humaine, qui a été moulée à l'image de la beauté céleste [1] ». Les chrétiens ne purent plus être condamnés aux bêtes. Une loi, sous laquelle l'histoire écrit le nom de saint Ambroise, décida que pour laisser aux inspirations de la clémence le temps d'intervenir, un délai de trente jours s'écoulerait entre une sentence capitale et son exécution. Une autre stipula que les propos outrageants contre

Gladiateurs.
(D'après une peinture de Pompéi.)

l'empereur ne seraient plus punis, à moins que l'empereur ne le décidât formellement pour chaque cas en particulier. L'héritage des condamnés à mort resta assuré à leurs proches parents. De plus, et ceci peut être considéré comme le plus grand triomphe du christianisme sur la passion prédominante de la société païenne, les combats de gladiateurs furent abolis. Il fallut porter plus d'un coup pour avoir raison de la monstrueuse institution. Constantin l'avait déjà interdite en 325, mais il avait dû finir par la tolérer; Valentinien n'avait limité ses excès que d'une main timide; Théodose n'avait pas osé l'abolir, et pendant que le chrétien Prudence adressait en vain ses réclamations à Honorius, le païen Symmaque offrait au monde le scandaleux spec-

____

[1] *Cod. Theod.* IX, xL, 2.

tacle des somptueuses *éditions* gladiatoriales par lesquelles il célébrait la préture de son fils. Un siècle après l'initiative de Constantin, la loi triompha pourtant des mœurs ; mais ce ne fut que grâce au généreux sacrifice du moine Télémaque, qui se jeta entre les combattants pour les séparer, et dont le sang fut le dernier versé dans l'arène. Enfin la liberté humaine fut déclarée

Gladiateurs.
(D'après une peinture de Pompéi.)

imprescriptible, et pendant que la loi ébranlait ainsi le principe de l'esclavage, elle créait un nouveau mode d'affranchissement, qui était mis sous la protection de l'Église, et dont la cérémonie se passait dans ses temples, en présence de l'évêque. Il était bien digne du christianisme de présider à des actes de ce genre, et c'est son esprit encore qu'on retrouve dans la disposition légale qui, par une exception des plus rares, les autorisait même le dimanche, la charité ne connaissant pas de jour de repos.

Ces conquêtes partielles réalisées par l'idée chrétienne sur le terrain de la politique ne doivent cependant pas faire illusion. L'empire ne se convertit pas. Il resta païen avec des empereurs chrétiens, avec des populations chrétiennes, avec une législation chrétienne. Il prit, à la vérité, les dehors du christianisme : il n'en laissa pas pénétrer l'esprit jusqu'à son cœur. Là continuait de vivre le vieux principe païen qui était, à proprement parler, l'âme de l'empire. Là, l'idée de la divinité de l'État, et, comme corollaire, celle de l'omnipotence illimitée du souverain, gardait toute son autorité sur les esprits, et ne cessait de diriger la vie de la société politique. Retranché sur le trône impérial, le césarisme ne se laissa pas débusquer de ce poste suprême d'où il tenait le monde, et où les empereurs chrétiens eux-mêmes devenaient ses dupes ou ses complices. Pas plus que leurs prédécesseurs païens, ils n'échappèrent au charme de cette voix qui leur répétait par mille organes la parole du tentateur : « Vous serez semblables à des dieux ! » Ils se prêtèrent complaisamment à l'apothéose ; ils ne regimbèrent pas contre la déification, et souvent ils s'offrirent eux-mêmes à l'adoration des peuples. Parcourez les actes officiels des empereurs chrétiens à partir de Constantin, prêtez l'oreille au langage qu'ils se laissent tenir, étudiez l'esprit de l'étiquette qui règne à leur cour, vous vous croirez en pleine société païenne, et rien ne vous permettra de deviner que ces souverains courbent le front, comme tous leurs sujets, devant la majesté du Dieu jaloux.

L'empereur est dieu lui-même, il fait retentir toutes ses constitutions des titres sacrilèges que lui a légués la tradition officielle ; il étend les qualificatifs de *divin* et de *sacré* à tout ce qui a quelque rapport à sa personne, et il ne semble pas comprendre qu'en profanant ainsi les noms les plus augustes que la langue humaine puisse nommer, il outrage à la fois la sainteté du Dieu qu'il adore et la liberté du peuple auquel il commande. Ce n'étaient là, il est vrai, que des formules, et on peut admettre qu'elles eussent perdu à la longue leur sens premier, pour devenir entièrement inoffensives le jour où l'esprit du pouvoir impérial aurait cessé d'y correspondre. Mais les Césars ne l'entendirent pas ainsi. Le pouvoir absolu qu'ils s'attribuaient en paroles était bien une réalité à leurs yeux, et leur conversion au christianisme ne devait pas avoir pour résultat de la diminuer. Ils ne paraissent pas s'être rendu compte de la transformation que le pouvoir devait nécessairement subir entre leurs mains, s'ils voulaient être de vrais chrétiens. Ils ne comprirent pas l'opposition radicale qu'il y avait entre la politique païenne, qui leur livrait les corps et les âmes de tous leurs sujets, et la doctrine chrétienne, qui soustrayait à leur autorité le domaine sacré de la conscience. Ils ne doutèrent pas un instant qu'ils n'eussent sur la religion nouvelle tous les droits qu'ils avaient eus sur l'ancienne. Ils avaient été les pontifes suprêmes de celle-là, ils voulurent le rester de celle-ci. L'histoire est pleine de ces distractions de despotes qui oublient à chaque instant que le monde est changé, et que le christianisme, en proclamant l'émancipation de l'âme humaine vis-à-vis de l'État, a mis fin à la mission religieuse de César. L'idée qu'il pût y avoir un droit quelconque qui ne fût pas impliqué dans le titre impérial n'avait pas d'accès dans leurs têtes. La notion d'une société spirituelle indépendante de leur autorité, et s'administrant elle-même en vertu d'une délégation divine, était, de toutes les notions chrétiennes, la plus incompréhensible pour le vrai Romain, et on peut dire que les empereurs ne la saisirent jamais. L'Église pour eux faisait partie de l'État, et par conséquent était sous leurs ordres; ils s'indignaient qu'elle ne voulût pas le reconnaître, et toute résistance opposée à leurs caprices était à leurs yeux de l'ingratitude et de la rébellion. L'avaient-ils donc honorée, protégée, élevée à la dignité d'institution officielle, pour être payés de tant de bienfaits par une opposition que jamais ne leur aurait faite la religion païenne? Elle n'avait pas même le droit de discuter les limites de l'obéissance qu'elle leur devait. « Ma volonté tient lieu de canon[1], » répondait naïvement Constance aux prélats qui invoquaient les lois de l'Église pour ne pas souscrire à une décision injuste. C'était la traduction fidèle du principe d'Ulpien: *Quod principi placuit legis habet vigorem.* Il faut bien se rendre compte de la toute-puissance de ce préjugé sur l'esprit des empereurs chrétiens, si l'on veut comprendre quelque chose

---

[1] S. Athanas. *Histor. arian. ad monach.* c. xxxiii et xxxiv.

à leur conduite envers l'Église. Ils s'imposèrent à elle comme
des papes laïques dont les titres étaient au-dessus de toute contestation, et qui d'ailleurs ne voulaient faire usage de leur autorité que pour son bien. On ne peut pas nier qu'ils aient apporté
beaucoup de zèle et d'ardeur à remplir l'étrange pontificat qu'ils
s'étaient attribué à eux-mêmes. Ils se donnèrent infiniment de
mal pour faire une œuvre détestable, et ils négligèrent plus
d'une fois les affaires de l'État pour brouiller celles de l'Église.
Ils nommèrent et déposèrent des évêques, ils créèrent des patriarcats, ils convoquèrent des conciles, ils en fixèrent l'ordre du
jour, ils dictèrent et firent signer par force aux confesseurs
réunis des formules fabriquées sous leurs auspices ; ils allèrent
jusqu'à publier, en vertu de leur autorité royale, des symboles
qu'ils imposèrent aux peuples comme la seule règle de leur foi,
en attendant qu'il leur plût de les remanier au gré de leurs
caprices. Toutes les affaires ecclésiastiques, dit un chroniqueur
du v° siècle, étaient dans la main des empereurs depuis qu'ils
étaient chrétiens [1].

Il est à peine besoin de dire que l'Église chrétienne ne pouvait pas accepter une pareille servitude de la part de ses nouveaux fidèles. La résistance était pour elle un devoir ; aussi la
reprise des hostilités ne se fit-elle pas attendre. L'Église, à vrai
dire, pouvait envisager avec confiance le résultat du conflit avec
des adversaires qu'elle avait déjà vaincus, et à qui elle avait
imposé, en signe de son triomphe, la livrée de son Dieu. D'autre
part, les conditions de la lutte étaient changées à son détriment.
L'ennemi était maintenant dans le sanctuaire, plus nombreux
que jamais. Depuis les jours de Constantin, l'Église, triomphante
et glorifiée, avait vu accourir à elle la multitude de ces âmes
vénales que la victoire attire, et qui deviennent l'embarras ou
l'opprobre du vainqueur. En vain l'eau du baptême avait coulé
sur le front de ces néophytes équivoques : ils gardaient et pro-
pageaient autour d'eux la corruption de l'esprit et du cœur, ce
triste legs de la société romaine, et ils se trouvaient mal à leur
aise dans l'austère milice de Jésus-Christ. Esprits superbes humi-

<hr>

[1] Socrat. *Hist. ecclesiast.* V. procem. *in fine.*

liés de n'avoir dans l'Église d'autres droits que la plèbe des
pauvres et des humbles, rhéteurs et sophistes indignés de l'im-
muable fixité du dogme chrétien, qui les enchaînait dans les
limites odieuses de la vérité, débauchés dont la vie était une
protestation quotidienne contre les prescriptions de la morale
évangélique, tous ces hommes, qui n'étaient chrétiens qu'à
regret, secouaient avec impatience le joug de l'Église, et trouvaient dans l'hérésie la seule forme supportable du christianisme.
Il y eut autant d'hérésies qu'il y avait de passions humaines.
A chaque vice, à chaque erreur, correspondait un certain groupe
de sectaires qui, cachés dans la société religieuse, minaient
perfidement les points les plus essentiels de sa doctrine ou de
sa morale. Tous les éléments impurs qui s'étaient vus entraînés
dans l'Église et par le courant de l'esprit public, prenaient leur
revanche en y fomentant quelque trouble.

C'est pour avoir le mieux saisi le caractère de cette réaction
païenne intérieure que l'arianisme fut, de toutes les hérésies,
la plus populaire et la plus durable. Sa fortune fut singulière. Il
n'était nulle part, et tout à coup il éclata partout, comme si les
tendances auxquelles il faisait appel n'avaient attendu qu'un
mot d'ordre pour se déclarer avec ensemble et opérer de concert.
Sa base est toute rationaliste. Se riant de la tradition et des
enseignements de l'Église, ces deux autorités suprêmes du fidèle,
il invoque la raison individuelle, s'appuie sur le raisonnement,
combat le dogme à coup de syllogismes, et substitue aux
lumières de la révélation les rêves et les folies de l'intelligence
humaine. Toute l'ingénieuse subtilité de l'esprit grec, comme
aussi tout son insolent mépris pour les principes immuables de
la vérité, se retrouvent dans ses demi-mots, dans ses sous-
entendus, dans ses équivoques, dans ses formules élastiques,
dans ses dogmes vagues et ondoyants. La plupart de ses chefs
sont de vrais descendants des rhéteurs et des sophistes, exclusivement nourris de l'antiquité profane, plus familiers avec les
Catégories d'Aristote qu'avec l'Écriture sainte, plus versés dans
Euclide, Galien ou Théophraste, que dans les Pères de l'Église [1].

[1] Euseb. *Hist. eccles.* V, xxviii; Socrat. Hist. eccles. II, xxxv et xlvi; IV, vii;
V, xxiv; VI, xxii, et VII, vii.

Doués d'une extrême abondance de paroles et d'une érudition fallacieuse, les docteurs de l'arianisme étaient assurés d'éblouir un auditoire toujours prêt à se pâmer d'admiration devant le premier virtuose venu. Ils s'entendaient d'ailleurs admirablement à manier des âmes mobiles et superficielles, comme l'étaient en grande majorité toutes celles qui avaient respiré l'air de l'hellénisme. Ils les flattaient en les appelant à participer à l'élaboration de la théologie; ils mettaient leur doctrine en chansons et en plaisanteries à l'usage des masses [1] ; ils leur inspiraient un profond mépris pour les lourdes et vulgaires intelligences qui acceptaient sans discussion des dogmes faits sans leur concours.

Leur succès fut grand dans tous les milieux mondains. C'était faire preuve de culture intellectuelle que de professer l'arianisme. Avec quel sentiment de pitié hautaine les beaux esprits de la secte devaient regarder la société religieuse du temps, lorsque, grâce à une de leurs savantes manœuvres, ils étaient parvenus à altérer sa foi et à l'entraîner hors de l'Église à son insu ! Ces maîtres jongleurs connaissaient à fond l'art de glisser perfidement dans une formule orthodoxe, par un changement à peine perceptible, le poison de l'hérésie, et de bouleverser radicalement, par l'addition ou par la suppression d'une seule lettre, les notions fondamentales sur la nature du Verbe et de la Trinité.

Au fond, indifférent aux doctrines et passant avec une égale facilité de l'une à l'autre, selon les besoins du moment, l'arianisme n'avait de fixité qu'en un seul point, c'est-à-dire dans son ardente inimitié contre l'autorité de l'Église. Il souscrivit tour à tour aux symboles les plus opposés, se réservant de les écarter plus tard au moyen d'une interprétation subtile ; mais il ne cessa de se déchaîner avec frénésie contre la force qui maintenait, au sein de la société religieuse, l'unité et la stabilité. Reconnaître l'Église comme une société indépendante, qui fût gouvernée par son autorité propre et qui eût le droit de commander aux intelligences, voilà à quoi il ne put jamais se résigner, et son vrai caractère se reconnaît à la radicale opposition qu'il ne cessa de

[1] Socrat. *Hist. eccles.* VI, VIII.

faire au principe chrétien de la distinction des deux pouvoirs. Pour l'arianisme, comme pour le paganisme, il n'y avait qu'une autorité, et c'était celle de la force, en d'autres termes celle de l'État. L'abjection des ariens vis-à-vis de l'empereur fut aussi grande que leur insolence devant l'autorité spirituelle de l'Église. Il resta pour eux ce qu'il avait été pour ses sujets païens, un dieu incarné, source de tous les droits, et ils ne craignirent pas même, comme fit Eusèbe dans son indigne *Vie de Constantin*, de lui accorder les honneurs d'une véritable apothéose. L'autorité religieuse qu'ils refusaient à l'Église, ils la lui reconnurent sans contestation ; ils firent de lui le chef suprême de la société chrétienne, et ils le saluèrent du titre sacrilège d'*évêque universel*[1]. « Eh quoi ! s'écriaient avec une ironie triomphante les défenseurs de l'orthodoxie, vous niez l'éternité du Verbe Fils de Dieu, et vous traitez l'empereur de *Seigneur éternel*[2] ! » Mais ce retour pur et simple à la tradition païenne, c'était précisément l'essence de l'arianisme. Pour lui il n'y avait pas de pouvoir spirituel, il n'y avait que l'autorité absolue des empereurs, dictant à la conscience chrétienne des lois qui changeaient avec leurs caprices, et tranchant à coups de glaive les controverses dogmatiques. Cela pouvait paraître un peu dur parfois ; mais du moins on avait secoué le joug de l'Église, et on ne pouvait pas payer trop cher l'affranchissement de l'esprit humain.

Telle fut la résurrection du césarisme païen sous les auspices de l'hérésie arienne. Il est inutile de dire avec quelle sympathie la plupart des empereurs accueillirent les avances de la secte. Elle leur offrait un christianisme apprivoisé, qui ne gênait pas leur ambition ; eux-mêmes et leurs eunuques s'accommodaient fort de cette religion de palais qui tendait le cou avec tant d'empressement au joug de la servitude. Ils trouvaient d'ailleurs, parmi les prélats ariens, des personnages obséquieux, pleins de respect pour la pourpre impériale, et qui ne se seraient pas permis, comme faisaient les évêques catholiques, l'importune distinction entre les droits de César et ceux de Dieu. Aussi

---

[1] Euseb. *Vit. Constantin.* I, xliv.
[2] Sozomen. *Hist. eccles.* IV, xvii.

l'arianisme fut-il patronné par les premiers successeurs de Constantin comme la vraie forme de la religion chrétienne, et il ne tint pas à eux qu'il ne supplantât la foi orthodoxe dans tout l'empire. L'Église connut alors pour la première fois, dans une partie de ses membres, des humiliations qui lui avaient été épargnées sous les empereurs païens. Ses évêques furent transformés en employés révocables nommés par le pouvoir temporel; ses conciles furent présidés par des commissaires impériaux, et délibérèrent, sous la menace des armes, sur les formules toutes faites qu'on leur envoyait de l'antichambre du palais de Byzance. L'intrigue disposa à son gré des dignités hiérarchiques; et la parole de Dieu n'arriva bien souvent aux fidèles qu'à travers la bouche impure des sophistes et des courtisans. La disgrâce, l'exil, la prison, devinrent le lot des prélats qui se souvenaient de leurs devoirs; heureux quand d'atroces calomnies, ourdies avec un art infernal, ne venaient pas offrir un prétexte contre eux aux rigueurs du pouvoir ou à l'inimitié de la foule. A cette persécution sourde et hypocrite se joignirent plus d'une fois les violences. On vit, sous le règne du labarum, le sang chrétien couler de nouveau, comme aux jours de Dioclétien, et de grandes villes furent témoins de scènes révoltantes où les fidèles avaient à souffrir les mêmes tourments que pendant les trois premiers siècles. Tous les ennemis du nom chrétien se levaient, pleins d'espérance, pour prendre part à la guerre dirigée contre les vrais disciples de Jésus-Christ. Si l'on veut savoir laquelle des deux confessions était restée fidèle à la doctrine de l'Évangile, il suffit de voir de quel côté les païens et les Juifs, guidés par l'instinct infaillible de la haine, se plaçaient dans ces débats qui leur étaient étrangers. « Tu es cher à Sérapis, salut ! » criaient les païens d'Alexandrie à l'évêque arien Lucius, lorsqu'il fit son entrée dans leur ville, et ce cri retentit dans l'histoire comme la sentence inconsciente, mais terrible, portée sur l'hérésie arienne par ses propres alliés[1].

Mais, cette fois encore, les efforts de l'empire furent infructueux. L'ennemi qu'il n'avait pu exterminer à l'époque ou lui-

---

[1] Théodoret, IV, xix.

Les barbares devant Rome.

même était encore plein de vigueur, il ne devait pas s'attendre
à le dompter, maintenant qu'il se sentait affaibli et qu'il ne
combattait plus que sous un déguisement. Ce fard même de christianisme qu'il portait sur ses vieilles joues était un hommage
rendu au principe victorieux dont il cherchait à entraver la
marche. Il remporta, à vrai dire, des succès partiels, qui durent
lui faire illusion sur le résultat final de sa campagne. Il énerva
sur plus d'un point les résistances de la société chrétienne ; il
produisit, comme les persécuteurs païens, un certain nombre de
défaillances et d'apostasies ; il accéléra dans plusieurs provinces
les effets de la maladie morale qui devait entraîner la disparition du christianisme et de la civilisation ; il put même se flatter
un moment d'avoir été plus heureux que Décius et Galère, et
de tenir toute l'Église prosternée à ses pieds. Il est une heure
sombre entre toutes dans la lumineuse histoire du christianisme :
ce fut lorsque, sous le règne du tyran Constance, tous les évêques
orthodoxes ayant été dispersés et envoyés en exil, toutes les résistances brisées et toutes les intelligences surprises, le phare de la
vie religieuse parut éteint, et où l'univers étonné, selon la parole
de saint Jérôme, gémit de se réveiller arien [1]. Certes, ceux qui,
après avoir assisté aux lamentables épisodes du concile de Rimini,
voyaient fléchir un Osius et entendaient parler de la défection de
Libère lui-même, pouvaient être tentés de désespérer de l'avenir
de l'Église : jamais sa gloire n'avait subi une éclipse plus humi-
liante, jamais sa vitalité n'avait reçu une atteinte plus cruelle.

Mais, pendant que l'empire s'abandonnait à l'ivresse de ce
triomphe sans lendemain, la terre se dérobait sous ses pas, et
ses propres racines séchaient dans le sol. Le paganisme, dont
il était l'expression politique, et sans lequel il ne pouvait vivre
non plus que le fruit sans l'arbre qui le porte, périssait rapidement, et lui-même, par une contradiction étrange, lui portait les
coups les plus cruels. Dépouillé du prestige que lui prêtait la
majesté du pouvoir public, le vieux culte national n'inspirait
plus que dégoût et mépris. La conscience humaine se révoltait
contre l'immoralité de ses rites sanglants et impurs, et rougissait

[1] S. Hieronym. *Dialog. adv. Luciferian.* c. xix.

de ce qu'elle avait si longtemps vénéré. Le plein jour, en pénétrant brusquement, à la suite des polémistes chrétiens, dans les ténèbres sacrées des temples antiques, mettait à nu l'inanité et les supercheries du culte païen. Les populations désabusées entraient le front haut dans ces sanctuaires autrefois si redoutés, et faisaient le tour de ces divinités devant lesquelles tant de générations s'étaient prosternées dans la poussière. Elles y trouvaient des idoles bourrées de paille et de loques, des fantoches de bois dont l'intérieur était occupé par les araignées et les souris, des colosses creux dont les yeux s'ouvraient et se fermaient au moyen de ficelles, et dans l'intérieur desquels les prêtres se glissaient pour rendre, au nom des dieux, leurs fallacieux oracles. Tous ces emblèmes ridicules ou obscènes, on les promenait maintenant, au milieu de l'hilarité générale, à travers les rues des grandes villes de l'Orient, et on redisait avec le psalmiste : « Les simulacres des gentils sont l'œuvre de la main humaine ; ils ont une bouche pour ne point parler, des yeux pour ne point voir, et des oreilles pour ne point entendre [1]. » Au sommet des Alpes, les soldats de Théodose riaient en arrachant les foudres d'or de la main de Jupiter [2], et à Rome, en plein temple de Vesta, des femmes détachaient les colliers de la déesse pour les suspendre à leurs propres cous [3]. Les païens eux-mêmes prodiguèrent les railleries à Julien lorsqu'il s'avisa de rétablir les sacrifices. On se moquait de ce garçon boucher qui, ceint d'un tablier ensanglanté, ne cessait de fouiller dans les entrailles des bestiaux, et de ses monnaies qui représentaient un autel avec un taureau renversé sur le dos, symbole, disait-on, du monde mis sens dessus dessous par le zèle païen de l'empereur [4].

Pourchassée par les sarcasmes de l'opinion, la religion agonisante s'enfonçait de plus en plus dans l'abîme des pratiques superstitieuses, où elle n'était suivie que par un groupe toujours plus faible et plus méprisable de fidèles. La théurgie prit la place du culte ; la magie devint la forme la plus familière de

[1] Euseb. *Vit. Constantin.* III, LIV-LVIII ; *id., de Laud. Constantin.* c. VIII, Socrat. III, II, et V, XVI ; Sozom. II, V, et VII, XV ; Théodoret, V, XXII ; Rufin, II, XXII, XXIV, XXV. — [2] S. August. *de Civit. Dei*, V, XXVI. — [3] Zozim. V, XXXVIII. — [4] Sozom. V, XIX.

la pratique religieuse, et le plus grand nom que le paganisme de cette époque puisse revendiquer parmi ses autorités est celui de Jamblique, sur qui les sorciers ont au moins autant de droit que les philosophes. Il faut voir à quelles momeries recourut Maxence pendant les dernières journées qui le séparèrent de la lutte suprême contre Constantin ! Tandis que, d'un côté, l'enthousiasme sacré était entretenu par la prière et par la confiance en Dieu ; de l'autre, on conjurait des esprits, on disséquait des femmes, on égorgeait des enfants nouveau-nés, on lisait dans les entrailles des bêtes fauves [1]. La fin de ce siècle offrit un spectacle identique, lorsque le dernier prétendant païen à l'empire, le rhéteur Eugène, osa se mesurer contre le victorieux Théodose. Les hommes politiques dont il était l'instrument ne connaissaient pas de dévotion plus efficace et plus méritoire que celle du *taurobolium*, et il n'est pas sans intérêt d'expliquer en quoi consistait cet acte solennel d'un culte qui allait être proscrit par les lois. L'homme qui voulait attirer sur lui les bénédictions du *taurobolium* se couchait dans une fosse recouverte de planches percées de trous nombreux, au-dessus de laquelle on égorgeait un taureau, et le sang de l'animal ruisselait tout chaud sur le croyant, qui le recevait comme un gage de purification. De cette fosse ignoble où s'administrait le baptême au sang de bœuf, on vit sortir un jour, hideux et tout maculé de sang, l'illustre Nicomachus Flavianus, l'orgueil et l'espoir du parti païen, consulté par Eugène et respecté par Théodose lui-même [2].

Le paganisme n'en sortit pas avec lui : sa dernière heure avait sonné. Il n'avait pas fallu un siècle pour l'anéantir. Aussitôt qu'il ne fut plus dans les lois, il disparut des cœurs. La conversion de Constantin lui avait porté le coup de mort. Abandonné par les empereurs, il se vit à l'instant trahi par les multitudes qui, la veille encore, faisaient fumer l'encens devant ses autels, et les persécuteurs des chrétiens ne furent pas les derniers, sans doute, à se sentir touchés par la grâce. Dès le

---

[1] Euseb. *Vit. Constantin.* I, xxvi et xxxvii. — [2] Poème anonyme du IVe siècle, publié par Morel dans la *Revue archéologique*, juin 1868.

milieu du IVe siècle, les idoles n'avaient plus d'adorateurs que dans les campagnes, et les mots de *païen* et de *paysan* étaient devenus synonymes. Jamais doctrine religieuse ne fit une chute plus lamentable. Pas un rayon de gloire ne consola l'agonie du paganisme. Ses malheurs ne firent pas couler de larmes, et, au milieu de l'indifférence du monde, il expira, sans martyrs et sans apologistes, dans le trou infect où il prosternait la dignité de ses derniers hiérophantes.

Le christianisme aurait célébré de trop faciles triomphes, s'il n'avait eu d'autres adversaires que des exaltés comme Julien ou Nicomachus. Mais, en disparaissant comme religion, le paganisme survécut, au moins dans les couches supérieures de la société, comme philosophie et comme tendance sociale. Il se contenta du caractère tout négatif d'une espèce d'opposition philosophique, et devint la religion de tous ceux qui n'en avaient aucune. Il suffisait de n'être pas chrétien pour lui appartenir. Quiconque restait en dehors de l'Église était par là même considéré comme appartenant au groupe des derniers tenants du paganisme. Ce groupe était d'ailleurs, cela se comprend, moins considérable par le nombre que par le caractère et par la position sociale de ses membres, et il se voyait obligé, vis-à-vis des croyances régnantes, à une grande circonspection. On y professait une espèce de rationalisme modéré, qui affectait une impartialité sereine entre les partis religieux, et qui évitait de se prononcer sur la nature de la *Divinité,* comme on disait dans ce monde. Pour le reste, on aimait à donner des conseils de tolérance et de modération que les petits-fils des martyrs ne devaient pas écouter sans ironie.

En somme l'idée religieuse ne tourmentait guère les ennemis du christianisme. La véritable raison de l'antipathie qu'ils nourrissaient pour lui, c'était, chez les uns, l'amour des lettres ; chez les autres, le sentiment patriotique. La littérature païenne gardait un grand empire sur les imaginations. Bien des lettrés, fascinés par les souvenirs classiques, croyaient rester fidèles aux anciens dieux, alors qu'ils l'étaient seulement à des formes littéraires. Toute leur pensée tournait dans le cercle enchanté de la mythologie païenne. Il était presque impossible d'amener au pied de la croix des hommes si épris de tout ce que le christianisme poursuivait de ses anathèmes. Les lettres profanes étaient un terrain trop glissant pour qu'un chrétien pût y poser le pied sans s'exposer à glisser dans la boue. Il ne pénétrait pas dans les sanctuaires académiques sans compromettre son caractère, car les Muses du IVᵉ siècle ne se complaisaient que dans les niaiseries difficiles et dans les tableaux obscènes, choses peu compatibles avec le tour d'esprit sérieux et l'absolue pureté de pensée que le Christ exigeait de ses fidèles.

Qu'allaient-ils devenir, d'ailleurs, ces professeurs de littérature et ces maîtres de l'éloquence, le jour où l'austère et sombre doctrine du Galiléen, en dépeuplant l'Olympe et la nature, tarirait du même coup les sources de leur inspiration et de leurs revenus? A défaut du cœur et de la conscience, l'intérêt et la vanité faisaient aux gens de lettres une loi de la fidélité au vieux culte. Leur métier était tout païen. Ils étaient en quelque sorte obligés de l'être eux-mêmes par décence. On sait quelle sensation produisit à Rome la conversion de l'un d'eux, le célèbre Marius Victorinus : cela semblait chose inouïe. Malheureusement, si les rhéteurs amusaient encore le monde, ils ne le persuadaient plus. Leur dévotion voulue et leur enthousiasme factice le laissaient froid. Ils ne parvinrent pas même à réchauffer son zèle pour la mythologie, le jour où ils prirent possession du trône impérial dans la personne de ce jeune pédant naïf et intrépide, disciple d'Homère égaré sur le trône des Césars.

On doit plus de respect à cette autre famille d'esprits, dont l'attachement au paganisme avait sa source dans une idée patriotique. Voyant dans le vieux culte le représentant de tous les glorieux souvenirs auxquels il était lié d'une manière indissoluble, ils se persuadaient que l'empire ne serait sauvé que s'il lui restait fidèle. Le spectacle d'une décadence continue, dont les causes étaient situées beaucoup trop haut pour être aperçues des hommes de ce temps, fournissait un aliment à ces convictions. Selon eux, tous les malheurs publics provenaient de l'abandon du culte national, et Rome ne retrouverait sa puissance d'autrefois qu'en retournant à ses dieux. Mais comment l'empire pouvait-il ramener la victoire sous ses drapeaux, quand, à la voix des évêques chrétiens, il enlevait lui-même la statue de cette déesse de la salle des délibérations du sénat? Telle était l'argumentation des polémistes païens aux derniers jours du IV⁰ siècle. Fondée exclusivement sur des considérations d'ordre politique, elle n'était pas faite pour persuader les cœurs. La foi de Symmaque ressemble à celle que professait Cicéron, à celle que préconisait Varron : c'est la patrie que ces illustres citoyens adoraient dans leurs dieux, et leur seule religion, c'était le grandeur de Rome. Mais l'heure était venue où un pareil culte ne pouvait plus suffire à la conscience du genre humain.

L'empire cependant, devenu semblable aux dieux qu'il avait reniés, et parvenu au même point de sénilité et d'impuissance, offrait à ces derniers fidèles le spectacle d'une décrépitude qui devait décourager l'adoration la plus intrépide. La foi dans son éternité avait disparu, et le pressentiment de sa fin imminente gagnait de proche en proche. On en venait à se dire que les douze vautours aperçus par Romulus sur le Palatin représentaient les douze siècles d'existence réservés à la domination romaine, et que le dernier de ces siècles était déjà commencé.

Tel était l'abattement universel, qu'un écrivain de ce temps blâme Léon I⁰ʳ d'avoir laissé venir à Constantinople un prince sarrasin qui devait recevoir l'investiture des mains de l'empereur : il ne fallait pas, dit-il, permettre que ce barbare pût se rendre compte, par ses propres yeux, de la faiblesse et de la pauvreté de l'empire. Qu'on se rappelle la prodigieuse impression d'admiration et de respect qui, un demi-siècle auparavant, terrassait l'âme d'un autre barbare reçu dans la même capitale, et on pourra mesurer le chemin parcouru sur la pente de la décadence depuis les jours de Théodose le Grand [1].

Et, à considérer l'allure des affaires publiques, qui ne devait désespérer de l'avenir? L'empereur faisait pitié à voir. C'était un Dieu retombé en enfance. Le vertige impérial ne se produisait plus chez lui, comme autrefois, par les crimes grandioses

[1] Malchus, *Excerpt. ex legat. gent.*, p. 232 (*Corpus script. byzant.*).

qui épouvantaient le monde, mais par des accès de folie imbé-
cile qui le faisaient sourire. Il s'amusait avec des titres et avec
des hochets ; il se perdait dans la contemplation de sa grandeur,
et tous les jours il inventait quelque appellation plus sainte et
plus sublime pour se désigner lui-même aux mortels. Il faut
l'entendre parler de « l'aurore de son principat sacré », et de
« la splendeur de sa divinité qui rayonne sur le monde ». Honorius, quelques années avant la prise de Rome par Alaric, se
vante sur son arc de triomphe d'avoir dompté les Goths « à tout
jamais » ; Théodose II, dans le Code, nous confie que, « dans
ses augustes sollicitudes, il se préoccupe nuit et jour des intérêts
du genre humain, » et Majorien édicte des lois qui doivent durer
« toute l'éternité[1] ». Et on entend un préfet du prétoire, digne
serviteur de pareils maîtres, déclarer qu'un serment prêté devant
Dieu peut, par raison d'État, être violé, mais qu'il serait bien
plus grave de l'enfreindre, si on avait juré sur la tête de l'empereur[2]. Il n'y avait pas, dans l'empire, de lois plus sacrées
que celle de l'étiquette palatine. Un jour le monde entier fut
rempli de stupeur : le médecin du prince avait osé s'asseoir au
chevet de son auguste malade ! De Byzance, la nouvelle se
répandit dans tout le monde romain, et la chronique du temps,
qui ne consignait plus que des batailles désastreuses ou des
pertes de provinces, a enregistré le fait à l'égal d'une calamité
publique[3]. Un peuple d'eunuques et de courtisans chamarrés se
pressait autour de l'auguste fétiche impérial, auquel ils formaient une espèce de sénat occulte, mais tout-puissant, qui
gouvernait avec lui, ou par lui, ou sans lui. En dessous d'eux, le
monde officiel s'étageait en catégories hiérarchiques, à chacune
desquelles correspondait un titre propre. Malheur à l'ignorant qui
se serait égaré dans le dédale de ces Gravités, de ces Sublimités,
de ces Excellences, et qui, par mégarde, n'aurait pas donné à
chaque mandarin le titre que lui attribuait l'Almanach impérial !

Ce monde de fonctionnaires, c'était tout l'empire. Pourvu qu'il
continuât de tourner avec une régularité automatique, tout était

---

[1] Mabillon, *Analecta*, IV, p, 359; Novell. *Theodos.* I, 1, 1; Novell. *Majorian.*
tit. IV, et passim. — [2] Zosim. V, L in fine. — [3] Marcellin. Comit. *Chronic.*
ann. 462.

bien. On eût dit que ces rouages si savants étaient faits pour eux-mêmes, et le genre humain pour leur donner le moyen de fonctionner. Et ils fonctionnaient sans relâche ! L'empereur continuait de faire des lois ; il en faisait même plus que jamais à en juger d'après le code Théodosien, qui en contient des douzaines consacrées coup sur coup au même objet ; mais cette activité fébrile de la législation ressemble assez à celle d'un cœur dont les pulsations se multiplient à mesure que la vie s'affaiblit. La loi n'était plus obéie, parce que l'autorité n'avait plus la force de la faire respecter, et qu'elle n'était plus à la hauteur d'aucune de ses attributions. On aura une idée de ce qu'elle pouvait en matière économique, quand on apprendra, par l'historien Socrate, qu'une famine désolait la Phrygie pendant que Constantinople était dans l'abondance[1].

L'empire se vidait rapidement. En vain il essayait de guérir l'anémie des provinces par des transfusions toujours plus abondantes de sang germanique : les lètes et les colons, introduits dans les provinces, y restaient barbares, et la dépopulation avec la misère continuait sa marche envahissante. Les remises d'impôts se succédaient incessamment, sinistre présage ! A la fin du IVe siècle, il y avait, au cœur de l'Italie, dans cette Campanie autrefois surnommée l'*Heureuse*, plus de cinq cent mille arpents de terres abandonnées[2]. La malaria gagnait les côtes de l'Étrurie et du Latium. Dans bien des provinces, on voyait les forêts repousser sur les ruines des villas, et la barbarie de la nature, précédant la barbarie des peuples, envahir les terres civilisées. Les frontières du Rhin et du Danube présentaient un aspect affreux ; le sol y était jonché de décombres, les villes s'écroulaient incendiées ou abandonnées ; et les ossements des morts blanchissaient dans les campagnes[3]. Sur la simple rumeur d'une invasion prochaine, les populations des pays menacés fuyaient éperdûment à travers l'empire, comme des nomades sans patrie[4]. Chaque fois qu'on peut lever un voile, écouter la voix d'un contemporain, on assiste à des tableaux déchirants,

---

[1] Socrat. IV, xvi. — [2] *Cod. Theod.* XI, xxviii, 2. — [3] Priscus, *Fragmenta*, p. 171. (*Corp. script. byzant.*) — [4] *Cod. Theod.* X, x, 25.

on entend des plaintes lugubres : que serait-ce si l'on savait
tout ! Quelle triste lumière, par exemple, jette sur l'état de la
société une loi comme celle de Valentinien en 364, qui défend
aux pâtres de monter des chevaux, et cela pour réduire à l'impuissance leurs tentatives de brigandage[1]. C'est sous la pression
de pareilles calamités que les classes agricoles, qui étaient les
plus éprouvées, finirent par secouer le joug. Elles prirent les
armes par désespoir, et, en Gaule et en Espagne, elles organi-
sèrent, sous le nom de Bagaudes, ces redoutables jacqueries
qui favorisaient si puissamment les envahisseurs. Attila leur
semblait moins à craindre que César ; aussi saluèrent-elles avec
joie l'arrivée des barbares, qui, en venant tout détruire, devaient
briser aussi leurs chaînes.

C'était la première fois qu'un pareil spectacle était donné
au monde. L'homme rompant violemment le contrat social, et
renonçant à son héritage de civilisation pour se replonger, avec
la frénésie du désespoir, dans cet état de barbarie d'où il était
sorti après douze siècles d'efforts et de travaux, voilà certes la
leçon la plus saisissante et la plus instructive que la société
antique, sur le point de terminer ses destins, ait pu léguer aux
méditations de la postérité. A ce moment funèbre où, sortant
avec douleur de son rêve divin, l'humanité détrompée s'aperçoit qu'elle a fait fausse route, il est intéressant de prêter l'oreille
à ses plaintes, puisqu'aussi bien un contemporain nous a con-
signé l'expression dans un récit dont on ne surpassera pas la
profondeur et la vérité.

Un jour, une ambassade romaine s'en allait, humble et trem-
blante, trouver le farouche Attila dans sa cité de bois sur les
bords du Danube. En errant dans les rues de cette ville étrange
qui était un camp, un des membres de l'ambassade, — c'est le
narrateur lui-même, — fut étonné de s'entendre saluer en grec
par un homme vêtu du costume barbare. Dans la conversation
qu'il engagea avec lui, il apprit que son interlocuteur était un
marchand grec qui, victime comme tant d'autres de la ruine
universelle, s'était réfugié parmi les Huns, et qui, heureux et

----

[1] *Cod. Theod.* IX, xxx, 2 et 5.

enrichi, se félicitait de sa condition nouvelle, parce qu'il y trouvait trois choses qu'on ne rencontrait plus dans l'empire : la liberté, la sécurité et le bien-être. Ce néo-barbare traça un tableau sombre et douloureusement exact des maux qu'il avait eu à souffrir sous le régime romain. Les entraves mises à la liberté individuelle, la lâcheté et l'impuissance des défenseurs de l'État, la rigueur impitoyable déployée dans l'exaction des impôts, l'iniquité de la justice qui ne punissait que les pauvres et les faibles, laissant échapper les riches à prix d'argent, tels étaient les griefs invoqués contre l'empire par un homme dont la vie était une accusation plus éloquente encore que ses paroles. Priscus entreprit de lui répondre ; mais, accablé sans doute par la difficulté du sujet, il omit de réfuter les trop justes plaintes de son interlocuteur, et il déplaça instinctivement le terrain du débat, en présentant, non pas la défense de la société romaine telle qu'elle était, mais le panégyrique de ce qu'elle aurait dû être. Il fit passer devant ses yeux le tableau enchanteur de la civilisation idéale ; il énuméra tous les bienfaits dont le genre humain lui est redevable : une législation sage et prévoyante, des institutions destinées à satisfaire tous les intérêts, la justice rendue par des tribunaux éclairés, l'armée combattant aux frontières pour protéger la sécurité du laboureur dont les sueurs alimentent le trésor public, la liberté pour chacun de disposer de sa propriété, enfin la douceur des mœurs romaines, qui formait un si éclatant contraste avec la férocité hunnique. Le néo-barbare n'avait que trop bien appris combien la réalité s'éloignait de ce rêve magnifique ; néanmoins il lui suffit de l'entendre évoquer pour que la nostalgie de la civilisation le reprît au milieu de sa condition nouvelle, et, saisi d'une émotion profonde, il répondit en versant des larmes : « Oui, c'est une excellente chose que la civilisation romaine ; mais les gouvernements d'aujourd'hui n'ont plus la sagesse de ceux d'autrefois, et ce sont leurs fautes qui l'ont amenée à sa ruine [1]. »

Il se trompait, ce Grec devenu barbare. Les gouvernements de son temps n'étaient que les tristes héritiers d'un passé qui

---

[1] Priscus, *Fragmenta*, p. 190. (*Corp. script. byzant.*)

les écrasait sous le poids de ses fautes accumulées, et c'était la sagesse d'autrefois qui avait engendré les désastres du temps présent. Mais quel enseignement, pour l'historien et pour le philosophe, dans la conversation de ces deux malheureux citoyens, qui, sans le savoir, débitent l'épilogue de l'histoire romaine, à l'ombre de la baraque formidable d'où le fléau de Dieu doit sortir bientôt pour y mettre un terme !

Heureusement, au sein de ce monde condamné à la destruction, grandissaient, pleines de sève et d'avenir, les forces qui allaient lui succéder. Elles étaient en lui sans faire partie de lui ; elles absorbaient toute sa substance, et transformaient en sucs féconds les éléments qu'elles lui dérobaient. A travers des formes amaigries et transparentes, sous lesquelles apparaissait le squelette, il semble que l'œil aperçoive les mouvements énergiques et les battements impétueux d'une vitalité nouvelle, qui, emprisonnée dans ses formes vieillies, devait le briser pour éclore. La société était grosse d'un avenir inconnu : il y a tel moment, dans les derniers siècles de l'empire, où cet avenir semble vouloir se manifester, comme à la lueur d'un éclair, avec une évidence saisissante. Qui ne serait frappé, par exemple, de voir, après la bataille d'Andrinople, quand Byzance fut assiégée par les Goths et défendue par les Sarrasins, une espèce d'ironie prophétique mettre en face l'une de l'autre les deux races appelées à se partager les lambeaux de l'empire en Orient et en Occident, et qui, en attendant, se rencontraient comme des ennemis au pied de son dernier boulevard[1] !

Lorsque tout fut prêt pour l'avènement du monde moderne, alors retentit ce que le prophète appelle le coup de sifflet de la Providence. Des commotions violentes, dont l'origine et les phases diverses sont restées plongées dans les ténèbres, ébranlèrent l'immobilité de l'extrême Orient, et précipitèrent sur l'Europe un de ces peuples mongoliques habitués à errer jusqu'alors dans les immenses déserts de la haute Asie. La seule apparition de ces nouveaux venus sur les confins orientaux de l'empire fut accueillie avec une stupeur pleine d'épouvante par

---

[1] Ammian. Marcellin. XXXI, xvi, 5.

les races plus nobles à qui elles venaient disputer leurs foyers. On frissonnait à la vue de ces hideux centaures imberbes, au teint jaune, à la figure tailladée, au crâne et au nez aplatis ; aux cheveux rasés, aux yeux petits et enfoncés comme deux points lumineux dans de profondes cavernes, au corps difforme comme ces grossières idoles de bois qu'on rencontrait sur les ponts. Sales, mal vêtus, les pieds enveloppés de loques, se nourrissant de laitage ou de viande crue qu'ils gardaient sous leurs selles, ils passaient toute la journée à cheval, et dormaient pêle-mêle la nuit, dans une promiscuité révoltante, sous la toile des chariots qu'ils roulaient avec eux. On ne voulait rien voir d'humain dans ces monstres étrangers à tout sentiment de pudeur et d'humanité, que l'on disait nés du commerce des sorcières avec les esprits impurs des steppes. Ils faisaient aux populations consternées l'effet de ces fléaux de la nature contre lesquels il serait inutile de chercher des armes. Prompts comme la foudre dans l'attaque, infaillibles dans les coups qu'ils portaient, insaisissables chaque fois qu'ils étaient poursuivis, ils ne semblaient vivre que pour détruire, et ils se vantaient que l'herbe ne repoussait plus là où avait passé le sabot de leurs chevaux.

Lorsque, quittant les déserts immenses où ils pouvaient se déployer au large avec leur bétail, ces nomades tombèrent sur les populations sédentaires et denses de l'Europe orientale, il se produisit des chocs dont l'empire ressentit le contre-coup longtemps avant de voir les traits du masque hunnique. La destruction de l'empire par les Huns fut un drame en trois actes, dont les premiers furent remplis tout entiers par les précurseurs d'Attila, lui-même n'apparaissant qu'à la fin pour porter le coup de grâce à la victime épuisée. Tout d'abord, le vaste royaume gothique, voisin des Romains sur les grands fleuves de la mer Noire, vola en éclats sous la pression des barbares, et jeta sur l'empire les débris de cette forte et vaillante nation des Goths, qui allaient lui devenir si redoutables. Les Goths, reçus d'abord sur la rive droite du Danube, et bientôt provoqués par la déloyauté de leurs hôtes, prennent les armes, exterminent l'armée romaine avec son empereur dans cette fameuse bataille d'Andrinople, qui fut pour l'empire un Cannes sans lendemain ; puis, maîtres de leur avenir et du monde, se remettent en campagne après un repos de quelques années, dévastent l'Illyrie et la Grèce, tombent sur l'Italie, pillent la ville éternelle, passent de là en Gaule et en Espagne, et ne s'arrêtent qu'après avoir, en une seule génération, occupé en conquérants les trois grandes péninsules du monde méditerranéen.

Ce fut le premier acte. Un nouveau pas en avant, fait par les Huns dans la direction des plaines de l'Allemagne et de la Hongrie, détermina une seconde catastrophe, non moins terrible. Chassées de leurs pays, des multitudes de peuplades barbares, s'écroulant en débris les unes sur les autres, formèrent par leur accumulation une formidable avalanche qui tomba sur la Gaule, où elle se partagea en deux masses dont l'une roula jusqu'au delà de l'Apennin, tandis que l'autre se précipitait sur l'Espagne et de là sur l'Afrique, si bien qu'après cette double invasion il ne restait plus, en Occident, que des lambeaux de provinces qui ne fussent pas aux mains des barbares. La Gaule centrale, l'Italie, une partie de l'Afrique, émergeaient encore comme des îlots de culture romaine dans une vaste inondation. Immobile au milieu de ces cataclysmes sans précédent, Honorius, *l'empereur reclus*, protégé par les lagunes inaccessibles de Ravenne, avait vu sans émotion disparaître son empire. Il versa des larmes, à la vérité, sur les tristes destinées de Rome ; mais ces larmes, dit-on, s'adressaient à un caniche qui portait ce nom, et qu'il perdit vers la même époque qu'il perdit le monde.

Du fond de sa cité de bois, Attila, auteur de ces désastres avant d'y avoir mis la main, contemplait son œuvre, et achevait par les artifices d'une diplomatie raffinée ce qu'avait commencé l'épée. Cet homme terrible, adroit autant que brutal, maniait avec la même supériorité le glaive des batailles et le fil des intrigues. Sa duplicité égalait sa fierté, et il ne recourait à la force que lorsqu'il avait vu échouer la ruse. Capable de se contenir tant qu'il y trouvait son intérêt, il éclatait aussitôt après en des violences inouïes, sans qu'on puisse dire si ces violences elles-mêmes n'étaient pas en partie préméditées et voulues. Longtemps il se plut à tenir la mort suspendue sur les deux

empires à la fois, les menaçant et les pressurant à tour de rôle,
demandant, en Occident, la main d'une petite-fille de Théodose;
en Orient, traitant de menteur et d'esclave l'empereur, petit-fils de
ce grand homme. Enfin, un jour, le bruit courut qu'il s'avançait
sur l'Occident. Immense fut l'épouvante qui s'empara des provinces, lorsqu'on apprit que le fléau de Dieu approchait. Il ne
venait pas seulement exterminer l'empire ; il venait détruire la
société et la civilisation, et sur les ruines du passé écraser l'avenir
qui y germait. L'Église et les barbares allaient périr. Alors le
sentiment de la solidarité entre Romains et Germains s'éveilla
avec une vivacité qu'il n'avait pas encore eue dans l'histoire.
Toutes les peuplades germaniques, les Francs, les Burgondes,
les Visigoths, dix autres encore, vinrent à l'appel d'Aétius se
ranger sous les aigles romaines. L'Occident tout entier, par un
effort héroïque, se dressa contre l'exterminateur. Les barbares
coururent au-devant du fléau de Dieu, les évêques montèrent
sur les murailles de leurs villes. Il semble que, dans le silence
universel qui se fait devant les pas de l'homme de mort, on
entende haleter l'Europe. Puis un grand choc a lieu, le choc de
deux familles humaines, le choc de toutes les forces civilisatrices
contre toutes les forces de la destruction. Des torrents de sang
coulèrent, des montagnes de cadavres furent élevées à la journée
de Mauriac ; le soir cent mille hommes étaient égorgés, mais le
monde était sauvé, et Attila se retirait. Le souvenir de cette
grande journée demeura impérissable dans la mémoire des
peuples qui y prirent part ; les Goths y trouvèrent le sujet de
leur épopée nationale, et il en est resté un reflet dans la légende
de tous les évêques de cette époque.

L'empire avait disparu au milieu de ces convulsions. Le
dernier empereur qu'il faille nommer, Valentinien III, n'est
connu dans l'histoire que pour avoir assassiné un homme : il
est vrai que cet homme était Aétius, le vainqueur de Mauriac,
le bouclier de Rome. Après cet attentat, qui livra la ville éternelle sans défense aux pillages du Vandale, il y eut encore
quelques empereurs, bien qu'il n'y eût plus d'empire, parce
qu'on ne s'était pas encore habitué à la disparition d'un si grand
titre ; mais ce n'était plus, à vrai dire, que des commissaires

impériaux envoyés de Byzance pour gouverner la province
d'Italie, ou des mannequins choisis par les barbares qui les
mettaient en mouvement. Un de ces barbares, Ricimer, nomma
successivement plusieurs de ces pauvres gens, qui régnaient

Saint Loup sauve la ville de Troyes des fureurs d'Attila.

à sa place, et qu'il faisait disparaître chaque fois qu'ils s'avi-
saient de prendre leur rôle au sérieux. Après qu'une demi-
douzaine d'empereurs de Ravenne se furent ainsi succédé en
l'espace de quelques années, un autre barbare imagina de faire
de la couronne impériale un hochet pour son petit garçon, qui,

par une dérision du sort, joignait le nom de Romulus à celui
d'Auguste. Mais l'enfant à son tour se vit arracher la couronne
par un soldat de fortune, qui, n'osant prendre la pourpre parce
qu'il était barbare lui-même, s'avisa d'une solution radicale de
la difficulté en supprimant le titre impérial. Il y mit des formes,
en ce que l'abdication forcée de Romulus Augustule fut présentée aux contemporains comme le rétablissement de l'ancienne
unité romaine, telle qu'elle avait existé avant Dioclétien. Les
insignes impériaux furent, en conséquence, renvoyés à Constantinople, et on essaya de calmer la susceptibilité des Byzantins,
en leur assurant que le pouvoir d'Odoacre était une émanation
de celui des empereurs d'Orient. Mais la réalité ne répondit pas
à cette fiction du cauteleux barbare. Il n'y avait plus d'empire
d'Occident. La mesure prise par Odoacre était la constatation
de ce fait : et le chef des Hérules ne faisait que proclamer, à
un moment donné, le verdict que l'histoire avait rendu bien
avant lui.

II

Au milieu de l'édifice impérial en ruines, la cité de Dieu surgissait majestueuse et riante, prête à recueillir l'héritage de la cité des hommes. Des profondeurs des catacombes, où elle cachait ses puissantes assises cimentées dans le sang des martyrs, elle poussait vers le ciel la masse imposante de ses constructions multiples, encore inachevées, mais auxquelles des milliers de mains travaillaient sans relâche. En moins de trois siècles, elle avait envahi l'empire tout entier, et créé dans chaque ville une communauté chrétienne. Mais les frontières dans lesquelles était resté enfermé l'essor du génie romain étaient trop étroites au gré de ses apôtres. Dans son expansion universelle, elle avait débordé sur les barbares, et introduit dans la communion catholique une multitude de peuples demeurés étrangers à l'empire. Le flambeau de la foi brillait chez les Goths du Danube, dont l'évêque Théophile siégea au concile de Nicée, et parmi les populations groupées au pied du Caucase, où il avait été porté par une pauvre esclave; il jetait un éclat radieux dans les montagnes de l'Arménie, devenue le boulevard de la civilisation chrétienne du côté de l'Orient, et de là il avait pénétré dans l'empire des Perses, où il éclairait un grand nombre d'âmes, et où seize mille martyrs formèrent la couronne de l'Église militante vers le temps que Constantin lui donnait la paix, comme si la Providence avait voulu la tenir continuellement en haleine, sans lui permettre de jamais goûter un repos complet. L'Arabie connaissait Jésus-Christ; les Himyarites vivaient sous des rois chrétiens; Aden et Ormuz avaient des évêques, et les Sarrasins nomades, convertis avec leur reine Mavia, venaient demander des missionnaires à l'empire. De l'autre côté de la mer Rouge, le signe de la croix se dressait triomphant sur les hauts plateaux de l'Abyssinie, qui, comme l'Ibérie, devait à des esclaves chrétiens la connaissance du Rédempteur. Et pendant que, s'il faut en croire des traditions dignes de foi, quelques lointaines lueurs du christianisme perçaient, comme un crépuscule matinal, les antiques ténèbres de l'Inde et de la Chine, le plein jour de l'Évangile se levait, à l'extrême Occident, sur ces contrées fabuleuses dont les légions romaines n'avaient pas même exploré les rives. L'Irlande, l'*ultima Thule* des poètes, venait tout entière au-devant de Jésus-Christ, et, baptisée par saint Patrick, allumait, au milieu des solitudes de l'Océan, un foyer de civilisation chrétienne qui devait bientôt réchauffer le continent lui-même. Ainsi, s'étendant à la fois sur les Romains et les Barbares, sans faire aucune distinction entre les races, l'Église ouvrait ses bras à tous les peuples de la terre, et réalisait pour la première fois le type d'une famille du genre humain. L'empire pouvait crouler désormais, l'Église n'avait pas à craindre d'être écrasée sous les débris de l'édifice qui avait abrité sa jeunesse; elle régnait déjà sur ceux qui allaient le détruire.

L'heure de l'épanouissement était venue pour elle. Après avoir lentement grandi sous terre pendant trois siècles, voici que ses institutions allaient se déployer largement au soleil, avec les couleurs et les formes opulentes d'une vigoureuse jeunesse. Tous les germes s'ouvraient; des fleurs et des fruits apparaissaient à chaque extrémité de la vigne si longtemps émondée par le fer des persécuteurs. Les communautés chrétiennes élargissaient leurs limites. Chacune d'elles comprenait le domaine entier de la ville où elle s'était formée, et groupait sous la houlette de son pasteur tous les fidèles épars dans la circonscription. Les paroisses dilatées devenaient des diocèses; les diocèses agrandis se partageaient à leur tour en paroisses nouvelles. Le clergé croissait en nombre; de nouvelles dignités ecclésiastiques naissaient pour satisfaire aux besoins nouveaux d'un gouvernement plus vaste. Des liens hiérarchiques se nouaient entre les diocèses. Tous ceux d'une même province politique formaient, par leur union, une même province religieuse, et l'évêque de la métropole était le chef de celle-ci avec le titre d'archevêque. Les archevêques eux-mêmes reconnaissaient l'autorité des patriarches, fondée sur la tradition et sur le respect des peuples pour les souvenirs de l'époque apostolique. Les sièges patriarcaux de Rome, d'Antioche et d'Alexandrie, auxquels on ajouta par la suite ceux de Jérusalem pour des motifs de piété, et de Byzance, par déférence pour les empereurs, se partageaient la direction du monde chrétien. Celui de Rome voyait grandir le respect et les prérogatives rattachés à sa primauté incontestée. Pierre y revivait dans chacun de ses successeurs, s'adressait par leur organe à toute l'Église, enseignait par leur bouche, jugeait tous ses frères, et ne pouvait être jugé par personne. C'est lui, gardien indéfectible de la foi et des traditions, qui disait le dernier mot dans les controverses doctrinales; et quand Pierre avait parlé, la cause était jugée.

Toute cette hiérarchie était forte et respectée, parce qu'elle ne reposait pas sur la contrainte, mais sur la charité. La charité rapprochait les distances; elle donnait aux rapports entre les supérieurs et les inférieurs un caractère de douceur paternelle chez ceux-là, de filiale confiance chez ceux-ci. L'humilité régnait en haut, et l'obéissance en bas, et ces deux vertus, venant au-devant l'une de l'autre, se rencontraient et s'embrassaient dans la joie de la communion chrétienne. Celle-ci consistait surtout dans l'union spirituelle des âmes, qui avait une douceur si exquise pour les fidèles, et elle se traduisait dans la vie par les nombreuses institutions qui, à des occasions périodiques, les rassemblaient autour de la même chaire ou au pied des mêmes autels.

De toutes ces institutions, la plus vaste et la plus universelle, ce fut le concile. C'est ici le moment d'étudier cette remarquable institution, qui appartient en propre à l'Église, et qui, offerte plus tard en exemple à la société politique, devait en renouveler les formes. Les conciles sont aussi anciens que l'Église : on peut même dire que, dans son origine, elle se confond avec eux, car il y eut un moment où elle tenait tout entière dans le Cénacle, qui fut le premier concile. Plus tard, dispersés par ordre du Maître dans tous les pays, les ouvriers de l'Évangile aimaient à se retrouver, aux heures propices, dans ces saintes assemblées où le Sauveur était au milieu d'eux, selon sa promesse, et où l'Esprit-Saint les inspirait comme au jour de la Pentecôte. Difficiles à réunir aussi longtemps que sévit la persécution, elles ne rencontrèrent plus d'obstacles dès que la liberté fut rendue à l'Église ; aussi leur ère semble-t-elle s'ouvrir définitivement avec celle de Constantin. A partir de cette époque, elles devinrent périodiques et fréquentes, et elles prirent dans l'économie de l'Église la place qui leur revenait. Il y en eut à tous les degrés de la hiérarchie, il y en eut dans toutes les régions du monde. Chaque dignitaire hiérarchique réunissait autour de lui son clergé et même ses fidèles, pour prier et travailler avec eux. Les diocèses, les métropoles, les patriarcats, l'Église tout entière eut ses conciles, et chacune de ces assemblées était, dans sa sphère, la source féconde de la législation religieuse. La plupart des institutions chrétiennes sont sorties du travail ininterrompu de ces parlements ecclésiastiques. En parcourant les gigantesques recueils dans lesquels l'Église a enregistré leurs actes, il semble qu'on pénètre dans les ateliers de la civilisation, et qu'on voie s'élaborer les richesses spirituelles des générations à venir. Là règne une activité qui embrasse tout, avec une intelligence qui comprend tout et une charité qui épure tout. Pas une question morale et religieuse qui n'y soit débattue, pas un intérêt social qui n'y soit l'objet d'un examen approfondi. Il faudrait les étudier l'un après l'autre, pour voir ce que chacun d'eux a successivement ajouté au patrimoine de l'humanité, soit en extirpant des vices ou en redressant des idées, soit en appelant à la vie des œuvres réclamées à tour de rôle par les besoins du progrès. On assisterait ainsi, jour par jour, à toutes les phases de l'éducation du genre humain.

La tâche de ce livre est plus modeste : il doit se borner à indiquer les résultats généraux de l'œuvre telle qu'elle nous apparaît

dans ses proportions les plus vastes, et il ne peut que jeter un
coup d'œil sur ses manifestations les plus éclatantes, qui se pro-
duisent sous la forme de conciles œcuméniques. Rien n'égalait
la majesté de ces assemblées plénières de la chrétienté, dont le
nombre marche de pair avec celui des siècles chrétiens. Le jour
où trois cent dix-huit évêques, arbitres de la vie religieuse
d'autant de florissantes provinces, se réunirent pour la première
fois dans la basilique de Nicée, sous la protection de l'autorité
publique, païens et chrétiens purent se rendre compte qu'une
ère nouvelle s'ouvrait pour la société humaine. L'Église, à peine
sortie des persécutions et ruisselante encore du sang qu'elle
avait donné pour la foi, préludait à la prise de possession du
monde en passant, sur les bords de la Prépontide, la revue des
forces dont elle disposait pour en faire la conquête. Là vinrent
siéger les martyrs dont le corps mutilé portait encore les cica-
trices de leur récent témoignage : ceux-ci privés d'un œil,
ceux-là traînant avec effort un jarret énervé par le fer des
bourreaux ; là apparurent, avec les vénérables représentants du
premier âge de l'Église, les jeunes et magnanimes athlètes des
combats futurs : saint Paphnuce y échangea le baiser de paix
avec Athanase d'Alexandrie, et dans cette rencontre sublime
entre un passé plein de fatigue glorieuse et un avenir illuminé
par l'éclat de triomphes nouveaux, il semblait que la cité de
Dieu fût devenue une réalité visible. Le monde se tournait avec
respect vers le sénat de la Rome nouvelle, qui allait délibérer
sur ses destinées. Le prestige de l'empereur disparaissait devant
celui de cette assemblée auguste ; lui-même, catéchumène couronné, y siégea comme simple auditeur, pour écouter, comme
un oracle sans appel, la voix de l'Esprit-Saint qui parlait par
la bouche des princes de l'Église. Au concile de Nicée fut pro-
mulguée pour la première fois, en opposition avec les mensonges
de l'hérésie, l'immortelle formule qui contient le résumé de
toute la foi chrétienne, en même temps que les règles essentielles
de la hiérarchie, de la discipline et de la liturgie étaient posées
sur des bases inébranlables. Trois siècles se voyaient récapitulés
et couronnés par une assemblée unique dans les fastes du monde,
et qui acceptait, pour en faire l'héritage éternel de l'Église, les

dogmes qu'ils avaient crus, les œuvres qu'ils avaient produites.

Chacun des conciles suivants continua l'œuvre du premier, et ajouta un étage à l'édifice dès croyances chrétiennes. Celui de Constantinople, en 381, élabora définitivement la doctrine de la Trinité; ceux d'Éphèse, en 431, et de Chalcédoine, en 451, fixèrent à jamais les croyances de l'Église sur la personne du Sauveur. Tous les quatre restèrent, pour les générations futures, les phares lumineux de la vérité, les fondements inébranlables de la discipline, les autorités suprêmes de la législation. Sous leur puissante impulsion, une riche vitalité se manifestait dans tous les domaines du monde religieux. Les canons se multipliaient, réglant les mille détails de la vie d'une grande société d'après les lois de la justice et de la charité. La liturgie déployait toutes ses pompes dans une atmosphère libre, et chaque nation travaillait à en augmenter l'éclat par les formes variées qu'elle tirait spontanément de son cœur. Le chant ambrosien, en se répandant comme une âme sonore dans les paroles de la prière, semblait leur donner les ailes qui les portaient jusqu'au ciel. Les basiliques, ces antres de la justice humaine dont le christianisme avait fait les sanctuaires de la miséricorde divine, rajeunissaient le type architectural du prétoire, en l'ornant de tout ce que l'art et la piété pouvaient inventer pour embellir la maison de Dieu. La beauté de l'Église rayonnait maintenant sur le monde avec un éclat éblouissant; elle charmait les imaginations de même qu'elle éclairait les esprits et qu'elle pacifiait les cœurs.

Grande dans ses œuvres, elle était, elle devait être grande dans ses hommes. Les saints qu'elle produisit aux jours du triomphe restèrent dignes de ceux qu'elle avait enfantés aux heures de la détresse, et les martyrs des trois premiers siècles trouvèrent des émules dans les docteurs du IVᵉ. Ce fut le siècle des grands évêques. En Orient et en Occident, on vit paraître alors à la tête des Églises des personnages presque surnaturels, dont les vertus, les talents et les souffrances commandaient le respect de leurs ennemis et l'admiration émue des fidèles. Tout ce que l'Évangile avait versé de douceur et de charité dans les âmes semblait s'être fondu, chez ces hommes prodigieux, avec

Saint Ambroise interdit l'entrée de l'église à l'empereur Théodose.

la puissance et la richesse du génie antique, pour offrir aux regards du monde les caractères les plus rares qu'il eût jamais contemplés.

Saint Athanase est la plus grande figure qui ait paru en Égypte. La Providence, qui le destinait à être le docteur et le martyr du dogme de la Trinité, cette pierre angulaire de la foi chrétienne, le jeta, pour ainsi dire, seul et sans appui au milieu de l'Orient coalisé contre lui. Proscrit par quatre empereurs, condamné par plusieurs conciles, obligé de disputer tous les jours sa tête ou sa renommée à une meute d'assassins et de calomniateurs, il passa la plus grande partie de sa vie dans l'exil, au milieu des déserts ou au fond des tombeaux, sans qu'un seul instant la vigueur de son âme fléchît sous le poids de tant d'épreuves, ou que sa voix cessât de se faire entendre à travers le monde pour confondre l'hérésie et protester contre l'iniquité. Adoré de son troupeau, qu'il gouvernait du fond de ses retraites inconnues, inébranlablement appuyé sur la communion de la chaire romaine, et puisant dans une piété ardente une vigueur et un courage indomptables, il vit enfin périr tous ses ennemis, et il lui fut donné d'achever sur son siège patriarcal une carrière dans laquelle il avait résumé tous les triomphes et toutes les épreuves de l'Église.

Saint Basile de Césarée ne fut pas seulement une des lumières de son époque, mais aussi un des plus beaux caractères qui aient honoré l'Église. Sa carrière, plus paisible que celle de l'illustre patriarche d'Alexandrie, s'écoula au milieu d'un modeste diocèse de Cappadoce, mais son zèle et son génie en franchissaient les limites. Aussi grand par les œuvres que par la parole, il fondait, aux portes de Césarée, toute une ville de la charité, la Basiliade, et il traçait une règle de la vie religieuse qui faisait de lui le législateur monastique de l'Orient. Deux empereurs, l'apostat Julien et l'hérétique Valens, s'attaquèrent successivement à ce doux pasteur d'hommes, qu'ils croyaient facile d'intimider; ils reculèrent interdits et déconcertés. Son dialogue avec Modestus, préfet du prétoire de Valens, rappelle les scènes qui se passaient au temps de l'Église primitive entre les martyrs et leurs juges :

« Dé quel droit, lui demanda Modestus, rejettes-tu la religion de l'empereur ?

— L'empereur est une créature de Dieu comme moi, et je n'adore pas une créature.

— Crains les châtiments de ton audace.

— Lesquels ?

— La confiscation, l'exil, la mort.

— Menace-moi d'autre chose. Je n'ai rien à perdre, ne possédant que mon manteau et quelques livres. Pour ce qui est de l'exil, je suis un étranger sur cette terre, et j'y suis partout l'hôte de Dieu. Quant à ce corps, après les premiers coups, il sera insensible aux souffrances. La mort sera d'ailleurs un bienfait pour moi, puisqu'elle me rapprochera plus tôt de mon Créateur.

— On ne m'a jamais parlé ainsi, à moi préfet.

— C'est qu'apparemment tu n'as jamais rencontré un évêque [1]. »

Saint Ambroise, le consul devenu évêque, a laissé, avec l'exemple du courage sacerdotal en face de la tyrannie, celui de la plus constante fidélité au monarque légitime. Transformant son église en citadelle, il en repoussa tour à tour une impératrice hérétique et un empereur orthodoxe ; mais il sut en sortir pour aller, au travers de mille dangers, défendre devant l'usurpateur la cause du souverain légitime. L'histoire se plaît à le représenter dans l'attitude vengeresse qu'il prit au seuil de son église vis-à-vis de Théodose couvert du sang des Thessaloniciens ; mais il apparaît plus grand encore lorsqu'il se glisse dans l'amphithéâtre, par la porte des bêtes, pour aller arracher à Gratien [2] le pardon d'un idolâtre condamné à mort pour outrage envers sa personne. Tel fut son prestige, qu'il vit à ses pieds les monarques chrétiens et les chefs barbares, subjugués également par la grandeur surhumaine de cette âme de pontife. « Nous savons maintenant pourquoi tu es invincible, disaient les Francs païens à leur compatriote Arbogaste, qui se vantait de son amitié avec saint Ambroise ; c'est parce que tu es l'ami de l'homme qui dit au soleil : Arrête-toi, et le soleil s'arrête [3]. »

---

[1] S. Gregor. Nazianz. *Orat.* XLIII (al. XX). — [2] Sozomen. VII, 25. — [3] Paulinus, *Vita S. Ambrosii*, c. XXX.

Saint Martin de Tours, l'un des noms les plus populaires de l'histoire, jeta dans l'Occident les racines de la vie monastique, en même temps qu'il arrachait celles du paganisme dans les campagnes gauloises. Mais ces deux grandes œuvres, auxquelles il consacra sa vie, lui ont valu moins de gloire et d'admiration que l'exquise délicatesse de sa conscience et l'ardeur brûlante de sa charité. Ce soldat devenu moine, qui se servait de l'épée pour tailler dans ses vêtements la part du pauvre, ne connut jamais qu'un seul remords, et ce remords était dû à un excès de cette même charité que les siècles ont immortalisée. Lui aussi, pour sauver la vie de quelques malheureux hérétiques condamnés à mort, il s'humilia comme Ambroise, et consentit à communier avec les évêques dont il avait anathématisé la cruauté : sacrifice sublime que l'amour du prochain demandait au zèle du prélat orthodoxe. Mais ce conflit entre deux devoirs avait profondément remué son âme; il ne pouvait se pardonner d'avoir fait fléchir la discipline ecclésiastique en faveur de ces prélats indignes, et il fallut qu'un ange lui apparût au milieu de la solitude pour le consoler et pour lui apporter l'amnistie du Ciel.

De tels hommes étaient l'impérissable honneur de l'Église victorieuse; ils prouvaient au monde qu'elle ne savait pas seulement souffrir, mais qu'elle possédait à un degré éminent l'art de gouverner et de civiliser. Ils n'étaient pas isolés dans l'épiscopat. Si ceux qu'on vient de citer brillent d'un éclat exceptionnel, c'est par la grandeur de leur génie ou par l'étendue de leur champ d'action ; mais l'héroïsme des vertus chrétiennes leur était commun avec une multitude innombrable de pasteurs, qui, dans toutes les régions du monde civilisé, travaillaient nuit et jour à l'œuvre du salut. Ces infatigables artisans de la civilisation se reconnaissent à un certain air de famille qui les isole, en quelque sorte, au milieu de la dégradation du siècle. L'intégrité du caractère et la droiture de la volonté, voilà ce qui fait la beauté idéale de ces figures d'évêques, dont les traits se détachent, avec une lumière si vive et si pure, sur le fond terne et triste du monde officiel. C'est dans l'épiscopat chrétien qu'on trouvait les derniers Romains, avec quelque chose de plus qui manquait à la dure physionomie des fils de Romulus, j'entends ce rayon de la charité qui brille sur les fronts illuminés par l'Évangile. Jamais une grande cause n'avait enfanté tant de héros. Il y en eut dans chaque ville, et il serait difficile de citer un siège épiscopal qui n'ait été illustré alors par le courage et la sainteté de plusieurs de ses pontifes. Combien n'y eut-il pas d'évêques qui prirent le chemin de l'exil sur le soir de leur vie, pour avoir refusé de pactiser avec l'erreur! Combien qui, armés du seul prestige de leur supériorité morale, défendirent victorieusement leur troupeau contre la tyrannie des empereurs ou contre la férocité des barbares! Combien encore dont les fatigues et les combats n'ont pas été enregistrés par l'histoire, et dont les noms ont péri, pendant que leur œuvre continue de braver les siècles!

Et ce n'était pas une tâche facile à remplir que celle des évêques. Depuis que l'empire avait abaissé la barrière qui séparait l'Église du monde, les conditions d'existence de la société chrétienne s'étaient profondément modifiées, et la mission de la hiérarchie avec elle. Plus d'une fois les confesseurs de ce temps durent être tentés de saluer l'âge d'or du christianisme dans l'époque des persécutions, pendant laquelle il suffisait de donner son sang, quand ils la comparaient avec les dangers et les difficultés presque inextricables où ils se débattaient. C'est contre des chrétiens qu'il s'agissait maintenant de lutter, c'est dans le sanctuaire qu'il fallait combattre, et les victoires mêmes avaient quelque chose de douloureux et d'amer, puisqu'en somme elles étaient remportées sur des enfants de l'Église. Le troupeau des fidèles ne se composait plus principalement, comme jadis, de ceux qui étaient venus spontanément à Jésus-Christ à l'heure du danger. C'était tout le flot du paganisme qui se versait de jour en jour plus abondant sur le peuple chrétien, auquel il apportait ses préjugés et ses erreurs. L'évêque redevenait apôtre au sein de son propre troupeau, et souvent, au lieu de convertir à la morale évangélique les païens baptisés qui en formaient la moitié, il avait la douleur de voir les fidèles corrompus par eux. Heureux quand, au milieu d'une pareille confusion entre les fils de Dieu et les fils du siècle, il parvenait au moins à garder intact le noyau primitif, laissant le reste déshonorer le baptême et le nom chrétien dont ils étaient indignes.

Grâce à ce mélange d'éléments hétérogènes, il y avait, dans la société chrétienne, un double esprit et, si l'on peut ainsi parler, un double courant, et le même nom couvrait à la fois les vertus écloses au souffle de l'Évangile, et les vices nés dans le bourbier de la vie païenne. On a déjà vu comment le paganisme, entré dans l'Église à la suite de Constantin, avait essayé, au moyen de l'hérésie arienne, de la mettre dans la main des empereurs, sous la forme d'une religion d'État dont ils auraient été les chefs. Mais ce n'était là qu'un des épisodes du vaste combat qui se livrait sur tous les points à la fois, au sein de l'Église, entre l'esprit chrétien et l'esprit païen. Pendant que ce dernier essayait de l'inonder sous le débordement de ses immondices, elle réagissait par des efforts énergiques, et ce sont ces prodiges de corruption et de sainteté, se rencontrant à la fois dans un même corps, qui font la physionomie particulière de l'Église au IVe siècle. On ne comprendra rien à son histoire, si l'on ne veut tenir compte d'une dualité si caractéristique, et si on ne consent à faire exactement la part des deux responsabilités.

En étudiant donc la société chrétienne dans ce qui mérite véritablement le nom d'Église, c'est-à-dire dans les fidèles qui obéissaient à ses lois et non dans les infidèles qui les violaient, on constate tout d'abord chez ceux-là la perpétuité des vertus chrétiennes qui ont brillé aux trois premiers siècles. Aucune n'avait péri ; toutes continuaient de porter des fruits de salut. La vie morale du vrai chrétien était pleine d'harmonie et de dignité. La famille s'épanouissait libre et heureuse dans des liens qu'elle savait éternels. L'éducation des âmes était l'objet des sollicitudes les plus constantes. L'antiquité s'en déchargeait sur les esclaves, c'est-à-dire sur ce qu'elle avait de plus vil ; les parents chrétiens ne la confiaient qu'aux religieux, c'est-à-dire à ce qu'ils connaissaient de plus saint. Les femmes, ces bons génies du foyer, purifiaient et sanctifiaient toute chose autour d'elles. On admirait les vertus d'une Flaccilla et d'une Pulchérie sur ce trône impérial où l'empire païen n'avait connu que l'ambition d'une Agrippine ou les débauches d'une Messaline. Qu'était-ce que Cornélie, mère des Gracques, au prix de Monique, mère de saint Augustin? Lorsqu'au soir de son existence, debout auprès de la fenêtre d'Ostie, et les mains dans les mains de ce fils de tant de larmes, elle guidait vers le ciel les dernières paroles qu'ils échangèrent sur terre, Monique pouvait mourir en paix ; elle avait conquis à l'Église son plus merveilleux génie, et elle laissait à toutes les mères chrétiennes un exemple d'une fécondité immortelle[1]. C'est aux femmes que l'Église devait presque tous ses grands hommes. Une d'elles, celle qui lui a donné saint Jean Chrysostome, arrachait à Libanius ce cri de désespoir et d'admiration : « Quelles femmes il y a parmi ces chrétiens[2] ! » La suave beauté de ces nobles figures féminines a quelque chose de touchant et de vénérable à la fois ; elles vivent au milieu de la corruption sans en être atteintes, et leur vertu brille avec d'autant plus d'éclat, que les séductions du monde la menacent davantage. C'est un beau spectacle que donnaient, en pleine ville de Rome, dans cette ardente capitale des voluptés sensuelles, les grandes dames romaines de l'entourage de saint Jérôme, les Paula, les Marcella, les Eustochium, les Mélanie, les Fabiola, et beaucoup d'autres encore. Oubliant leur rang, leur beauté, leurs richesses, elles transformaient leurs maisons en monastères, se faisaient pauvres et devenaient les humbles servantes des malheureux.

La chaîne de l'esclavage se détendait là où elle n'était pas brisée. Les dures mains du maître se relâchaient à la voix du prédicateur, et des centaines de bouches inspirées lui répétaient, sous des formes variées, les éloquentes paroles de saint Paul à Philémon. « Ne te laisse plus porter en litière, disait saint Éphrem à une jeune fille qui pleurait auprès de son chevet, parce que la tête de l'homme ne doit porter que le joug du Christ[3]. » Il y avait une double leçon dans ce suprême conseil, qui indiquait la suppression du luxe comme le moyen de supprimer l'esclavage. Et c'est en effet l'horreur du luxe, jointe à

___

[1] S. August. *Confess.* IX, x. — [2] S. Joan. Chrysost. *Ad viduam jun.* (Migne, t. I, col. 601.) — [3] *Testam. S. Ephrem*, c. vii. (*Acta Sanctor.*, 1 februar.)

Saint Augustin en extase.
(D'après Crayer.)

l'amour du travail, qui peu à peu faisait perdre sa raison d'être
à l'odieuse institution. L'Église ici encore prêchait d'exemple.
Elle rachetait par milliers les esclaves et les captifs sans distinction de nationalité, et elle vendait jusqu'aux vases du sanctuaire
pour rendre la liberté aux victimes de l'iniquité sociale. Elle
n'oubliait pas ses chers pauvres. A peine était-elle sortie de
dessous terre, qu'elle en faisait jaillir avec elle une multitude
d'édifices destinés à soulager les souffrances de ces déshérités,
que la société antique traitait avec une rigueur si cruelle. La
charité inventait autant de remèdes qu'il y avait de maux, et
créait tout un vocabulaire nouveau pour désigner les innombrables institutions de bienfaisance dont elle couvrait le sol de
l'empire. Les hôpitaux pour les malades et les infirmes, les
orphelinats, les refuges pour les veuves, les asiles pour les
voyageurs et pour les indigents, s'élevèrent partout, édifiés, ici
aux frais de l'Église, qui administrait les aumônes de la communauté ; là, par le zèle de simples fidèles qui se regardaient
comme les économes des pauvres, et leur consacraient de leur
vivant toutes leurs richesses. « Ils nourrissent nos propres
pauvres ! » disaient les païens, et Julien l'Apostat, dans son
impuissant dépit, était obligé de signaler à l'imitation de ses
coreligionnaires les beaux exemples de charité offerts par les
Nazaréens tant détestés.

La supériorité intellectuelle de l'Église sur le monde païen
était également incontestable. Tandis que les lettres antiques,
grimaçantes, fardées, momifiées, venaient expirer dans le puéril
et dans l'obscène, voici que l'on voit surgir la grandiose littérature chrétienne, pleine de force et d'éclat, qui dédaigne les
chétifs artifices de la rhétorique, mais qui, d'un bond sublime,
atteint les sommets de la pensée. Le souffle puissant de l'esprit
créateur brisait le moule étroit dans lequel les idiomes anciens
renfermaient l'expression des idées morales et des vues théolo-
giques, pour créer de toutes pièces une langue nouvelle, large
et libre, pleine d'une superbe négligence, qui faisait fleurir sur
les lèvres du peuple les suaves expressions de l'amour le plus
pur et le fier accent de la spéculation la plus haute. Bien plus,
l'Église, à l'étroit dans les langues classiques, courait jusqu'aux

extrémités du monde appeler à la connaissance d'eux-mêmes
les idiomes encore endormis dans les langes de la barbarie. Elle
parlait tous les langages comme au jour de la Pentecôte ; elle
versait dans chaque dialecte quelque chose de sa chaleur d'éloquence et de sa surabondance de vie. Les Goths, qui prome-
naient leurs chariots mobiles le long du Danube, écoutaient
avec étonnement la voix de leur évêque Vulfila, qui, pour leur
rendre accessibles les livres sacrés, créait du même coup leur
alphabet et leur littérature. Les Éthiopiens et les Égyptiens
lisaient dans la langue des Pharaons l'histoire merveilleuse de
Joseph et de Moïse ; l'Arménie et la Syrie, inspirées par le zèle
pour la foi, faisaient passer dans leur langue, par la main d'une
multitude de traducteurs, le trésor entier des lettres chrétiennes.
L'Occident rivalisait avec l'Orient ; pendant que, grâce aux
traductions de Rufin et d'autres, il s'initiait avec joie à la connaissance des chefs-d'œuvre du génie grec, ses docteurs et ses
polémistes le dotaient à son tour d'une littérature qui n'avait
rien à envier aux lettres helléniques. Les genres nouveaux créés
par le christianisme s'enrichissent tous les jours ; la science
biblique se partage en deux grandes écoles d'exégèse qui sont
comme les deux rameaux d'un tronc vigoureux : celle d'Antioche, qui s'attache à serrer de près le sens littéral, et celle
d'Alexandrie, qui scrute les profondeurs du sens allégorique.
L'homélie fait retentir dans toutes les églises du monde chrétien ses accents pleins d'onction et d'éloquence. L'apologétique
oppose aux derniers tenants du paganisme et aux innombrables
représentants de l'hérésie un bataillon serré d'intrépides cham-
pions de la foi. La poésie, avec saint Éphrem, saint Ambroise
et Prudence, chante au Seigneur des cantiques nouveaux, qui
sont plus doux et plus purs que les hymnes païens. L'oraison
funèbre, cette grande voix de l'Église qui parle auprès des tombeaux glorieux, trouve sa place dans le sanctuaire le jour où
l'on entend, du haut de la chaire sacrée, l'évêque de Milan
pleurer la mort de Théodose. L'histoire prend un essor magnifique : sous la plume d'un Sulpice Sévère ou d'un Paul Orose,
elle embrasse du regard l'humanité entière, et montre dans ses
annales l'accomplissement d'un plan divin ; puis, pour en saisir

les contours, elle s'élève jusqu'au ciel avec saint Augustin, et c'est de là qu'elle contemple et qu'elle retrace la marche du genre humain dans un tableau dont la grandeur sublime ne sera plus égalée.

A la tête de ce vaste mouvement intellectuel marchait une légion de grands esprits comme l'humanité n'en a peut-être plus revu en pareil nombre à la fois, tous consacrant leur génie à la défense de l'Église, et rehaussant par la sainteté de la vie l'éclat du talent. L'éloquence et l'art d'écrire semblaient devenus l'apanage de tous les saints. On dirait qu'aucune nation, qu'aucune province n'a voulu se taire dans le concert harmonieux de tant de voix inspirées. Pas un siège épiscopal qui n'ait produit, à cette belle époque de la littérature sacrée, quelque remarquable monument intellectuel ; pas un diocèse qui n'ait eu sa littérature et ses écrivains. A elle seule, la stérile Cappadoce, dont le nom n'avait jamais été prononcé dans l'histoire des lettres antiques, a fourni trois docteurs du premier ordre qui ont valu à ce pauvre pays une gloire impérissable.

Et avec quelle prodigalité la nature semblait avoir dispensé ses dons les plus enviables aux merveilleux génies qui nous apparaissent au premier rang de cette brillante pléiade d'intelligences ! Jamais Socrate n'avait déployé, dans la lutte contre les sophistes, une dialectique plus victorieuse que ne fait saint Athanase, le lion de la controverse, dont l'irrésistible argumentation donna le coup de mort à la pensée arienne dans son berceau. L'âme et l'éloquence de Démosthène semblent revivre, sanctifiées et ennoblies, dans la bouche d'or de saint Jean Chrysostome, cet orateur magnifique dévoré par le feu sacré de la chaire, plus pathétique lorsqu'il pleurait sur Eutrope prosterné au pied de l'autel, que le grand Athénien lorsqu'il foudroyait Eschine. Calme et serein comme un demi-dieu de l'antiquité, saint Basile transportait dans ses écrits toutes les richesses de l'imagination grecque, tandis que saint Grégoire de Nazianze exhalait dans des gémissements immortels la mélancolie de l'âme exilée, qui ne peut trouver de repos que dans la patrie céleste. Saint Jérôme, esprit vaste et inquiet dont la curiosité universelle se porte tour à tour sur toutes les parties du savoir, est

le précurseur de ces prodiges de travail et de science que le
monde chrétien abritera plus tard dans ses monastères. Saint
Augustin, génie à l'envergure immense, qui alimente dans le
brasier d'un cœur brûlant d'amour la flamme d'un esprit lumineux, semble réunir dans un harmonieux ensemble tous les
trésors de l'intelligence fécondée par les inspirations surna-
turelles de la foi. Debout sur le faîte le plus élevé que puisse
atteindre l'aile de l'esprit humain, il reste pour les siècles à venir
le type le plus complet du philosophe et du penseur chrétien.

Voilà sous quel aspect et avec quelles proportions l'œuvre et
la pensée de l'Église se révélaient à l'humanité. Mais ce n'était
là que ce qu'on voyait du dehors : et on ne la connaîtrait que
d'une manière imparfaite, si l'on ne pénétrait jusqu'à son cœur
pour l'étudier dans une création qui était son vrai chef-d'œuvre,
et dans laquelle elle avait mis le meilleur de son âme. Semblable à une fleur superbe, l'institution monastique s'épanouissait
au sommet de l'Église, comme le plus pur produit de sa sève
et le terme suprême de ses efforts créateurs. En elle se réunissait l'élite des chrétiens qui, ne se contentant pas du strict
accomplissement des préceptes divins, rêvaient de s'élever plus
haut et d'atteindre la perfection. Le Sauveur lui-même, sans
imposer à tous la poursuite d'un but si noble, y avait cependant
encouragé les âmes : « Soyez parfaits, avait-il dit, comme votre
Père céleste est parfait. » Il avait fait plus : il avait indiqué le
chemin de la perfection aux âmes assez fortes pour s'y engager.
« Si vous voulez être parfait, avait-il répondu au jeune homme
qui croyait avoir accompli tous les préceptes, vendez tous vos
biens et distribuez-en le produit aux pauvres, puis venez et
suivez-moi[1]. »

Le suivre, c'était partager, avec sa pauvreté absolue, sa
chasteté angélique et son humilité parfaite ; c'était se soumettre
avec lui aux opprobres et aux persécutions, et, comme lui,
monter sur le Calvaire et mourir sur la croix. Voilà pourquoi,
parmi les fidèles eux-mêmes, beaucoup frémissaient de s'engager dans cette voie étroite, se sentant incapables de boire

---

[1] Evang. S. Matth. xix, 21.

l'amer calice de Jésus-Christ. Mais une fois que la vision sublime
de la perfection évangélique eut brillé aux yeux du genre humain,
elle ne cessa d'avoir des amants intrépides qui coururent à elle
par le sentier d'épines, et qui, le cœur plein d'amour et de joie,
marchèrent sur les pas du Sauveur sans regarder derrière eux.
Ces ascètes furent nombreux dès la première génération parmi
le peuple chrétien. S'affranchissant de toutes les préoccupations
et de toutes les affections de ce monde pour se livrer uniquement
à la grande œuvre du salut, ils travaillaient à devenir les images
vivantes de leur Maître. Leur cœur n'était pas sur terre ; leur
vie se passait dans le ciel, et, bien qu'au milieu du siècle, ils
y jouissaient d'une solitude divine. D'ailleurs la situation qui
était faite, dans l'origine, à tous les chrétiens les isolait du reste
de la société humaine, et écartait les principaux obstacles qu'ils
auraient rencontrés, dans le monde, à la réalisation des conseils
évangéliques. L'Église des catacombes était un monastère, et
tout vrai chrétien, un moine.

Il en fut autrement lorsque la révolution religieuse inaugurée
par Constantin, en abaissant brusquement les barrières qui la
protégeaient autant qu'elles l'isolaient, eut versé dans son sein
une multitude d'éléments nouveaux et en grande partie impurs.
La retraite bénie dans laquelle ils livraient leurs combats sous
l'œil de Dieu cessa d'exister pour les amants de la perfection chrétienne, et ils ne se trouvèrent plus à l'aise dans un monde qui, au
lieu d'opprobres et de supplices, offraient à l'Église des honneurs
et des richesses. C'est alors que commença chez les ascètes le mouvement qui les poussa dans le désert pour échapper à des persécutions plus dangereuses que celles des bourreaux. Voilà pourquoi
la solitude devint, au IVe siècle, un des éléments essentiels de la
vie parfaite. Sans doute, on y voyait moins un but qu'un moyen
de sanctification ; mais à peine en avait-on goûté les douceurs,
qu'on ne pouvait plus aimer autre chose sur terre, tant cette
conversation perpétuelle de l'âme avec Dieu seul avait de délices
pour les natures religieuses. La vie monastique fut donc, dès
l'origine, l'expression des efforts les plus sincères pour réaliser
les conseils évangéliques sous une forme appropriée aux besoins
d'une situation nouvelle. L'Orient, qui avait été le berceau de la

foi chrétienne, le fut aussi de l'institut monastique. Sur les pas
des premiers initiateurs, il y eut dans ses provinces un long et
continuel exode, qui semblait vider les cités pour peupler les
déserts. Les montagnes de la Thébaïde, les rochers du Sinaï, les
sables de la Syrie et de l'Arabie, les ruines désolées des plaines
mésopotamiennes se remplissaient d'anachorètes ; la seule montagne de Nitrie en comptait trente mille. On y accourait de
toutes les provinces de l'empire. Il y avait, parmi les solitaires
de la Thébaïde, des hommes qui ne comprenaient que le latin,
et qui jouissaient d'une double solitude parmi des frères dont
la langue même leur était inconnue.

. L'Occident ne devait pas tarder à voir cette nouvelle forme
de la vie parfaite fleurir également dans son sein. Lorsque, au
cours de ses migrations, saint Athanase vint à Rome invoquer
la protection du saint-siège contre l'hérésie, il était accompagné
de moines, et il fit le premier connaître aux Romains le genre de
vie extraordinaire que professaient ces humbles ascètes. En peu
de temps ils trouvèrent des imitateurs dans toutes les provinces
occidentales, et il y eut des moines partout où il y avait des
chrétiens. Dans les affreuses solitudes où il fallait disputer son
existence aux bêtes sauvages, dans les tristes étendues que la
culture ancienne, en expirant, ne cessait de livrer à l'abandon,
des hommes apparurent qui vivaient au milieu de la nature
comme des anges, et qui rétablissaient l'empire de l'homme
sur les domaines les plus désolés. Dès la fin du IVᵉ siècle, la
ville de Trèves était cernée, pour ainsi dire, par la multitude des anachorètes, qui poussaient leurs cellules paisibles
jusqu'aux bords des collines sanglantes de l'amphithéâtre, où
retentissaient les cris des victimes humaines[1]. Ces solitaires
pratiquaient des austérités inouïes. L'Orient surtout, où la
chaîne du corps semble moins lourde à porter, voyait se passer
des prodiges qui laissaient derrière eux les exploits les plus
vantés de l'ascétisme antique. L'existence de certains moines
semblait un défi à la nature. Privés de toute autre société que
celle de Dieu, de toute autre nourriture qu'un peu de pain et

____

[1] S. August. *Confess.* VIII, VI.

d'herbes crues, ne s'accordant que quelques rapides instants de sommeil, ils planaient au-dessus de leur enveloppe de chair plutôt qu'ils ne l'habitaient. Leur prière était aussi longue que

Saint Basile dictant sa doctrine.
(D'après Herrera.)

la nuit, et la contemplation des choses éternelles était le seul aliment de leurs âmes.

Le patriarche de ces milices sacrées, saint Antoine l'Ermite,

14

est le type le plus saisissant du moine chrétien tel que le concevait cette époque. Lorsque, sur la fin du IIIe siècle, il embrassa la vie monastique, les anachorètes, à part quelques exceptions, n'avaient pas encore pénétré dans le désert ; ce fut lui qui, le premier, en ouvrit le chemin, et s'y enfonça graduellement. Il demeura longtemps dans un tombeau ; plus tard, il s'enferma dans un château ruiné, peuplé de serpents, dont il mura l'entrée, et où il vécut pendant vingt ans, sans autres ressources qu'une petite provision de pain et d'eau qu'on lui renouvelait tous les six mois. Au bout de ce temps, sa porte fut forcée par un disciple qui voulait partager sa vie, et il apparut beau et majestueux, et le regard inspiré. D'autres ascètes bâtirent leurs cabanes dans son voisinage, et sa montagne se peupla de moines. Il vivait au milieu d'eux comme un père, et les gouvernait avec une autorité qu'il n'avait pas cherchée. Plus tard l'amour de la solitude le poussa dans des parties plus inaccessibles de la Thébaïde, où de nouveau ses disciples le rejoignirent et se mirent sous sa loi. Parfois entraîné par un mystérieux attrait, il se dérobait à leur amour filial pour fuir sur une autre montagne ; puis, ramené parmi eux par la charité, il reparaissait, visitant les groupes d'anachorètes éparpillés dans les déserts, les consolant, les encourageant, priant avec eux, mais refusant par humilité de leur donner une règle, et les renvoyant aux conseils évangéliques. Il travaillait de ses mains, et distribuait aux pauvres ce qu'il gagnait, après y avoir prélevé seulement les frais de sa nourriture, qui se composait toujours d'un peu de pain, d'eau et de sel. C'est à peine si, dans son extrême vieillesse, il se laissa décider de temps en temps à accepter un peu d'huile et quelques légumes. Il ne dormait que sur une natte ou sur la terre nue. Il ne riait jamais, et il n'était jamais triste. On ne lui voyait pas l'air farouche que donne la solitude ; mais la parfaite égalité de son humeur et la paix intérieure de son âme avaient mis sur son visage une telle sérénité, qu'on le reconnaissait sans l'avoir jamais vu. Il méprisait les lettres humaines, et il ne savait pas même le grec ; mais il était tout nourri de l'Écriture sainte, et il la repassait continuellement dans sa mémoire, qui lui tenait lieu de livre. Une sagesse divine éclatait dans ses discours, et sa parole pénétrait tous les cœurs. Des philosophes païens, qui étaient venus pour disputer avec lui, le quittèrent vaincus et charmés. Lui-même dédaignait la discussion, et ne se mêla pas aux conflits d'opinion de son temps. Cependant, bien que, selon sa propre expression, le solitaire au milieu des hommes fût semblable à un poisson hors de l'eau, il se montra à plusieurs reprises parmi les multitudes bruyantes des villes, tantôt pour intercéder en faveur de pauvres prisonniers, tantôt pour menacer de la colère divine de cruels persécuteurs. Il avait cent ans lorsque Alexandrie le vit paraître une dernière fois dans ses murs, semblable à un prophète, pour confondre les ariens qui avaient répandu le bruit qu'il partageait leurs erreurs. Il y prêcha devant le peuple entier, démasqua l'hérésie et convertit une multitude de païens; puis il regagna sa chère solitude, qu'il ne devait plus échanger que pour le ciel. Arrivé à l'âge de cent cinq ans, il avait gardé dans sa démarche la force de la jeunesse ; ses yeux étaient restés pleins de vie, et ses dents étaient entières, bien qu'un peu usées. Il s'éteignit enfin après avoir abjuré ses disciples de ne pas se laisser séduire par les doctrines hérétiques, et son âme déposa sans douleur ce corps qu'elle avait à peine habité.

Tel fut saint Antoine, tels furent tous ces anachorètes illustres, ses émules et ses frères, dont la carrière prodigieuse ouvre avec un éclat surnaturel l'âge héroïque de la vie religieuse. L'histoire de la société humaine est étonnée de devoir s'arrêter si longtemps devant ces hommes qui l'ont fuie; ils occupent, en effet, dans ses annales une place considérable, et nul n'exerça une plus puissante action sociale que ces grands solitaires. Une attraction irrésistible amenait autour de chacun d'eux des légions de disciples qui les prenaient pour modèles et pour guides; ils édifiaient leurs cellules autour de la sienne, à peu de distance les unes des autres, de manière à participer à ses prières et à profiter de ses exemples et de ses conseils. Ainsi la solitude elle-même devenait mère de la société ; mais c'était une société nouvelle, qui laissait subsister la solitude en détruisant l'isolement, et dont les membres continuaient d'être des moines, tout en cessant d'être des anachorètes pour devenir des cénobites.

Il fallut bien que les patriarches du désert cédassent à la charité qui assemblait autour d'eux de si pieux entourages, et qu'ils consentissent à en devenir la tête. Peu à peu les cellules se rapprochèrent davantage et s'abritèrent sous le même toit, comme elles s'abritaient déjà sous la même autorité. Le principe de la communauté absolue en toutes choses prévalut sur les prédilections pour la solitude ; le dortoir et le réfectoire communs remplacèrent, dans beaucoup de maisons, l'isolement de la cellule, et la vie ascétique, après de longs circuits, aboutit ainsi à rebâtir, dans l'amour de Dieu, la société que l'amour de Dieu lui avait fait fuir. La communauté idéale des jours apostoliques, telle que Jérusalem l'avait connue, était rétablie par des groupes de frères qui n'avaient tous ensemble qu'un cœur et qu'une âme. Lorsqu'elle eut fait cette dernière évolution, la vie religieuse éprouva le besoin d'une législation propre. Alors aussi surgirent les législateurs : saint Macaire, saint Pacôme, saint Basile, rédigèrent les premiers codes de ces républiques spirituelles qui essaimaient, d'année en année, hors de la ruche féconde de l'Église. Les règles se ressemblaient toutes dans leurs traits essentiels : la prière, la méditation, le travail, le jeûne, voilà quelles étaient les principales occupations de la journée ; elles facilitaient la pratique de la chasteté, de l'obéissance, de l'humilité, de la pauvreté évangélique. La prière était comme la respiration de l'âme ; la méditation, que fécondait la lecture assidue des livres saints, était l'aliment de la prière, et le travail manuel s'ajoutait au travail de l'esprit. « Soyez fatigué quand vous gagnerez votre couche [1], » disait la règle de saint Macaire, et saint Antoine avait comparé l'âme du paresseux, envahie par les passions, à une ruine qui devient bientôt le repaire des ordures et des infections.

L'ascèse, cette gymnastique de l'âme, contribuait avec le travail et la prière à entretenir l'indépendance de l'esprit vis-à-vis des sens. Le jeûne, rigoureux et continu, n'était ordinairement rompu que vers le soir ; encore la viande et le vin restaient-ils éloignés de la table des moines. Les moindres rela-

---

[1] *Regul. S. Macar.* c. viii. (Holsten.)

tions entre les sexes étaient sévèrement prohibées. Nul ne pouvait franchir le seuil d'un monastère habité par des religieux d'un sexe différent. Quant à la pauvreté, elle était absolue. Avant d'entrer au monastère, le moine vendait tous ses biens, et, une fois entré, il ne possédait pas même en propre ses livres et ses habits. Il devait obéir non seulement aux ordres de son supérieur, mais même aux désirs de ses frères, le sacrifice perpétuel de la volonté étant de tous le plus agréable à Dieu. « Sache, disait une règle, que le plus grand des deux, c'est celui qui obéit. » Une pareille existence, qui aurait semblé un enfer au mondain, était un paradis pour le moine. Fermée au vice, elle l'était par là même à la douleur, et, avec l'innocence de l'Éden, elle en avait retrouvé la félicité. La société humaine reparaissait dans le désert avec cet aspect virginal et ce parfum céleste qui en faisaient une société angélique. Aussi, lorsqu'au milieu des plaisirs et des souillures du siècle, un jeune homme au cœur généreux venait à tomber sur la vie de quelque Père du désert, c'était comme si la voix grave et douce de l'éternité lui parlait du fond de la solitude ; et plus d'un, obéissant à l'appel de la grâce, disait adieu au monde pour devenir, lui aussi, un disciple parfait du Sauveur. Il y a dans l'histoire du christianisme une scène particulièrement émouvante, qui nous fait assister à la plus célèbre de ces conversions soudaines, opérées par une seule lecture : le livre était la vie de saint Antoine par saint Athanase, et le narrateur s'appelle Augustin[1].

On voit déjà, par cet exemple, quelle mission les moines remplissaient dans l'Église et dans le monde. Ils étaient venus à leur heure pour sauver, en l'emportant dans la solitude, le trésor des vertus chrétiennes les plus opposées à l'esprit du siècle. Au moment où la subite invasion des masses païennes dans les rangs des fidèles y faisait pénétrer la sensualité et la mollesse, ils protestaient par leurs mortifications obstinées contre les atteintes portées à l'austère discipline de l'Évangile, et ils maintinrent dans toute sa pureté la tradition des premiers jours. Par la prédication et par l'exemple, ils répandirent sur l'Église

[1] S. August. *Confess.* VIII, vi-xii.

entière les flots vivifiants de l'esprit évangélique, en envoyant les frères qui avaient vieilli parmi eux gouverner les chrétientés du haut des sièges épiscopaux. On a remarqué que tous les grands évêques du iv° siècle, à part deux exceptions, furent des moines, et il faut ajouter qu'au v° il y eut tel monastère, comme Lérins, qui devint une véritable pépinière d'évêques. Au surplus, tout moine était un apôtre ou un pasteur. La conversion d'une bonne partie de l'Orient fut l'œuvre des solitaires disséminés dans les sables de la Syrie et des régions voisines. Ils avaient beau se dérober à leurs semblables, ils étaient suivis jusqu'au fond des déserts par des multitudes avides de les entendre et dociles à leurs leçons. Du haut de la colonne où il vécut quarante-huit ans, saint Siméon le Stylite prêcha à des pèlerins accourus de toutes les parties du monde, et des milliers de gentils furent convertis à la voix de cet homme qui scandalisait la raison païenne. Il valait bien la peine de monter sur une tribune aussi étrange, quand on y obtenait de tels résultats!

L'Église savait ce qu'elle devait aux moines. Elle les aimait, elle les admirait, elle en était fière, elle voyait en eux les fruits les plus glorieux de sa maternité. Ses conciles consacraient leur existence; ses docteurs leur traçaient des règles; ses plus illustres pontifes ne dédaignaient pas de prendre leur défense contre leurs détracteurs, et de se faire les biographes de leurs saints. Elle aimait à montrer dans ces pauvres volontaires l'élite de ses philosophes à elle, et à opposer leur enseignement à celui des diverses écoles philosophiques qui avaient partagé l'admiration de l'antiquité. Leur supériorité sur les disciples de Zénon, de Platon ou d'Épicure, était une des preuves les plus fortes de la supériorité du christianisme : elle suffisait pour amener à Jésus-Christ de grands esprits fatigués, qui avaient frappé à la porte de toutes les écoles et bu à la coupe de toutes les doctrines. Elle explique aussi l'acharnement avec lequel cette philosophie chrétienne, à l'exclusion de toutes les autres philosophies, fut poursuivie et attaquée par le fanatisme populaire.

Phénomène remarquable et bien digne de l'attention de l'histoire! Comme l'institution monastique était l'expression la plus pure et la plus complète de la pensée chrétienne, elle hérita de

toutes les haines qui avaient assailli le christianisme au berceau,
et on réédita contre elle, avec une servile uniformité, les accu-
sations banales qu'on avait portées contre les premiers fidèles.
Cette même plèbe de Rome et de Carthage qui, un siècle auparavant, criait : « Les chrétiens aux lions ! » poussait maintenant
des imprécations non moins furieuses contre les premiers moines
qui se montraient dans les rues, et elle les accablait d'outrages
et de coups avant de les connaître. Les derniers écrivains païens,
qui défendent avec tant de mollesse la cause des faux dieux,
retrouvent leur vigueur et leur faconde lorsqu'il s'agit de se
déchaîner contre les moines. Ce sont, à les entendre, des
ennemis du genre humain, de noirs et sombres fanatiques trem-
blant devant la lumière, des fous furieux qui, sous prétexte de
tout donner aux pauvres, veulent réduire tout le monde à la
pauvreté. « Être moine, dit un de ces beaux esprits, c'est être
un misérable et le paraître [1]. » On retrouve les mêmes préjugés
chez les chrétiens mondains qui s'habillaient d'or et de soie, et
qui voyaient dans l'austérité de la vie monastique un reproche
muet à leur lâcheté. Il n'est pas jusqu'aux empereurs qui, du
haut du Code théodosien, ne laissent à l'occasion tomber sur
les élus du Christ leurs insultes souveraines, en les traitant
« d'individus voués à la fainéantise [2] » !

Ces fainéants, il est vrai, ne prenaient point de part aux laborieuses occupations du peuple romain. Ils ne faisaient pas d'émeute,
ils ne demandaient pas de pain blanc, ils ne passaient pas leurs
journées dans les thermes et dans les cirques, et, lorsqu'on
voyait l'un d'eux apparaître dans l'amphithéâtre, c'était pour
se jeter entre les combattants et périr en essayant de les séparer [3].
Voilà pourquoi ils étaient un objet d'horreur pour une société
dont le représentant le plus illustre, Symmaque, disait, en
parlant de gladiateurs qui s'étaient suicidés, qu'ils avaient

[1] Eunap. *Excerpt. de sentent.*, frag. xlvi (Corp. Script. byzant.); Salvian. *De Gub. Dei*, VIII, 5; Rutil. Namatian. *Itin.* I, ccccxxxix et dxiv.
[2] *Cod. Theod.* XII, 1, 63. C'est le même recueil législatif qui, quelques articles plus haut, parle avec un si superbe mépris des mains couvertes de « la boue du travail » (XII, 1, 6).
[3] V. ci-dessus, p. 155.

commis un attentat criminel contre les plaisirs du peuple romain [1]. Les païens détestaient dans les moines ce qu'ils avaient détesté dans l'Église primitive : la fidélité inviolable à l'austère doctrine du Christ, qui mettait fin aux joyeuses saturnales de l'antiquité, et qui faisait de la vie un combat et non un festin. Ils voyaient en eux le christianisme tout nu, et ils s'en détournaient avec le même dégoût qu'aux jours de Néron.

Si l'esprit antichrétien s'était borné, dans son opposition systématique, à cette hostilité ouverte qui se traduisait par des injures et parfois par des violences, il aurait été peu à craindre pour l'Église, et sa marche triomphale n'aurait pas même été arrêtée un instant. Mais, comme on l'a dit plus haut, le mal était autrement redoutable. L'élément païen qui s'était introduit dans ses rangs suffisait pour paralyser son action sur plus d'un point, et pour ternir une bonne partie de l'éclat radieux dont elle brillait. Ces énormes masses réfractaires, qui semblaient s'être incorporées en elle pour la dissoudre, troublaient profondément son harmonie intérieure, et, sans l'atteindre jusqu'aux sources de sa vie, engendraient dans son sein un état de malaise et même de souffrance. Leur action se faisait sentir à la fois sur le terrain de la doctrine et sur celui des mœurs. Dans le dogme, elle s'appelait l'hérésie. L'hérésie avait été à l'œuvre dès les premiers siècles, alors que l'Église était encore cachée dans les catacombes ; aujourd'hui, devenue plus puissante et plus dangereuse, elle multipliait ses attaques sous la protection des empereurs chrétiens, et créait avec l'arianisme une Église dans l'Église. Mille autres formes de l'erreur naissaient en même temps, qui ne se rencontraient que dans une haine commune contre l'orthodoxie. De tous les points du monde intellectuel, les sophismes et les erreurs fondaient sur la vérité. Pendant que l'Orient semblait avoir le privilège d'engendrer les hérésies d'ordre métaphysique, et faisait succéder aux innovations d'Arius les doctrines contradictoires d'un Nestorius, d'un Eutychès, d'un Apollinaire, d'un Sabellius, d'un Macédonius et d'une foule d'autres, l'Occident, où les esprits étaient moins

---

[1] Symmach. *Epist.* II, XLVI.

Saint Léon le Grand arrêtant Attila.
(Peinture de Raphaël Sanzio, chambre du Vatican.)

aventureux et de sens plus rassis, s'attaquait de préférence aux questions qui avaient un rapport direct avec la vie morale de l'homme : il fut la patrie des Donat, des Pélage et des Priscillien. C'est un lugubre catalogue que celui de toutes ces aberrations de l'esprit humain en révolte contre ses propres lois, et gaspillant sans remords le patrimoine de l'unité intellectuelle!

On vit tour à tour fléchir sous tant d'assauts les Églises les plus illustres ; on vit les sièges les plus glorieux, ceux d'Antioche, de Jérusalem, d'Alexandrie, occupés par des hérétiques, se mettre à la tête de la révolte, et la foi la plus intrépide devait se sentir troublée par ces affligeants spectacles. Seul, au milieu du tourbillon qui emportait les esprits à tout vent de doctrine, le siège de Rome, semblable à un phare sublime au milieu d'une nuit orageuse, fit toujours briller d'un éclat lumineux le flambeau de l'orthodoxie. Là ne retentissait jamais une autre voix que celle de la tradition apostolique la plus pure. L'apôtre qui avait reçu la glorieuse mission de confirmer ses frères dans la foi ne cessa de dénoncer l'erreur et de proclamer la vérité, et telle fut la force de cette parole immobile et invaincue au milieu de toutes les révolutions dogmatiques, qu'elle contrebalança l'effet de tant d'hérésies, et que Rome, à elle seule, sauva l'unité de la société chrétienne et l'intégrité de sa foi. Sans cette merveilleuse et infatigable résistance du siège romain, le christianisme tout entier aurait fini par être emporté par le flot montant de cet océan qui battait avec rage les fondements de l'Église.

Un phénomène plus effrayant encore que le déchaînement des hérésies, c'est l'incroyable débordement de mœurs que l'on rencontre au sein de la société chrétienne d'alors. Les vertus monastiques se cachaient à l'ombre du cloître, et l'histoire les ignore en grande partie. La pudique retraite du foyer protégeait également, contre l'éclat de la publicité, la vie modeste et recueillie de la famille chrétienne. Mais l'impureté et le cynisme des vices païens s'étalaient en plein jour, et s'offraient seuls, pour ainsi dire, aux regards de l'observateur. Celui qui, à la fin du IVe siècle, aurait assisté aux réjouissances publiques des grandes villes, ou aurait voulu suivre, dans le dédale de leurs débauches, les multitudes affolées de plaisir, ne se serait guère douté que l'empire avait changé de religion. Aux grands jours, les gradins des cirques étaient mieux garnis que les bancs des églises, et les spectacles les plus obscènes étaient savourés avec délices par des milliers de spectateurs chrétiens. Les lamentations des moralistes de cette époque jettent une triste lumière sur l'état de la société. Sans doute, elles sont empreintes de cette exagération naturelle aux zélateurs qui parlent sous la dictée de leur indignation ; mais enfin, en réduisant à leur juste mesure les griefs qu'ils articulent, on se trouve encore devant un tableau qui épouvante et qui désole. Et certes, personne n'oserait s'inscrire en faux contre Salvien, lorsqu'il déclare qu'il faudrait se féliciter si seulement la moitié des chrétiens de son temps étaient dignes de leur nom[1] !

Ce qui aggravait cette lamentable situation, c'est qu'aucune classe sociale et même aucun degré de la hiérarchie n'étaient épargnés par la corruption. Le sacerdoce était envahi par une multitude de prêtres indignes ; les sièges pontificaux étaient déshonorés par des prélats qui rivalisaient d'abjection avec les eunuques ; des conciles entiers conspiraient contre la justice, et se livraient à des actes de véritable brigandage. Les monastères eux-mêmes, ces imprenables asiles de la vie parfaite, n'étaient pas toujours protégés contre les violents et les impurs qui venaient cacher leur ambition et leurs vices sous la robe du cénobite. Ces scandales étaient observés et jugés avec sévérité par les quelques honnêtes gens que le paganisme comptait encore, et ils croyaient y trouver le droit de regarder avec mépris une société religieuse qui portait de pareilles souillures. On comprend leur répulsion devant les scènes de carnage qui ensanglantèrent, en 366, l'élection du pape saint Damase. Le fer et le feu mis au service des candidatures ecclésiastiques, les sanctuaires devenus les champs de bataille des factions exaspérées, des multitudes de cadavres des deux sexes jonchant les abords du trône pontifical, voilà le hideux spectacle que la chrétienté de Rome offrit en ce jour néfaste au monde épouvanté[2].

[1] Salvian. *De Gubernatione Dei*, VI, 1 ; cf. III, IX. — [2] Ammian. Marcell. XXVII, III, 12.

Mais telle était la vitalité de l'Église, que ces cruelles épreuves ne parvenaient pas à l'ébranler. Le principe de vie caché au fond de son cœur renouvelait incessamment les forces qu'elle consumait dans ses combats, et les scandales qui l'affligeaient étaient plus que compensés par la prodigieuse abondance des vertus qu'elle enfantait tous les jours. Les vices du siècle passaient comme des nuages sur sa face radieuse sans pouvoir la ternir ; et si elle semblait parfois s'éclipser dans la tourmente, c'était pour reparaître bientôt plus belle et plus pure. La guerre sans trêve qu'elle faisait aux abus ne leur permettait pas de prendre racine dans son sein et d'y conquérir le droit de cité. Même enchaînée, elle savait encore, par ses incessantes protestations contre les atteintes portées à sa foi ou à sa discipline, dégager sa responsabilité devant Dieu, et empêcher la prescription de s'établir au profit de l'erreur ou du mal. Un énergique travail d'élimination refoulait sans relâche les éléments impurs qui se glissaient dans son sein. Tantôt, en les ramenant à leur forme première, elle les forçait à sortir par la porte de l'hérésie, tantôt elle les retranchait elle-même par le fer de l'excommunication. C'était là sa victoire sur le monde, qu'éternellement assiégée, elle ne se laissait pas envahir, et que, toujours blessée, elle n'était jamais atteinte d'un coup mortel.

La portée de cette victoire était incalculable. De même qu'au fond des catacombes, pendant trois siècles de persécutions sanglantes, l'Église avait sauvé l'existence des principes chrétiens ; de même, au milieu des séductions du monde, elle en sauva l'intégrité. Si ce triomphe apparaît au premier abord moins éclatant que l'autre, c'est que les conditions de la lutte étaient changées, et qu'au lieu de se passer en plein jour, au milieu des amphithéâtres, et avec tout le tragique appareil des guerres sanglantes, elle se livrait au fond des consciences et des sanctuaires, dans les replis les plus obscurs des cœurs. La victoire elle-même, d'ailleurs, manquait de la pompe sublime d'autrefois, puisque, dans les ennemis dont elle célébrait la défaite, l'Église devait pleurer les enfants qu'elle avait perdus.

Mais, si cher qu'il fût acheté, son triomphe était incontestable. Malgré tout, il ne restait plus qu'un seul idéal de vie morale, celui qu'elle prêchait, et qu'un seul type de société, celle qu'elle réalisait. On ne luttait plus contre elle qu'en lui dérobant une parcelle de sa vitalité, et ses ennemis les plus intelligents étaient obligés de venir lui emprunter les armes avec lesquelles ils voulaient la combattre. On le vit bien lors de la piteuse réaction de Julien l'Apostat. Son paganisme n'était qu'un christianisme à rebours, et par une contradiction choquante mais palpable, tout ce qu'il imaginait pour le rajeunir était pris à la société chrétienne. Qu'était-ce que son clergé païen, auquel il recommandait la continence et le célibat, et qu'il écartait des représentations sanglantes de l'amphithéâtre, sinon la caricature du clergé chrétien? Ses essais de prédication morale et d'institutions pénitentiaires, ses projets d'établissements de charité, qu'était-ce que tout cela, sinon les souvenirs d'un chrétien apostat, qui emportait ses stériles réminiscences dans le camp ennemi? L'opinion païenne elle-même était profondément imprégnée de christianisme. Quand Ammien Marcellin s'indigne des titres d'Éternité et de Maître du monde que prennent les empereurs, c'est au principe chrétien qu'il rend un hommage inconscient; quand il flétrit les cruautés de Gallus, frère de Julien, qui livrait aux bêtes de l'amphithéâtre des captifs isauriens, et qu'il voit dans ces supplices, si conformes à la tradition romaine, des atrocités d'un autre âge, ce sont les progrès de l'influence chrétienne qu'il constate sans le savoir[1]. On pourrait multiplier ces exemples : ils suffisent pour montrer jusqu'à quel point l'atmosphère morale des païens s'était épurée insensiblement. Ils gravitaient déjà dans l'orbite de l'Église; ils respiraient son air, et ces derniers ennemis du christianisme étaient en réalité des chrétiens récalcitrants.

Ils étaient bien rares, d'ailleurs, les hommes généreux qui restaient emprisonnés dans les ergastules du paganisme. L'Église vidait le siècle en le dépouillant de ses meilleurs éléments pour s'en enrichir elle-même. Chaque fois qu'elle y rencontrait un noble caractère, un esprit élevé, elle les faisait sortir de la vie officielle pour les introduire dans ses rangs, où elle leur assignait

---

[1] Ammian. Marcell. XIV, 11, 1 ; XV, 1, 3.

une place au sommet de sa hiérarchie. Le monde impérial eut beau produire encore çà et là des hommes qui étaient dignes de sa grandeur première, il ne les gardait pas. L'Église alla chercher sur les bancs de Libanius les deux plus brillants disciples de l'inconsolable rhéteur, saint Basile et saint Grégoire de Nazianze, et s'empara ainsi des trésors de cette merveilleuse éloquence qui faisait l'admiration de leurs contemporains. Elle enleva de même au culte des lettres et à la vie élégante du patriciat un Sidonius, un Synésius, un Paulin de Nole ; elle fit tomber la toge consulaire des épaules de saint Ambroise pour les couvrir du manteau épiscopal ; en un mot, elle attira à elle tout ce qui avait de la vertu et du talent. Rien n'est remarquable comme la transformation qu'elle faisait subir aux hommes qui s'étaient donnés à elle. Ces caractères mous et fléchissants d'une époque de décadence, qui ne savaient résister à aucune tentation ni se dérober à aucune souillure, il semblait qu'elle les trempât dans un bain d'acier, tant ils déployaient de vigueur et d'énergie une fois qu'elle en avait fait la conquête. Tel, comme Sidoine Apollinaire, n'avait été dans le monde qu'un lettré sans consistance, qui devint sur le siège épiscopal un grand homme et un saint. Et que dire de la transfiguration qui s'accomplit dans l'âme d'un Augustin et de tant d'autres, dont la vie est comme coupée en deux phases opposées par leur conversion ! Dans le siècle, leurs esprits flottaient au gré de toutes les doctrines, et leurs cœurs erraient à la suite de toutes les passions : entrés dans l'Église, ils s'affermissaient sur le roc, et ils devenaient les médecins et les consolateurs des âmes malades.

L'empire s'évanouissait sous l'action de cette force latente, mais irrésistible, qui faisait couler toute sa sève dans les veines de l'Église. Il n'avait plus d'hommes ; elle était peuplée de saints. Il ne jouissait plus d'aucun prestige ; elle occupait dans la pensée des peuples un rang surnaturel. Il laissait tomber de ses mains énervées le glaive du pouvoir temporel ; elle le ramassait et le maniait pour le salut du monde. Aussi, quand il fallut défendre la société contre les envahisseurs barbares, ce furent des évêques et des prêtres qui se chargèrent de cette tâche. Stilicon et Aétius, dont on ne saurait contester la haute valeur militaire, firent pourtant à l'empire autant de mal par leur ambition que de bien par leurs victoires; mais les grands évêques de cette époque furent pour la civilisation un bouclier plus puissant contre Alaric et Attila. L'histoire des villes du v° siècle n'est connue que par celle de leurs prélats. Chacun d'eux résume en sa personne la petite patrie, la grande n'existant plus. De simples moines devinrent la providence des peuples abandonnés. Dans le Norique, province des plus exposées parce qu'elle était sur le chemin de l'Italie, un ermite nommé Séverin sut tenir en respect, par son seul prestige, les bandes des Ruges, des Alamans et des autres barbares qui se pressaient sur les rives du Danube. Les populations ne comptaient que sur lui, et jouissaient, sous sa protection, d'une tranquillité inconnue des provinces voisines. Lorsqu'il fut mort, la terreur recommença, et tout un peuple émigra à la suite de ses restes mortels, portés du Norique au fond de l'Italie [1].

Des scènes analogues se produisaient partout. Tout le monde voyait dans l'Église la seule force capable de conjurer la ruine universelle. Elle répondit à la confiance des peuples. Partout elle amortit le choc redoutable des barbares, et, si elle ne put sauver l'empire, elle sauva au moins les nationalités et la civilisation. Recueillant dans son sein, comme dans l'arche qui flottait sur les eaux du déluge, tout ce qui méritait de survivre, elle garda en réserve ces matériaux pour le jour où, l'inondation s'étant retirée, elle allait rebâtir un nouvel édifice et inaugurer une société nouvelle.

Il faut voir de quel éclat elle brille, à cette heure suprême où les décrets de la Providence vont s'accomplir sur l'empire romain. Elle apparaît vis-à-vis de lui comme le géant vis-à-vis du pygmée. Pendant que toutes les misères de la décadence se résumaient, comme on l'a vu, dans le règne déplorable de Valentinien III, toutes les gloires de l'Église resplendissaient dans la personne du pape qui porte le nom de saint Léon le

[1] Eugipp. *Vita sancti Severini.*

Grand. En lui, la papauté se montrait déjà ce qu'elle allait être pendant des siècles : l'âme de la civilisation universelle et l'arbitre du monde. Il était comme le souverain d'un empire immense, dont les frontières s'étendaient à mesure que se rétrécissaient celles du monde romain. L'œil de sa sollicitude était ouvert sur toute l'Église chrétienne. Sa voix était partout écoutée, ou du moins partout entendue. Il fit taire l'hérésie jusqu'aux plus extrêmes confins de l'empire ; il confondit Eutychès en Orient et Priscillien en Occident ; il envoya ses instructions à la Bretagne, d'où depuis longtemps Rome avait retiré ses troupes ; il tint en bride l'ambition du patriarche de Constantinople, et conjura pour quatre siècles encore le schisme grec toujours imminent ; enfin, de son siège de Rome, il inspira le concile œcuménique de Chalcédoine, et fit accepter ses décisions de l'univers. Ses lettres dogmatiques et ses homélies pontificales le placent au rang des illustres docteurs du ive siècle, mais l'accent de souveraineté avec lequel il parle dans l'Église l'élève au-dessus d'eux. Tous les chrétiens s'inclinent devant sa suprématie, et les destructeurs du monde, Attila et Genséric, reculent ou s'adoucissent à sa voix. Déjà, autour de son immense autorité morale, se dessinent les vagues contours du pouvoir temporel de ses successeurs. Il est la seule espérance de son peuple dans cette époque pleine d'alarmes, et il ne peut, écrit-il en 449, quitter la ville de Rome, même pour se rendre au concile, de peur que son départ ne jette la multitude dans le désespoir[1].

Il y avait donc encore un empire romain, mais c'était l'empire spirituel de la religion. Rome commandait toujours à l'univers, mais c'était au nom de Dieu désormais, et non plus au nom de César. Les promesses d'éternité dont l'avaient bercée ses poètes se vérifiaient, mais dans une autre sphère et par d'autres moyens. Ses chefs étaient des prêtres, ses légions étaient composées de moines et de missionnaires, ses armes étaient la parole, sa loi était l'amour, et son but était le ciel. Il faut laisser saint Léon le Grand lui-même achever le parallèle : dans sa bouche, l'histoire devient une prophétie réalisée.

---

[1] S. Leon. *Epist.* xxxi.

« C'est grâce à tes apôtres, ô Rome, que la lumière de l'Évangile a brillé sur toi, et que, de maîtresse d'erreur, tu es devenue disciple de la vérité. Ils sont tes vrais pères et tes vrais pasteurs; tu leur dois ton entrée dans le royaume des cieux, et ils méritent d'être appelés tes fondateurs à bien plus juste titre que ceux-là qui ont élevé tes murailles, et dont l'un, celui qui t'a donné son nom, a souillé ton berceau par un fratricide. C'est sous leur conduite que tu es arrivée à ce degré de gloire, d'être une race sainte, un peuple élu, une cité sacerdotale et royale. Le siège sacré du bienheureux Pierre a fait de toi la tête du monde, et les limites de ton autorité religieuse dépassent celles de ta domination terrestre. En effet, bien que de nombreuses victoires aient porté ton pouvoir au loin sur la terre et sur la mer, le domaine que t'ont soumis tes exploits militaires n'égale pas celui sur lequel tu règnes par la paix du Christ[1]. »

[1] S. Leon. *Sermo* LXXXII (al. LXXX).

III

LES ROYAUMES ARIENS

La chute de l'empire romain d'Occident fut une de ces crises terribles qui font époque dans l'histoire du genre humain. Semblable à quelque grand cataclysme de la nature, elle précipita les barbares sur la civilisation comme des avalanches qui écrasent tout, ou les promena comme des blocs erratiques à travers ses flancs, dont ils meurtrissaient et déchiraient les délicats tissus. Aux horreurs passagères qui accompagnent toute invasion à main armée, se joignaient les convulsions que détermina l'introduction violente de tant de peuples dans un milieu social où ils s'établissaient à demeure. Ils venaient avec leurs familles et leurs dieux, et ils ne demandaient pas seulement de l'or et du pain, mais des terres et des foyers. Aussi le lendemain de la victoire fut-il, par endroits, plus cruel que la lutte elle-même. Il serait difficile de donner un aperçu de toutes les scènes de carnage et de désolation qui remplissent les lugubres annales du vᵉ siècle; le fer et le feu promenés à travers toutes les provinces, des populations entières massacrées, de vastes régions dépeuplées, la famine venant exterminer ce que la guerre avait laissé, le désespoir poussant l'humanité jusqu'aux excès les plus lamentables, la nature elle-même, privée de maîtres, retournant à la sauvagerie primitive. On n'exagère pas en disant que l'imagination ne peut concevoir aucune atrocité qui ait été épargnée aux hommes pendant ces saturnales de la mort, et les cris de douleur poussés par les contemporains ne nous ont gardé qu'un bien faible écho de ces temps infortunés, où l'on croyait assister à la destruction de l'univers [1].

Néanmoins l'empire pesait si lourdement sur le monde, que beaucoup ne crurent pas avoir acheté sa disparition trop cher, au prix des désastres inévitables de l'invasion. On éprouvait du soulagement à se sentir échappé à l'infernale fournaise du monde romain, dont l'atmosphère horriblement surchauffée dévorait toutes les existences; on respirait au milieu des ruines, et, bien que les barbares fussent des maîtres incommodes et odieux, on était plus rassuré devant eux qu'en présence du gigantesque fantôme impérial. Sans doute la catastrophe était épouvantable, mais la vie dans l'empire ne l'avait-elle pas été davantage? Il ne faut pas s'étonner de retrouver cette impression dans les écrivains du temps à côté des souvenirs sinistres laissés par les terreurs de l'invasion, et on doit combiner ces deux catégories de témoignages opposés, si l'on veut se faire une idée de l'impression produite sur les esprits par les grands bouleversements du v° siècle.

En somme, il était manifeste qu'une ère nouvelle venait de s'ouvrir. Le monde n'appartenait plus à Rome. Rome elle-même, et le monde avec elle, étaient au pouvoir des peuples jeunes et inexpérimentés qui venaient de faire leur entrée victorieuse sur la scène de l'histoire. On rencontrait ces conquérants dans toutes les villes de l'Europe occidentale. La Germanie et la Scandinavie, « ces officines de nations [2], » semblaient s'être vidées sur le midi, et nous retrouvons au v° siècle, éparpillés dans un bizarre pêle-mêle sur les bords de la Méditerranée, des noms de peuples que nous cherchions du temps de Tacite sur les rives de la Baltique et de la mer du Nord, et aux jours de Marc-Aurèle et de Decius, sur les bords du Danube et de la mer Noire. Toutes les nations germaniques avaient laissé quelques-uns de leurs débris en Italie; sous Odoacre, on y voit figurer des Hérules, des Scyres, des Ruges, des Turci-

---

[1] Victor Vit. III, xviii ; Idat. *Chron.* c. xvi ; S. Isid. *Histor.* c. lxxii ; Procop. *Bell. Vandal.* I, ii, et *Bell. Goth.* II, xvii. — [2] Jordanes, c. iv.

linges, des Alains, sans compter les descendants des Marcomans et des Taïfales qui y étaient colonisés depuis le ıı° siècle, et les Ostrogoths, dont la lourde masse allait bientôt tomber de tout son poids sur ces fractions incohérentes de peuplades.

L'Espagne avait vu, en 409, les défilés des Pyrénées, livrés par la trahison, s'ouvrir à des nuées de barbares qui s'étaient répandus dans toutes ses provinces. Les Suèves avaient occupé le nord-ouest, les Alains le centre, les Vandales le nord et le sud ; puis un autre groupe de la famille gothique, les Visigoths, était venu troubler dans leur possession précaire ces conquérants d'un jour, avait refoulé les Suèves dans les montagnes, écrasé les Alains, expulsé les Vandales, et créé, sur les deux versants des Pyrénées, un royaume qui allait des rives de la Loire jusqu'aux colonnes d'Hercule. Rejetés de l'autre côté de celles-ci par les progrès de leurs puissants adversaires, les Vandales étaient venus fondre sur les provinces africaines ; ils s'étaient fixés à Carthage, où ils avaient hérité de la puissance maritime de cette ville fameuse, ainsi que de sa haine implacable pour le nom romain. La Gaule, cet insigne fleuron de la couronne d'Occident, avait été dépecée par plusieurs nations. A côté des Visigoths, les Burgondes occupaient la belle vallée du Rhône, avec les hautes régions alpestres qui envoient à toutes les mers de l'Europe le tribut de leurs eaux. Les Alamans avaient forcé la ligne de circonvallation qui protégeait les champs décumates, et s'étaient répandus, de ce côté du Rhin, jusque dans les plaines de l'Alsace. Les Francs étaient solidement établis sur le cours inférieur des trois grands fleuves des Pays-Bas : le Rhin, la Meuse et l'Escaut, pendant qu'aux extrêmes confins de l'empire, les Anglo-Saxons poursuivaient sans merci la conquête de l'île de Bretagne abandonnée des Romains. Vingt peuples éphémères se disputaient la vallée du Danube. Les Ruges étaient les arbitres du Norique depuis la mort de saint Séverin. Plus loin venaient les Hérules, inquiets aventuriers qui se distinguèrent au service de Byzance, mais qui ne parvinrent pas à fonder une nation stable ; derrière eux s'échelonnaient les Gépides, arrière-garde du groupe gothique, destinée à périr dans un duel tragique avec les derniers venus de l'invasion. Ceux-ci étaient les Lombards, qui, campés sur les hauteurs de la Bohême, semblaient être tenus en réserve pour clore l'ère des grandes migrations et des grandes catastrophes.

Tous ces barbares, qui avaient été également redoutables à l'empire, étaient également détestés des Romains, dont le ressentiment national ne faisait guère de distinction entre eux. L'histoire, plus équitable et plus clairvoyante, en doit faire d'essentielles. En examinant avec un peu d'attention le fourmillement des peuplades germaniques qui vont et qui viennent parmi les ruines de l'empire écroulé, on s'aperçoit bientôt qu'elles se partagent en deux groupes géographiques dont les tendances et les destinées diffèrent profondément. Le groupe du Nord, qui comprenait les Francs, les Alamans et les Anglo-Saxons, avait gardé toute la rudesse des mœurs primitives. Ceux-là représentaient la barbarie pure, qui n'avait point passé par les camps des armées impériales, qui n'avait pas courbé le front sous les eaux du baptême, et qui ne connaissait aucune espèce de ménagement vis-à-vis du monde romain. Quand une fois la fièvre du carnage avait allumé leurs tempéraments, ils s'y abandonnaient avec une frénésie sans bornes. Tout périssait sous leurs coups. Les villes qui tombaient entre leurs mains voyaient leur population massacrée avec ses prêtres jusqu'au pied de ses autels; puis, sur leurs murs baignés de sang, les farouches vainqueurs allumaient les flammes joyeuses de l'incendie. Aujourd'hui encore, le sol de la Belgique et des provinces rhénanes est un témoin silencieux, mais éloquent, de leurs ravages qui n'ont pas eu d'historien. A tous les explorateurs qui fouillent ses flancs, il livre en abondance les ruines des villes et des villas romaines calcinées par l'incendie, et recouvrant les ossements de leurs habitants égorgés.

Les peuples qui faisaient partie du groupe méridional apparaissent sous un jour beaucoup moins sombre. De tous les Germains, ils semblent avoir été les mieux doués, et les plus aptes à s'assimiler les conquêtes de la civilisation. A l'exception des seuls Vandales, ils s'étaient familiarisés de longue date avec les mœurs romaines. Ils parlaient la langue de l'empire; ils avaient

en grande partie servi sous ses drapeaux ; ils étaient pour lui plutôt des soldats rebelles que des ennemis irréconciliables. La plupart d'ailleurs avaient subi l'influence salutaire du christianisme, et ils s'en souvenaient jusque dans leurs plus extrêmes violences. Le sac de Rome par les armées d'Alaric n'a rien des horreurs qui accompagnaient la conquête des villes gauloises et bretonnes par les terribles compagnons de Chrocus ou de l'Homme de feu. Il faut ajouter, pour comp éter ce parallèle, que ceux-ci, établis aux extrémités septentrionales de l'empire, étaient restés en contact avec le sol natal, d'où ils tiraient leurs ressources et leurs inspirations, et qu'un incessant afflux de barbarie venait neutraliser chez eux l'action adoucissante du courant civilisé. Ceux du Sud, au contraire, complètement déracinés, et jetés loin de la patrie primitive au milieu du monde méditerranéen, se polissaient peu à peu, grâce au frottement quotidien contre des populations étrangères. Entre Romains et barbares, pour toutes ces raisons, l'abîme était beaucoup moins large sur les bords du Tibre et du Tage que sur ceux du Rhin et de la Tamise ; et tout semblait faire croire que, si la race germanique était appelée à renouveler le monde, cette glorieuse mission serait dévolue aux peuples du groupe méridional.

Il n'en fut rien pourtant, et ce sont précisément les plus barbares et les plus arriérés des envahisseurs, les Francs et les Anglo-Saxons, qui eurent l'honneur de fonder la civilisation moderne, tandis que leurs frères mieux doués, et en apparence plus favorisés par la fortune, devaient périr sur le seuil même du monde nouveau qu'ils illuminent de leur éclat fugitif. Voilà un étrange spectacle, et un des plus instructifs que les annales de la civilisation aient eu à enregistrer. Il n'est pas inexplicable, et on aura fait un grand pas dans la connaissance de ce vaste sujet, si l'on parvient à comprendre pourquoi l'Histoire n'a pas respecté le droit d'aînesse des peuples dont les rapides destinées vont passer sous nos yeux.

Quelle était, immédiatement après les premières convulsions de la conquête, la situation de ces barbares vis-à-vis des populations romaines ?

Les provinces romaines durent présenter un bien étrange spectacle à la suite des événements qui avaient rempli le v° siècle. Partout on rencontrait une population bigarrée dans laquelle se mêlaient, à proportions inégales, deux races, ou, pour mieux dire, deux sociétés versées l'une dans l'autre. Partout la plus nombreuse et la plus éclairée était livrée à la plus grossière et à la plus ignorante, avec tout le cortège d'humiliations et de violences qu'entraîne nécessairement une pareille confusion. Les garnisons de Cosaques que nos pères ont reçues dans nos villes en 1815 devaient ressembler, sous bien des rapports, à ces maîtres arrogants et brutaux, accourus, comme eux, du fond des déserts dans les cités occidentales. A les voir circuler dans les rues au milieu de la population romaine, on les reconnaissait aussitôt à leur air superbe, à leur taille gigantesque, à la splendide coloration de leur peau et de leur poil, à leur costume court et serré, si pauvre au regard de la toge antique[1]. A la différence du voluptueux citadin, parfumé, paré et couronné de fleurs, qui se distinguait par la pureté de son accent et par l'allure efféminée de sa personne, ils avaient continuellement l'arme au côté, ils parlaient un idiome rauque et inintelligible, ils se servaient de beurre rance pour frotter leurs longs cheveux roux, et les élégants patriciens qui n'osaient pas les regarder en face se vengeaient d'eux en déclarant qu'ils sentaient mauvais[2]. Mais leur fierté barbare ne le cédait pas à la vanité sénile des Romains. Ils avaient le sentiment de leur incontestable supériorité, et, loin de rougir de leurs mœurs nationales, ils mettaient comme un point d'honneur à les accentuer partout où le conflit entre eux et les vaincus avait le plus d'aigreur. Ils tenaient à leur costume, à leur langue, à leurs lois, parce que tout cela constituait les signes distinctifs de la race victorieuse; et, s'ils finirent par y renoncer, ce ne fut qu'à la longue et, pour ainsi dire, à leur insu.

Au reste, quelque diversité qu'il y eût dans les relations entre les deux races, les barbares formaient partout un groupe compact et uni, qui offrait les caractères d'une véritable aris-

---

[1] Sidon. Apoll. *Epist.* IV, xx. — [2] *Id., Carm.* XII, 6.

tocratie. Le roi leur appartenait, et faisait rejaillir sur eux l'éclat dont il brillait. Tandis que pour les provinciaux il était devenu l'héritier des Césars et l'auguste incarnation du pouvoir public, il restait toujours pour eux le chef national, plus aimé que redouté. Assis à sa table ou vivant dans son entourage, ils entretenaient avec lui des rapports empreints d'une familiarité qui les élevait au-dessus de la classe ordinaire des sujets. En eux d'ailleurs résidait, comme au temps de l'empire, la force armée, soit qu'ils la composassent à eux seuls, soit qu'ils s'adjoignissent des contingents levés parmi les indigènes. Cette supériorité militaire n'allait pas sans privilèges ; ils en avaient plusieurs, et ils en revendiquaient davantage. Rien, par exemple, ne leur répugnait plus que de payer des impôts. A leur point de vue barbare, l'impôt était le signe de la servitude, bon tout au plus pour ceux qui n'acquittaient pas la glorieuse redevance du sang. Ils gardaient leur législation propre, dans le large tissu de laquelle ils allaient et venaient avec une liberté si enviable, alors que les Romains restaient enfermés dans les chaînes étroites et multiples d'une législation savante, mais dédaigneuse des droits de la personnalité. Ils résistaient énergiquement aux efforts que faisaient leurs rois pour les courber sous le joug de la même autorité que les provinciaux. Aussi leur opposition aux empiétements d'un pouvoir à la romaine aurait préparé plus d'une difficulté à l'ambition des souverains, si leur fin précoce n'avait noyé dans une même catastrophe les rois et les peuples.

Quant à la société romaine, en passant sous l'autorité des barbares, elle était restée ce qu'elle avait toujours été. Elle avait changé de maître, mais elle n'avait pas changé de régime. Son souverain, au lieu de s'appeler empereur, s'appela désormais roi, et des comtes prirent, dans la plupart des pays, la place des innombrables fonctionnaires qui, sous les noms de préfets du prétoire, de vicaires, de recteurs, de légats ou de présidents, gouvernaient en sous-ordre les provinces et les cités. Pour le reste, on continua de vivre et de s'amuser comme autrefois.

L'administration resta toute romaine et aux mains d'employés

romains, bien que gérée pour le compte des barbares, qui
d'ordinaire n'y comprenaient rien. Les provinciaux gardèrent
leurs tribunaux et leur code. Loin de songer à altérer la législation impériale, les souverains barbares se montrèrent sincèrement préoccupés d'en assurer les bienfaits réels ou supposés
à leurs sujets romains. Dès le premier siècle de l'occupation,
ils prirent la peine de recueillir les dispositions essentielles du
droit romain dans des résumés. Ces recueils, comme le *Breviarium* d'Alaric II ou le *Papianus* de Gondebaud, étaient, à
la vérité, des compilations informes, qui attestaient une profonde décadence de l'esprit juridique; mais enfin c'étaient des
codes tout romains, jusqu'au point qu'on y maintenait des lois
injurieuses pour les conquérants. Telle fut, notamment chez les
Visigoths, la loi d'Honorius, qui interdisait le mariage entre
Romains et barbares, et qui subsista, au moins sur le papier,
jusqu'au temps de Recesvinthe. Inadvertance étrange sans
doute, mais significative, puisqu'elle atteste l'espèce d'impuissance du génie barbare vis-à-vis de la forte cohésion du droit
romain. Les municipes conservèrent le peu de vitalité que leur
avait laissé le régime précédent; ils purent s'étioler insensiblement sous l'œil distrait des conquérants, avec leurs curies,
leurs défenseurs et leurs modestes attributions locales. L'existence privée du Romain ne différait en rien de celle qu'il avait
sous les empereurs; elle lui offrait toujours, bien que dans des
proportions réduites, les voluptés et les souffrances de l'époque
impériale. Rome, Ravenne, Arles, nous montrent les jeux
publics aussi populaires, sinon aussi florissants, sous Théodoric
que sous Marc-Aurèle. Ce sont les mêmes courses de chevaux,
les mêmes factions, les mêmes fureurs, la même incurable frivolité. Il est presque inutile d'ajouter que le fisc n'avait rien
perdu de son avidité d'autrefois, et disposait, pour pressurer
les populations, des mêmes ressources administratives; tout au
plus peut-on dire qu'il n'était plus aussi meurtrier, parce que
les exactions barbares étaient moins savantes et moins systématiques. En résumé, l'empire seul avait été conquis, mais les
mœurs et les institutions ne devaient pas connaître le joug de
la conquête.

Cela se comprend. La société romaine était trop fière et trop satisfaite d'elle-même pour ne pas se fermer dédaigneusement devant l'odieux contact des barbares. Elle les méprisait trop, tout en les subissant, pour leur emprunter quelque chose : ni leurs vices, parce qu'elle en avait de plus doux ; ni leurs vertus, parce qu'elles étaient trop rudes et trop difficiles. Les barbares, d'ailleurs, n'étaient pas assez nombreux pour pouvoir imposer leur genre de vie, et étaient trop ignorants pour mettre à leur école des hommes civilisés. D'autre part, sauf quelques exceptions individuelles, rien ne fut tenté par les Romains de ce qui devait, en amenant un rapprochement entre eux et leurs maîtres, hâter la fusion des races et préparer l'avènement d'un régime nouveau. Il leur semblait naturel que tous les pas fussent faits par les barbares eux-mêmes. Enfermés par leur orgueil dans les préjugés et les défauts qui leur avaient enlevé l'empire du monde, ils ne cherchèrent ni à le mériter de nouveau, en s'en rendant plus dignes que les conquérants, ni seulement à étudier en ceux-ci le secret de leur supériorité. Ils ne se donnèrent pas même la peine d'apprendre leur langue ; et lorsqu'il arrivait à l'un d'eux de la savoir, il recevait de ses compatriotes des félicitations où l'étonnement n'est pas sans laisser passer une pointe d'ironie [1]. Le monde romain resta donc en face des conquérants comme une masse impénétrable, sur laquelle ils ne pouvaient exercer aucune action sensible, ni bonne ni mauvaise.

Les barbares, par contre, devaient à la longue ressentir les effets de cette loi de l'Histoire qui veut que les vieilles civilisations conquises par des peuples jeunes se vengent d'eux en se les assimilant. Qu'ils fussent éparpillés au milieu des masses profondes de la population indigène, ou accumulés sur quelques points dans l'intérêt de leur sécurité, ils ne pouvaient se dérober à l'influence du milieu ambiant, et ils se trouvaient les prisonniers de la vie romaine. Individuellement, ils résistèrent plus ou moins longtemps à l'action de ce contact de tous les jours et de toutes les heures ; pris comme nation, ils furent

---

[1] Sidon. Apoll. *Epist.* V, v ; Cassiod. *Variar.* VIII, xxi.

obligés de la subir immédiatement. Dans le mélange de nationalités qui composaient leurs royaumes, l'élément romain devait l'emporter sans conteste, parce qu'il était à la fois le plus nombreux et le plus civilisé. Aussi n'est-il pas étonnant que partout, sous la marqueterie enfantine des institutions barbares, on voit reparaître l'unité transparente du canevas romain, sur le fond commun duquel ont dû travailler tous les conquérants.

Ce phénomène, qui devait s'accentuer avec les années, présente dès l'origine un caractère de généralité bien remarquable. La royauté fut la première institution barbare qui se colora à la romaine, ayant d'ailleurs le plus grand profit à une transformation qui relevait son prestige et augmentait ses droits. Il faut ajouter que la vanité y eut autant de part que la politique. Puisant à pleines mains dans la vaste provision de titres et d'insignes que leur offrait la succession des empereurs, les rois barbares semblent avoir goûté un plaisir naïf à s'en chamarrer eux-mêmes et les membres de leur entourage. Il n'est pas toujours facile de réprimer un sourire quand on les voit, ainsi affublés, préluder avec une gaucherie solennelle à leur nouvelle mission de souverains. Ce n'était pas chose si simple que de manier comme il faut les fils innombrables que la centralisation romaine faisait aboutir aux mains du maître. Il leur fallut, pour n'y pas échouer, s'entourer d'un personnel qui avait l'expérience des choses de la cour et de l'administration : ce furent naturellement des Romains qu'ils choisirent. Il suffit ici de rappeler les noms de Léon de Narbonne et surtout de Cassiodore, pour donner une idée du rôle réservé dans les monarchies barbares à ces subalternes, qui, devenus des ministres tout-puissants, n'entendaient pas laisser périr les traditions nationales. Tout resta donc romain : l'esprit du gouvernement, les institutions, les hommes qui le dirigeaient, et jusqu'au langage officiel. A lire, par exemple, les documents émanés de la chancellerie de Théodoric le Grand, on se croirait, non pas dans le royaume des Ostrogoths, mais dans l'empire de Justinien.

Ce qui vient d'être dit suffit déjà pour montrer que les

Courses de chars dans le cirque.

royaumes barbares dont il est question ici sont, à proprement parler, les derniers produits de la décadence romaine. Ils ne viennent pas ouvrir un monde nouveau : ils ferment l'ancien, auquel ils appartiennent complètement, et qui les a absorbés de la manière qu'on vient de voir. Ils en accélèrent même la disparition au moment où ils semblent travailler à le conserver. Il était impossible, en effet, que leurs mains grossières et maladroites touchassent au mécanisme compliqué de la société impériale sans en détraquer les rouages. Leurs ministres romains ne purent pas être partout et conjurer tout le mal. D'ailleurs il y avait dans la vie publique romaine une multitude d'institutions répondant à des besoins incompris ou ignorés des barbares, et qui durent forcément dégénérer et disparaître. L'administration, ce chef-d'œuvre de la bureaucratie impériale, perdit le caractère d'exactitude et de régularité presque infaillibles qui en avait fait un si admirable instrument d'oppression. Les ressorts de la machine publique, n'étant plus mis en mouvement, cessèrent de jouer et finirent par se couvrir de rouille. Les sources de la jurisprudence tarirent; le droit, que n'alimentait plus le courant de la vie politique, se racornit et prit l'aspect chétif qu'il a dans les codes romains faits à l'époque barbare; les arts et les lettres devinrent de plus en plus des distractions d'amateurs, considérées comme peu dignes d'hommes sérieux. Bref, toute l'activité sociale du monde ancien se ralentissait peu à peu, et l'on assistait à l'extinction graduelle de la vie civilisée.

A cela il n'y avait pas de remède. On ne pouvait pas espérer que les barbares tireraient de leur propre fonds les éléments d'une société qui remplacerait l'ancienne. Ils avaient gaspillé leur modeste patrimoine national, qui consistait surtout dans la pureté relative de leurs mœurs et dans la vigueur de leurs tempéraments. Sous le rapport des vices, ils étaient devenus, après une ou deux générations, aussi Romains que les Romains eux-mêmes. Ils couraient au cirque et aux thermes; ils s'entouraient d'esclaves et d'eunuques; ils entretenaient des danseuses et des mimes, ils amassaient des trésors, ils faisaient des collections d'objets d'art, ils passaient de honteuses débauches à

d'opulents banquets où les meilleurs cuisiniers romains épui-
saient tous les raffinements de leur métier. En un mot, ils se
gorgeaient avec une avidité gloutonne de tous les plaisirs que
leur offrait la vie romaine, et ils y laissaient toute leur santé
morale et physique. Il n'y a pas de plus lamentable exemple
de cette décrépitude précoce que celui des Vandales, précipités,
par un jeu de la fortune, du sein des fraîches forêts du Nord
au milieu des ardeurs empoisonnées de la vie africaine. Là,
entièrement coupés de la patrie germanique, et ne trouvant pas
en eux assez d'énergie morale pour réagir contre leur milieu,
ils périrent littéralement consumés. Quel contraste entre les
tableaux que nous ont laissés de ce peuple deux observateurs
romains, qui les ont décrits à un siècle d'intervalle ! A en
croire Salvien, qui fut contemporain de leur entrée en Afrique,
ils étaient alors chastes et simples ; ils avaient horreur de la
débauche, et telle était la pureté de leurs mœurs, qu'ils avaient
en partie guéri de leurs vices les Romains eux-mêmes. Chez
Procope, au contraire, qui avait porté les armes contre eux
sous Bélisaire, et qui avait assisté à leurs derniers jours, nous
les retrouvons livrés à toutes les voluptés, et amollis au point
qu'il suffira d'une seule bataille pour détruire leur royaume et
leur nationalité [1].

On peut dire sans exagération qu'un barbare corrompu valait
même moins qu'un Romain. Il apportait dans sa soif de jouissances sensuelles une brutalité plus grande, et il ne savait pas
racheter la répugnante malpropreté de son tempérament par
l'élégance des manières urbaines. Les jouissances intellectuelles
le laissaient entièrement indifférent : il n'en avait pas même la
notion. D'ailleurs les lettres, en aiguisant l'esprit, n'amélio-
raient pas le cœur, et les rares types de barbares lettrés que
nous offre le vi[e] siècle ne font pas regretter qu'ils soient si peu
nombreux. Le commerce des Muses n'a pas adouci la férocité
du roi Thrasamond, le plus fanatique et le plus cruel persécuteur qu'aient produit les Vandales, pas plus que la philosophie
n'a ennobli le caractère de ce platonicien ostrogoth Théodat,

---

[1] Salvian. *De Gubern. Dei*, VII, vii-xxiii ; Procop. *De Bell. Vand.* II, vi.

assassin de sa bienfaitrice, oppresseur de ses sujets, et finalement traître à son peuple, qu'il livra à Justinien. Il y a quelque chose de grotesque et d'odieux à la fois dans ces types de métis de la civilisation et de la barbarie, reluisant de tout le vernis d'une culture à laquelle ils restent totalement inaccessibles, et l'on comprend l'aversion que les lettres inspiraient aux meilleurs d'entre les conquérants germaniques, lorsqu'ils n'en apprenaient à connaître les effets que dans de pareils caractères.

Tel fut donc le résultat de la conquête du monde par les barbares. A peine mises en contact, les deux sociétés travaillèrent inconsciemment à s'entre-détruire, la romaine en communiquant ses vices à la barbare, la barbare en brisant de ses mains brutales les délicats organismes de la vie romaine. Cela devait être. Il n'y a ni mariage ni combinaison possible entre la pourriture et le germe : il y a communication de mort. Que ceux qui parlent du rajeunissement du monde par l'infusion du sang germanique veuillent bien s'arrêter devant les peuples que nous étudions ici : ils y verront ce que l'élément barbare, abandonné à lui-même, était capable de faire pour le salut de la civilisation. Aucun de ces royaumes ne parvint à jeter seulement les bases d'une nationalité. Chacun d'eux vit son avenir épuisé dans l'existence d'un seul homme, qui en est le fondateur, et dont la personnalité concentre tout l'intérêt qu'inspire son œuvre. Il est à peine descendu dans la tombe que l'édifice national croule sur lui, comme si la destinée voulait lui ménager des funérailles dignes d'un roi en offrant à sa mémoire l'holocauste de son peuple.

Le fondateur du royaume des Vandales d'Afrique est une des figures les plus remarquables de son temps. Ce chétif boiteux, maître de ses voluptés et esclave de ses colères, toujours prêt à réparer à force d'adresse ce qu'il avait compromis à force de violences, à la fois aventurier hardi et diplomate avisé, fut, avec Attila, le plus redoutable adversaire de l'empire agonisant. Tantôt il fond sur lui avec une vigueur irrésistible, pour le désoler et le piller sans merci ; tantôt immobile et invisible dans les trames qu'il ourdit de loin, il l'entoure d'un réseau d'ennemis acharnés qui, en épuisant l'empire, permettent au vieux roi de ménager ses propres forces. Les Huns, les Visigoths, les Suèves viennent à tour de rôle, obéissant à l'impulsion qu'il leur communique, assaillir Rome au moment que sa politique a marqué comme le plus propice pour l'exécution de ses plans. Sa supériorité sur les Romains dégénérés qu'il eut à combattre est incontestable, et il serait un des plus grands noms de son siècle, si on ne devait juger les hommes publics que d'après leurs talents, et sans leur demander compte de leurs actes. Mais consommé dans l'emploi des petits moyens, il manqua de génie véritable, parce qu'il manquait de véritable grandeur. Inaccessible à toute idée élevée, à toute inspiration généreuse, il ne connut jamais les hautes préoccupations de l'homme d'État, ni les saintes angoisses du civilisateur.

Toutes ses ressources intellectuelles furent concentrées sur une œuvre de mort, et le fondateur de la monarchie vandale s'efface en lui derrière le destructeur de l'empire romain. Chargé du lourd fardeau des destinées d'un peuple naissant, il n'a pas su les faire durer plus longtemps que lui. Son coup d'œil, d'une finesse merveilleuse à saisir les occasions favorables dans le présent, n'était pas assez vaste pour embrasser l'avenir le plus rapproché. Comme si la fatalité de son rôle pesait sur tous ses actes, les rares mesures de conservation qu'il a prises comme souverain des Vandales et chef de leur famille royale ont tourné au détriment de son peuple et de sa dynastie.

Sa loi de succession, qui avait pour but de prévenir les discordes en appelant chaque fois au trône le plus âgé de ses descendants, fut un expédient qui servit plutôt à les fomenter. Il ne fut pas plus heureux dans sa politique vis-à-vis des vaincus. Là encore il gâta tout par excès d'habileté. La sécurité de son petit peuple de quatre cent mille âmes, qui ne comptait guère plus de cinquante mille guerriers, lui semblait menacée s'il le disséminait sur les provinces conquises. Pour éviter ce danger, qui d'ailleurs était réel, il aggloméra tous les Vandales dans la ville de Carthage et dans l'Afrique proconsulaire. Il fallut, pour les y établir, recourir aux plus grandes rigueurs envers les anciens habitants, qui furent dépouillés totalement et réduits à la condition de mendiants ou de colons de leurs vainqueurs. Cette mesure, d'une atrocité exceptionnelle même parmi les barbares, fut une faute qui en engendra d'autres. Pour ne laisser aucun boulevard aux révoltes d'une population exaspérée, Genséric fit raser toutes les places fortes. Carthage seule resta fortifiée, parce qu'elle était occupée par les conquérants, et ainsi le royaume d'Afrique fut converti en un vaste désert, avec une citadelle unique au centre[1]. Il suffisait, pour s'en rendre maître, de prendre la capitale.

C'est là qu'assiégés pendant toute la durée de leur règne éphémère par la haine de leurs sujets, les Vandales s'abandonnèrent à l'ivresse du triomphe, et se gorgèrent des délices de la civilisation. Ils ne sortaient de leurs débauches que pour troubler le monde, et demander au pillage de nouvelles richesses, sources de nouvelles jouissances. Maîtres d'une côte que la nature semble avoir destinée à être le siège d'une grande puissance maritime, ils y disposaient, comme leurs prédécesseurs les marchands de Carthage, comme leurs successeurs les pirates d'Alger, d'une flotte qui était la terreur de la Méditerranée. L'Orient et l'Occident tremblaient devant eux. La Sicile, la Sardaigne, la Corse, les Baléares leur appartenaient. Rome, une première fois violée par les hordes d'Alaric, voyait tomber entre leurs mains tout ce que les Visigoths lui avaient laissé de trésors. Le Péloponèse et les îles de la mer Égée recevaient leurs visites. Tous les ans, sortant du port de Carthage pour quelque aventure inconnue, ils dirigeaient leurs voiles « du côté, disaient-ils, où soufflait la colère de Dieu[2] ». Sans cesse préoccupés d'abattre l'empire de Rome et jamais d'affermir le leur, ils restèrent des étrangers en Afrique jusqu'au jour où, partie de Byzance, une armée romaine accueillie à bras ouverts par les indigènes les balaya du sol. Rien ne devait subsister de ces farouches aventuriers, à part un nom qui est resté couvert d'une juste flétrissure.

De Genséric à Gondebaud, des Vandales aux Burgondes, le

----

[1] Procop. *De Bell. Vandal.* I, v. — [2] *Id., ibid.*

contraste est éclatant. Introduits en Gaule par un traité en règle, les Burgondes s'établirent paisiblement dans la province qui leur avait été assignée, et, lorsqu'ils éprouvèrent le besoin de s'agrandir, ce fut encore un pacte qui présida à leur nouvelle installation. Une fois fait, le partage resta définitif, et les Romains furent consciencieusement protégés contre toute diminution ultérieure de leurs héritages. La soif des conquêtes ne tourmentait pas les Burgondes. Ils prirent au sérieux les conventions en vertu desquelles ils étaient au service de l'empire ; ils en remplirent exactement les obligations, et l'on sait que, non contents du titre de vassaux des Romains, ils cherchaient à se faire passer pour leurs parents. Aussi longtemps que dura cette nation, ses rois se firent un honneur de recevoir, de la main des empereurs d'Occident ou d'Orient, les titres de comtes et de patrices, et ils ne cessèrent d'envoyer à Byzance les plus humbles protestations de leur dévouement [1]. Gondebaud, qui est devant l'histoire le représentant le plus complet de ce peuple, a été calomnié par la légende. Elle en a fait un tyran sanguinaire, alors que les documents historiques font voir en lui un monarque humain et éclairé. Il est le premier roi barbare qui légiféra en faveur de ses sujets romains, et le code qu'il rédigea pour les Burgondes eux-mêmes est remarquable par l'influence qu'y exerce la législation romaine. Ce prince, entouré de conseillers romains, et se mettant, pour ainsi dire, sous leur férule, méritait que Théodoric le félicitât de ce que, grâce à lui, les Burgondes se dépouillaient de leur barbarie primitive [2].

Mais la totale insuffisance du monde germanique devant les grands problèmes de l'avenir se révèle manifestement dans ce personnage hésitant et perplexe. Tout son règne s'écoula sans qu'il parvînt à trouver sa voie. Il ne sut faire face à aucune des difficultés qui, au dedans et au dehors, cernaient son jeune royaume. Les Burgondes étaient resserrés entre plusieurs voisins, qui les refoulaient dans la montagne et leur barraient

---

[1] Sigismond à l'empereur Anastase : « Vester quidem est populus meus, sed me plus servire vobis quam præesse illi delectat. » (S. Avit. *Epist.* LXXXIII.)

[2] « Per vos propositum gentile deponit. » (Cassiod. *Variar.* I, XLVI.)

Forum, port militaire et port marchand de Carthage.

le chemin de la mer : il ne profita pas des occasions qui lui furent offertes pour arriver à la Méditerranée. Lorsqu'il vit Théodoric et Odoacre se disputer l'Italie dans une lutte sanglante, au lieu de revendiquer vis-à-vis de ces deux antagonistes le rôle d'un arbitre tout-puissant, il se contenta de celui d'un vulgaire pillard, et accourut, sur les derrières de leurs armées, rançonner un pays qu'ils avaient déjà ruiné. Arien, et menacé sur ses flancs par les Francs catholiques, il fut assez aveugle pour leur procurer l'appui de ses armes dans leur campagne contre les Visigoths ariens, et le résultat de cette expédition fut de le priver lui-même de l'appui de ses alliés naturels, en face des Francs désormais irrésistibles. Il ne se laissa pas entraîner par un fanatisme inconsidéré, comme d'autres monarques ariens, à persécuter ses sujets catholiques, et il montra même du penchant pour leur culte, qui était celui de plusieurs de ses parents ; mais il n'osa ni s'y rallier franchement, ni s'en déclarer l'ennemi. La raison et l'intérêt l'appelaient dans l'Église, le préjugé national et a pusillanimité l'en retinrent éloigné. Il doute, il hésite, il consulte, il provoque des réunions publiques, il prête l'oreille aux pressantes admonitions de saint Avitus de Vienne, il semble parfois convaincu et disposé à quelque grande initiative ; mais jamais il ne fait le pas décisif, et, par une irrésolution qui est le fruit d'un manque de caractère, il laisse s'écouler l'heure du salut de son peuple sans la mettre à profit[1]. Ses fils devaient bientôt apprendre, par une expérience cruelle, que cette heure ne sonne jamais deux fois dans la vie d'une nation.

On ne peut pas reprocher le manque d'énergie et de décision aux rois visigoths de Toulouse. Là, point d'hésitation sur le but à poursuivre : on est franchement arien et résolument conquérant. Un traité avait accordé aux Visigoths l'Aquitaine seconde : ils ne cessèrent d'élargir ce domaine par des conquêtes sur l'empire ou sur les autres barbares. Ils n'étaient pas, à proprement parler, les ennemis de Rome, comme les Vandales ; encore moins ses vassaux, comme les Burgondes. Ils se considéraient

---

[1] Greg. Tur. *Hist. eccl. Franc.* II, xxxiv.

plutôt comme ses héritiers, mais des héritiers légitimes et adoptés par l'empire lui-même. Cette race héroïque gardait précieusement les grands souvenirs et les poétiques traditions de la conquête. Les Visigoths étaient la première nation germanique qui fût entrée en armes sur le sol du monde romain ; ils avaient traversé de part en part les trois grandes péninsules méditerranéennes, qui en étaient les parties les plus belles ; ils avaient taillé en pièces des légions romaines, tué des empereurs, et conquis la Ville éternelle, qu'ils avaient traitée en vainqueurs généreux. Après avoir montré à l'empire ce qu'ils pouvaient pour le perdre, ils s'étaient fait gloire de devenir ses défenseurs, témoin la grande journée de Mauriac, leur victoire à eux, comme ils aimaient à le dire.

Chez aucun autre peuple barbare, la fidélité aux mœurs nationales ne s'affirmait avec une fierté aussi patriotique. Encore sous le règne de Théodoric II, ils avaient conservé les assemblées populaires délibérant sur les affaires publiques, et, bien que la connaissance du latin fût répandue parmi eux, ils s'adressaient dans leur langue maternelle aux ambassadeurs de l'empire. Leurs rois, tout en devenant de fait les successeurs des Césars, avaient gardé la mâle vigueur qui distingue les chefs germaniques. Le tableau qu'un contemporain nous trace de la journée de Théodoric II nous fait admirer dans ce barbare un prince qui est aussi maître de lui-même que de ses sujets[1].

Cette nation parvient à l'apogée de sa puissance sous le règne de Théodoric Iᵉʳ et de ses trois fils (419-484), dont le dernier, Euric, est le plus grand de tous les monarques visigoths. Il règne sur l'Espagne et sur la Gaule ; il conquiert la Provence et l'Auvergne ; il parle de haut aux empereurs, qui tremblent devant lui ; il voit son alliance recherchée par les Suèves et par les Vandales ; il est redouté de tous ses voisins et n'en craint aucun. Ce fils des envahisseurs châtie avec la sévérité d'un roi les pirates saxons qui venaient infester sa province d'Aquitaine. Arbitre de l'Occident, il semble avoir transporté à Bordeaux, sa capitale, le centre du monde romain. Il est le législateur de

---

[1] Sidon. Apoll. *Epist.* I, ɪɪ.

son peuple, et, sans être lui-même un lettré, il a dans la personne de son ministre Léon de Narbonne un Mécène qui encourage les beaux esprits, et qui essaye de les intéresser à la gloire de son maître[1]. Enfin il se trouve assez puissant pour n'avoir pas à compter avec l'Église catholique, et, bien que celle-ci règne sur tous ses sujets romains, il lui déclare la guerre et la persécute pendant plusieurs années. On dirait qu'également jaloux de s'affranchir des influences de Rome et de celles de l'Église, le peuple visigoth va reprendre le projet qui avait séduit la première jeunesse d'Ataulf, et fonder un empire gothique subsistant par ses propres forces.

Vaine illusion ! Voici la hache de Clovis levée sur ce trône, qui, au moment de sa plus grande splendeur, croulera sous les coups d'un grossier barbare. Une seule bataille a décidé du sort de la monarchie visigothique. Refoulée au delà des Pyrénées, elle ne s'y maintiendra qu'au prix d'une transformation qui lui enlèvera tout son caractère, et en se courbant sous les lois de cette civilisation catholique à qui elle avait si fièrement jeté le gant. L'œuvre d'Euric, après avoir brillé pendant quelques jours d'un éclat trompeur, échouait comme celles de Genséric et de Gondebaud.

Mais le plus remarquable, sans contredit, dans le groupe des rois barbares, c'est Théodoric, roi des Visigoths d'Italie, héros étrange arrêté sur le seuil de la société moderne, entre un monde auquel il n'appartient pas encore et un monde auquel il n'appartient plus, et qui flotte entre deux époques dans un demi-jour plus favorable à l'épopée qu'à l'histoire. C'est le vrai grand homme des peuples du vi[e] siècle. On pourrait l'appeler le Charlemagne de l'arianisme. Jamais barbare ne s'assimila à tel point la civilisation romaine, ni ne lui parut aussi sincèrement dévoué. La grandeur de l'esprit et la noblesse du caractère s'unissaient dans Théodoric pour faire de lui le type de l'homme digne de commander à ses semblables. Également supérieur dans les arts de la paix et dans ceux de la guerre, il avait une vue claire de son but et une notion exacte de ses moyens. Il

---

[1] Sidon. Apoll. *Epist.* IV, XXII.

mettait tout en œuvre lorsqu'il s'agissait de le poursuivre, il possédait l'art de s'arrêter à temps après l'avoir atteint. Il faut admirer en lui ces deux qualités si précieuses chez l'homme d'État, de savoir pardonner et de savoir discerner le mérite de ses ennemis. Exempt du fanatisme arien qui fut le malheur des peuples germaniques, il serait sans reproche, si sa carrière ne s'ouvrait et ne se fermait par un crime, et s'il ne se présentait à nous entre les ombres accusatrices d'Odoacre et de Symmaque. Mais on ne comprendrait guère cette pathétique figure, si l'on n'y distinguait pas deux hommes qui, tour à tour, disparaissent l'un derrière l'autre : le conquérant barbare qui reste en scène jusqu'à la soumission définitive de l'Italie, et le pasteur de peuples, qui lui succède à partir de cette époque jusqu'à la dernière année de son règne. Alors, par une tragique fatalité, le lion dompté reparut dans le grand homme, et, par ses violences, le civilisateur des Goths souilla de sang et de honte la fin de sa glorieuse carrière.

Théodoric s'était établi en Italie de l'aveu de Zénon, et, bien qu'avec une duplicité toute byzantine l'empereur eût évité de donner à sa conquête une ratification formelle, le roi barbare, rivalisant de ruse avec lui, avait profité de son silence autant que d'un acquiescement explicite. Vis-à-vis de Byzance, il employait le langage assez humble d'un lieutenant ou d'un vice-roi ; mais, à ses sujets, il parlait et commandait comme un roi, bien plus, comme un empereur. Il occupait à Ravenne le palais d'Honorius, il se revêtait de la pourpre, il s'entourait d'un opulent cortège de *domestiques,* il frappait monnaie à sa propre effigie, il employait le pluriel pour désigner sa personne, et tâchait d'apparaître aux yeux des Occidentaux comme un collègue des Césars. Tout resta romain sous son gouvernement. On continua de nommer des consuls, des préfets du prétoire, des gouverneurs de province. Le sénat de Rome et ceux des municipes furent conservés, et entourés d'attentions et d'honneurs. Les jeux publics furent l'objet de la plus grande sollicitude du prince, non moins que les distributions gratuites de vivres. Le langage de Théodoric ne se distingue pas, sous ce rapport, de celui des anciens empereurs. Lui aussi, il proteste que rien ne lui est plus à cœur que d'assurer aux masses une heureuse oisiveté[1]. Ses ministres romains, avec une adresse remarquable, continuent sous lui les traditions séculaires de l'administration romaine, sans qu'on puisse remarquer aucune solution de continuité. Ils vont plus loin, ils mettent tranquillement dans sa bouche la majestueuse emphase du langage impérial. Écoutez-le parler : ce n'est pas un conquérant imposant un régime nouveau à l'Italie, c'est un barbare qui a été conquis lui-même par la civilisation, et qui, sur le trône, se trouve être le prisonnier d'un monde qu'il a détruit.

Au reste, l'attitude personnelle de Théodoric était bien faite pour lui gagner les cœurs de tous ses sujets. Il ne fit jamais aucune distinction entre les uns et les autres, et il ne cessait de répéter que ceux-là lui étaient les plus chers qui respectaient le mieux les lois[2]. Ce n'étaient pas là de vaines paroles. Les moindres infractions que se permettaient les soldats goths étaient punies avec sévérité, et plusieurs fois on leur rappela durement qu'il n'existait pas de privilège en leur faveur[3]. Le pouvoir se montrait bienveillant en même temps que ferme ; la police était excellente ; une sécurité innaccoutumée régnait partout. Bien plus, sous ce règne vraiment exceptionnel, l'agriculture, tombée si bas dans les premiers temps de l'empire, se relevait peu à peu. Des travaux d'utilité publique étaient entrepris sur divers point et menés à bonne fin ; ici, on réparait d'anciens monuments ; là, on en bâtissait de nouveaux. Le commerce commençait à revivre aussi, et les lettres semblaient sortir de leur engourdissement. En un mot, l'Italie, étonnée de sa prospérité nouvelle, paraissait à la veille de reprendre le sceptre de l'Occident sous les auspices du nouveau Trajan. Théodoric y avait rattaché plusieurs provinces importantes : la Sicile, que les Vandales lui avaient cédée ; la Dalmatie, qui lui rendait l'empire de l'Adriatique, et la Pannonie, qui lui donnait les clefs de l'Orient. Il avait profité de la querelle entre les Francs et les Visigoths pour s'emparer de la Provence, par laquelle il avait le pied en

---

[1] Cassiod. *Var.* I, xx. — [2] *Id.*, *Var.* VII, iii. — [3] *Id.*, *Var.* I, xviii et xix ; III, xiii ; IV, xiv et xxxix ; V, xxvi.

Gaule, et, à la mort d'Alaric II, il saisissait dans ses fortes mains tout l'héritage de ce roi, réunissant ainsi sous son autorité les deux branches de la nation gothique.

Mais son influence s'étendait plus loin encore, car il s'était attaché par des liens de famille ou d'amitié la plupart des souverains barbares établis dans les anciennes provinces romaines. Le roi des Burgondes et celui des Visigoths étaient ses gendres ; sa sœur avait épousé le roi des Vandales, et sa nièce celui des Thuringiens ; lui-même avait pour femme une sœur de Clovis, et pour fils d'armes le roi des Hérules. Entouré de toutes ces relations illustres, il voyait son nom respecté jnsqu'aux derniers confins du monde germanique, d'où les peuplades de la Baltique lui envoyaient leurs hommages, et il parlait avec autorité à tous les monarques ses voisins, qui subissaient sans répugnance l'ascendant du patriarche royal. Il aimait à intervenir dans leurs débats pour les calmer, ou à leur rappeler après la victoire les conseils de la modération. L'imagination des barbares est restée vivement frappée de la grande figure qu'il faisait parmi les monarques de son temps. Il a eu, comme Charlemagne, sa légende ; et, placé au centre d'un cycle épique, il revit sous les traits de Dietrich von Bern, qui apparaît au milieu des conflits entre les princes comme un pacificateur et un arbitre souverain.

A voir tant de bonne volonté et de talent mis au service d'une œuvre sociale, on aurait pu croire qu'enfin la race germanique avait trouvé le chemin de l'avenir, et qu'elle allait y entraîner à sa suite les Romains régénérés. Il n'en fut rien. Pour créer une société nouvelle, il fallait plus que le génie et les efforts d'un grand homme, il fallait un principe nouveau. Depuis plusieurs générations, faute de ce principe, on se consumait en stériles efforts pour rajeunir l'ancien monde. Les empereurs l'avaient essayé, et on a vu qu'ils avaient échoué. Voici que les rois barbares l'essayaient à leur tour, et qu'ils aboutissaient au même résultat. Tous, empereurs et rois, se contentaient de mêler, dans des proportions différentes, les mœurs barbares et la civilisation antique, et tous voyaient sortir de leur creuset un composé factice et incohérent, d'où la vitalité était absente. L'étonnante supériorité de génie et de justice qui distingua la société ostrogothique de celle des Vandales ne se traduit pas même par une différence appréciable dans les résultats : l'une et l'autre succombèrent sous les coups du même conquérant, et disparurent sans laisser de traces dans l'histoire. Il devenait manifeste que, pour assurer l'existence du corps social qu'on essayait de reconstituer, il fallait, à l'exemple du Dieu créateur, lui insuffler ce quelque chose d'immatériel et d'éternel qui est dans les sociétés ce qu'est l'âme dans le corps : le principe même de la vie.

Pour le dire en un mot, l'Église catholique manquait à ces royaumes façonnés à grands coups d'épée, et toutes les infortunes vinrent de là. Ce n'est pas qu'elle eût failli vis-à-vis des barbares à sa mission d'apostolat universel. Elle avait fait leur conquête avant qu'eux-mêmes eussent conquis l'empire. La foi catholique était au IV° siècle celle des Goths, des Burgondes, des Vandales et des Lombards. Théophile, évêque du premier de ces peuples, en venant siéger au concile œcuménique de Nicée, semblait y avoir apporté les prémices de leur vie religieuse. Mais l'arianisme avait passé de bonne heure, comme *l'homme ennemi*, à travers les moissons que l'Évangile faisait lever parmi ces chrétientés naissantes, et y avait semé des germes de division et de mort. La foi encore grossière et ignorante des Goths ne tint pas contre les artifices et les séductions des empereurs grecs. Ils se laissèrent imposer un *Credo* par ceux qui leur donnaient des foyers, et ils devinrent les missionnaires inconscients de l'hérésie auprès des autres peuples de leur race.

C'est ainsi que Byzance se vengeait de ses vainqueurs, en leur inoculant le poison qui devait tuer chez eux la vie chrétienne. L'arianisme fut la forme la plus redoutable sous laquelle se produisit parmi les Germains l'influence corruptrice de la société antique. Eux, sans défiance, ils acceptèrent le funeste cadeau des Grecs, et, détachés de l'unité catholique par une fraude gigantesque, ils ne s'aperçurent pas que c'était le christianisme lui-même et l'avenir qui leur étaient enlevés à la fois. Il y a peu de spectacles aussi tragiques, dans les annales de l'humanité, que celui de ces peuples si cruellement trompés par une marâtre à qui ils venaient demander du pain, et qui leur donnait un scorpion !

L'arianisme, en effet, était totalement dépourvu de cette vertu éducatrice toujours active au sein de l'Église, et qui, par un miracle incessant, renouvelle les individus et les nations. Le secret de cette vertu surnaturelle résidait, alors comme aujourd'hui, dans le dogme fondamental de l'Incarnation. L'Église savait que son fondateur était Dieu ; elle savait qu'elle était unie à ce Dieu par un pacte indissoluble, qu'il vivait en elle, qu'il se communiquait à tous ses membres par l'Eucharistie, qu'il agissait sur elle par les inspirations de l'Esprit-Saint, qu'il la sanctifiait par la distribution de la grâce. Le chrétien sentait battre contre son cœur le cœur d'un Dieu mort d'amour pour lui ; il s'échauffait à son tour au brasier de cette charité infinie, et il devenait capable de ces prodiges de sainteté qui faisaient porter à la nature humaine des fruits si merveilleux. Ainsi le dogme de la divinité du Verbe était à la lettre la source vitale de la civilisation chrétienne.

C'est cette source que l'arianisme vint tarir par sa glaciale doctrine qui faisait du Verbe une créature. Il avait beau, aussitôt ce sacrilège commis, chercher à l'atténuer en proclamant qu'il était d'une nature sublime et supérieure à celle de tous les êtres créés, il ne lui enlevait pas moins l'auréole divine dont il brillait aux yeux de ses adorateurs. Le barbare, qui se serait donné tout entier à un Dieu crucifié, n'éprouvait pas la même dévotion pour un Verbe créé. Le Verbe lui interceptait en quelque sorte son Créateur, et ce Dieu, refoulé désormais dans sa solitude inaccessible, cessa d'apparaître aux yeux du fidèle comme le Père plein d'amour. L'âme demeura froide et inerte sous la lumière imparfaite et brisée qu'elle recevait de lui ; elle resta étrangère aux héroïsmes surnaturels de la charité catholique, et au généreux enthousiasme que saint Paul appelait « la folie de la croix ». Religion sans piété et dépourvue du prestige de la sainteté, l'arianisme était, à tout prendre, un rationalisme déguisé. Il s'adressait à l'esprit seul, et il était incapable d'arriver jusqu'au cœur. Il laissait la nature humaine telle qu'il la trouvait, sans pouvoir la débarrasser d'une seule de ses passions, ou y faire fleurir une seule des vertus qui s'épanouissaient avec tant d'éclat au sein de l'orthodoxie.

L'arianisme ne se contenta pas d'être stérile : il fut encore destructeur. L'Église chrétienne était une société vivante qui avait une tête et des membres, et une sève généreuse, circulant à travers tout le corps, y distribuait la vie et la santé. En rompant l'unité de la foi, l'arianisme détruisit aussi l'unité de ce corps spirituel : il arrêta le courant vital, et ses sectateurs, livrés à eux-mêmes, ne furent plus dans l'Église que des membres languissants et atrophiés. Leurs petits groupes nationaux, éparpillés et isolés, sans lien entre eux-mêmes ni avec le centre de la catholicité, ne formaient que des conventicules religieux. Il leur manquait le caractère universel et l'indépendance souveraine qui font la grandeur de l'Église catholique. Ce n'étaient pas des Églises véritables, mais bien plutôt des institutions politiques dont les rois étaient les chefs, et dont les destinées étaient subordonnées aux intérêts temporels de la nation. Les dignitaires de la hiérarchie, nommés par le prince et enseignant ce qu'il voulait, se bornaient à être de simples professeurs de morale, et la religion, avilie et dirigée par ceux qu'elle avait pour mission de convertir et d'élever, ne fut plus entre leurs mains qu'un instrument de domination.

Pas un saint ne se montra dans les rangs de l'arianisme ; pas un caractère n'y brilla. Toutes ses Églises réunies ne produisirent pas un seul missionnaire, et de tant de bouches ouvertes dans les clameurs de la dispute, on n'entend pas sortir une seule parole éloquente. Où sont-ils, dans la secte arienne, ces prélats catholiques qui ont fondé la civilisation moderne, ces pasteurs de peuples dont la crosse vaut un sceptre, ces docteurs dont la parole est si ferme et si fière, et qui, désarmés devant les rois, les voient prosternés à leurs pieds ? Les évêques ariens, humbles serviteurs des maîtres qui les ont élevés au pouvoir, les payent de ce bienfait en leur asservissant l'Église. Prélats de cour, il font de leur roi un César au petit pied, auquel ils apprennent à mépriser une religion dont il est le suprême pontife. Voilà pourquoi l'arianisme passe inglorieux et infécond à travers le monde, entraînant à sa suite les multitudes

silencieuses des peuples qu'il a arrachés à l'Église et qu'il conduit à la mort !

On connaît maintenant la raison de l'avortement des royaumes
barbares du vi° siècle. Le principe civilisateur, qui seul pouvait
tirer l'ordre du chaos, leur faisait défaut. Mais ce n'est pas tout.
Grâce à des circonstances historiques spéciales, l'hérésie devait
être pour eux une cause de ruine immédiate. En effet, partout
où les nouveaux royaumes s'étaient établis, ils avaient rencontré
un fond de population entièrement catholique. Celle-ci tenait
d'autant plus à ses croyances, qu'elle y voyait, depuis l'invasion, le signe distinctif de sa nationalité opprimée. Qui disait
arien disait barbare et envahisseur, et à ce mot se rattachaient,
pour le provincial, tous les souvenirs douloureux de la conquête
et de la spoliation. Le sentiment religieux contribuait donc chez
lui à exaspérer le sentiment national, et à perpétuer les rancunes
du patriotisme humilié.

Cette situation, qu'on retrouvait dans tous les royaumes ariens,
était extrêmement périlleuse, et il fallait un art consommé pour
en conjurer les funestes résultats. Nul ne le comprit mieux que
Théodoric, et ne déploya plus d'impartialité et de tolérance
dans ses relations inévitables avec l'Église catholique. Le respect
dont il entoura ses immunités, la scrupuleuse réserve avec
laquelle il évita d'intervenir dans ses affaires intérieures, les
marques de sympathie et d'affection qu'il prodigua à ses
évêques, et spécialement les attentions presque filiales qu'il eut
pour le pape, tout atteste, chez ce grand homme, non seulement la modération naturelle de son caractère, mais aussi la
conscience qu'il avait du danger toujours imminent. Sans doute
il se disait qu'en ménageant le plus possible les susceptibilités
parfois maladives de ses sujets catholiques, il leur ferait oublier
qu'ils obéissaient non seulement à des étrangers, mais à des
hérétiques.

Mais, même en supposant qu'il fût resté fidèle à cette ligne
de conduite, et qu'il eût été imité par tous les autres rois ariens,
les relations entre catholiques et ariens n'auraient pas été sen-
siblement améliorées. C'étaient les principes qui étaient incon-
ciliables, c'étaient les situations qui étaient fausses. Toute la

magnanimité des vainqueurs ne pouvait empêcher que la religion arienne ne s'affichât hautaine et insolente, ni adoucir l'amertume des regrets que le peuple catholique devait éprouver à voir son culte humilié en même temps que sa nationalité. La division confessionnelle restait donc le ferment d'incessantes discordes, et l'éternel obstacle à une vraie fusion des vainqueurs et des vaincus.

Il faut ajouter à cela, pour faire apprécier toute la gravité de la situation, l'implacable fanatisme qui a toujours distingué la secte arienne, et sa passion pour l'emploi des moyens violents contre les croyances d'autrui. Dans des âmes farouches et grossières, comme l'étaient celles des barbares, ce fanatisme faisait explosion tôt ou tard par des persécutions aussi cruelles qu'impolitiques. Aucun royaume arien ne s'épargna la honte de cette guerre contre l'Église. Celui des Vandales semble avoir pris à cœur de faire revivre les plus sombres jours des trois premiers siècles. Les évêques et les prêtres déportés dans les îles et dans les déserts avec des raffinements inouïs de cruautés, les églises fermées ou converties en étables, les catholiques exclus de toutes les fonctions officielles, la torture et les supplices employés contre ceux qui avaient le courage de confesser leur foi, tels furent les principaux traits de la persécution insensée qui, inaugurée par Genséric, sévit avec un redoublement de fureur sous Hunéric et sous Thrasamond, et dura presque autant que le royaume vandale lui-même.

La guerre à l'Église catholique n'eut point partout le même caractère d'acharnement, mais elle fut partout assez violente pour aliéner aux maîtres ariens le peu qu'ils avaient de sympathie dans les cœurs. Tantôt c'était la multitude barbare qui s'alarmait des dispositions des évêques catholiques, et chassait de leurs sièges les plus vertueux et les plus éclairés ; tantôt c'étaient les rois qui prenaient l'initiative des mesures de défiance vis-à-vis du clergé orthodoxe, et qui, une fois sur cette pente, se voyaient entraînés plus loin par le fanatisme des masses qu'ils avaient déchaîné. Euric, le plus grand des monarques visigoths, fut aussi celui qui dirigea contre l'orthodoxie les attaques les plus systématiques, et Théodoric le Grand, qui souilla la fin de sa carrière par des mesures sanglantes, nourrissait, dit-on, des projets qui, s'ils ont réellement existé, prouvent à quelle situation se voyait acculé un politique si perspicace et si modéré.

De pareilles violences ne faisaient que précipiter le dénouement. C'était folie aux rois ariens de s'attaquer à l'Église catholique. Sa supériorité morale et intellectuelle ne se faisait jamais valoir mieux que dans les épreuves, dont elle sortait toujours avec une nouvelle vigueur. Si l'on voulait sauver l'avenir des royaumes barbares, ne valait-il pas mieux, puisqu'aussi bien on ne pouvait avoir raison d'elle, se réconcilier avec elle en sacrifiant l'hérésie? L'arianisme, lui, ne tenait debout que par la volonté des rois : il suffisait, pour le faire tomber, de l'abandonner à lui-même. Le souverain qui aurait voulu rompre avec lui aurait entraîné à sa suite tout son peuple, et le retour à l'unité catholique se serait effectué au milieu de la joie universelle. Alors le conflit religieux était apaisé ; Romains et barbares se fusionnaient sans effort, et les nationalités issues de cette heureuse réconciliation grandissaient d'une manière rapide au pied des mêmes autels et sous les bénédictions des mêmes pontifes.

C'était là une entreprise qui valait au moins la peine d'être tentée, et sans doute l'idée d'une telle solution se sera plus d'une fois présentée, comme un beau rêve, à l'esprit des princes éclairés. Ils savaient ce que valaient les évêques ; ils avaient reçu avec respect leurs conseils et leurs remontrances ; ils s'étaient plus d'une fois félicités de leur intervention dans les affaires publiques ; ils devinaient le souffle d'une grande inspiration dans une société qui produisait les Césaire d'Arles, les Épiphane de Pavie et les Avitus de Vienne. Parfois ils se rapprochaient du sanctuaire : indécis, charmés, ébranlés, ils posaient le pied sur le seuil ; mais ils ne le franchirent point, ou le franchirent trop tard. Lamentables perplexités, pendant lesquelles s'écoule irrévocablement l'heure du salut ! Tout l'avenir de la Gaule va dépendre de la réponse que fera Gondebaud aux propositions de saint Avitus : il refuse, et ce *non* fatidique tombe dans la balance du destin comme le poids décisif qui la fait pencher du côté des Francs. *Finis Burgundiæ!*

Quel n'aurait pas été l'avenir de l'Italie, si Théodoric avait
embrassé la foi catholique avec son peuple ! N'allait-elle pas,
trois siècles avant Charlemagne, faire l'éducation des races barbares, et créer en Occident un empire chrétien? Et la famille
des Amales n'était-elle pas appelée à jeter dans cet heureux
pays les racines d'une dynastie qui aurait régné sur le plus
beau royaume de la terre? Rêve magnifique, et dont il ne tenait

Bataille de Vouillé ; mort d'Alaric.

qu'aux rois ostrogoths de faire une réalité. Mais la foi est affaire
de conscience individuelle : elle ne se laisse pas déterminer par
des considérations politiques, et elle reste, dans les pages de
l'histoire, l'élément providentiel qui dirige les destinées des
nations en dépit des volontés et des prévisions humaines.

Un dénouement fatal était donc inévitable. Les populations
catholiques des royaumes ariens, n'ayant rien à attendre de
leurs maîtres, allèrent chercher ailleurs leur idéal politique.
Celles de l'Afrique et de l'Italie, se souvenant que l'empire était
leur patrie commune, et l'empereur leur seul souverain légitime,
aspiraient à rentrer dans l'unité impériale, surtout depuis que,

par un calcul habile, l'empereur s'était mis à la tête de la réaction catholique contre l'arianisme. Aussi Bélisaire n'eut-il qu'à
se présenter à elles pour en être accueilli à bras ouverts, et
pour voir les portes des villes s'ouvrir toutes grandes devant
ses soldats [1]. En Gaule, les sujets catholiques des Burgondes et
des Visigoths avaient mis leurs espérances dans Clovis, récemment converti à leur foi ; ils le saluaient d'avance comme un
libérateur, et ils lui firent des ovations quand il entra sur leurs
terres [2]. Le secret de ces faciles succès n'échappait à personne,
et le roi franc le connaissait mieux qu'un autre. Il y a toute
une révélation historique dans les courtes paroles qu'il adressait
à son armée, au moment de commencer son expédition contre
les Visigoths. « Il me déplaît de voir ces ariens occuper les
plus belles provinces de la Gaule. Marchons donc contre eux
avec l'aide de Dieu, et, après les avoir vaincus, mettons la terre
sous notre autorité [3]. » Le barbare ne se trompait pas. Sans
le savoir, il était l'instrument des décrets de la Providence
contre les peuples qui avaient refusé le salut.

Les royaumes ariens périrent ainsi des suites de la faute
originelle dans laquelle ils avaient été conçus. Au moment où
la catastrophe s'amoncelait au-dessus d'eux, il y en eut qui
d'instinct en comprirent la cause, et se réfugièrent précipitam-
ment sous la protection de l'Église. Mais il était trop tard. Cette
conversion *in extremis* ne sauva pas le royaume des Burgondes,
non plus qu'elle ne conjura la chute de ceux des Visigoths et
des Lombards. La maladie était déclarée, et ses ravages irrémé-
diables ne purent être enrayés. Seulement, après avoir vu périr
leurs combinaisons politiques par la faute de l'arianisme, ces
peuples devaient commencer une existence nouvelle sous les
auspices de l'Église catholique, et ressusciter un jour, dans de
meilleures conditions de vitalité, pour un avenir plein de gloire
et de grandeur.

Moins heureux, ceux qui persistèrent jusqu'au bout dans
l'hérésie arienne disparurent tout entiers sans laisser aucune

---

[1] Procop. *De Bell. vandal.* I, xx ; *De Bell. Goth.* I, v. — [2] Greg. Tur. *Hist. eccl.*
Franc. II, xxiii, xxvi, xxxv, xxxvi. — [3] *Id., ibid.*, II, xxxvii.

trace, comme s'ils avaient été balayés par un vent d'orage. Une dernière fois le monde revit cette lugubre succession des péripéties dramatiques auxquelles l'esprit des hommes de cette époque semblait s'être habitué. Les batailles décisives de Tricamara, du Vésuve, de Vouillé, Gélimer assiégé sur le rocher de Papua et se rendant avec un éclat de rire, Théodoric expirant au milieu des visions funèbres enfantées par ses remords, Totila et Téias succombant les armes à la main et couvrant de gloire le sanglant tombeau de la nation ostrogothique, le nonagénaire Cassiodore survivant au royaume qu'il avait vu naître, et se réfugiant, comme la société elle-même, à l'ombre du sanctuaire, Sigismond massacré avec ses enfants et jeté au fond d'un puits, Alaric II tombant sous le glaive de Clovis avec la moitié de son royaume, Rome changeant cinq fois de maître en seize ans et réduite en désert, les habitants de l'Italie mourant de faim et mangeant de la chair humaine, l'Afrique totalement ruinée et mûre pour l'invasion arabe, plusieurs beaux royaumes à jamais effacés de la carte de l'Europe, tel fut l'ensemble des faits qui se succédèrent avec une rapidité foudroyante pendant le milieu du vi^e siècle. Lorsque ce siècle toucha à sa fin, il ne restait plus rien des superbes conquérants qui avaient rempli ses premières années. L'empire des pirates d'Afrique, les paisibles monarchies de Bourgogne et d'Italie, la redoutable puissance des Visigoths d'Aquitaine, les royautés informes des Alains, des Suèves, des Hérules et des Gépides, tout avait disparu, et le viie siècle, en se levant, devait briller sur un monde nouveau. Les riches facultés de tant de peuples jeunes et vigoureux avaient été gaspillées au service d'une œuvre inféconde, et eux-mêmes s'étaient évanouis, pour ainsi dire, dans l'éclat fabuleux d'une aurore pleine de promesses irréalisées. En vain, dans la présomption de la jeunesse et de la force, ils avaient essayé de détourner le cours des destinées du monde : comme le Busento qui garde la dépouille de leur chef le plus redoutable, le fleuve de la civilisation devait passer sur eux et cacher leur tombeau.

IV

NAISSANCE DES SOCIÉTÉS CATHOLIQUES

Triste et lugubre apparaissait l'avenir de l'Église catholique
et de la civilisation chrétienne au moment où se fermait le
v⁰ siècle. On était au soir de cette orageuse journée qui avait
vu périr un monde. Le fracas des trônes écroulés et des peuples
précipités les uns sur les autres retentissait encore à l'oreille des
contemporains; les esprits restaient pleins des scènes d'horreur
et d'épouvante qui avaient accompagné l'agonie de la société
romaine. Aucun rayon d'espérance ne venait briller sur les
ruines, et rien ne semblait promettre un lendemain à l'humanité.
De quelque côté que l'œil se tournât, il n'apercevait à l'horizon
que de sombres nuages, et autour de lui un demi-jour sinistre
qu'on pouvait prendre pour le précurseur de la nuit éternelle.
C'était l'heure où les âmes les plus fermes et les plus fiers cou-
rages se sentaient envahis par le doute et par la lassitude. On
entendait des confesseurs et des docteurs illustres déclarer que
la fin du monde était proche, et des apôtres infatigables, qui
jetaient au milieu de l'orage les semences d'un grand avenir,
annonçaient que l'Antéchrist était déjà né [1].

La situation lamentable de l'Église catholique, sur qui seule
reposaient toutes les espérances de régénération, semblait au
premier abord justifier ces prévisions désolantes. Par quelle

---

[1] Sulpit. Sever. *Dialog.* II, xiv.

amère succession d'épreuves et de désenchantements elle avait
passé depuis le jour où, à la voix de Constantin, elle était sortie
du fond des catacombes, brillante de jeunesse et d'espérance,
pour s'asseoir sur le trône impérial à côté des maîtres du monde !
Cette alliance glorieuse s'était changée pour elle en une servitude pleine d'opprobre. Tous les jours, les despotes de Byzance
s'ingéniaient à lui forger de nouvelles chaînes, et elle ne défendait sa dignité contre leurs violences qu'à force de combats
douloureux. Dans tout l'empire d'Orient, il n'y avait pas un
endroit où sa prière pût monter vers Dieu sans subir le *visa* de
César. Encouragées et provoquées par lui, les hérésies ne ces-
saient de se multiplier et de mettre en lambeaux la majestueuse
unité dont elle était si fière. Mutilée et chargée de fers, elle
voyait les jeunes peuples barbares, soustraits à son influence
vivifiante, se détacher insensiblement d'elle et retomber dans
le paganisme, d'où ils sortaient à peine. En mettant la main sur
le cœur des nations orientales, on sentait les battements de la
vie chrétienne s'affaiblir graduellement.

Le spectacle de l'Occident n'était pas moins funèbre. Là, pour
la première fois depuis son existence, le christianisme avait
appris à reculer. Ses frontières, qui, au iv⁰ siècle, débordaient
celles de l'empire, semblaient s'être rétrécies en même temps
que lui. Le déluge de la barbarie s'était répandu sur les florissantes chrétientés du Danube et du Rhin, noyant dans ses flots
tous les vestiges de la civilisation. Saint Irénée aurait cherché
vainement, dans les solitudes désolées de la Germanie, un écho
de ces voix qui, trois siècles auparavant, lui apportaient le témoignage de la foi catholique de ses peuples [1]. La Meuse et l'Escaut étaient redevenus des fleuves païens ; la Tamise et l'Humber
n'abreuvaient plus que des populations vouées au culte des idoles.
Dans le nord de la Gaule et dans la plus grande partie de la
Bretagne, les sanctuaires chrétiens tombaient en ruines, la croix
de Jésus-Christ disparaissait sous le marteau du dieu Thor, et
les vases sacrés étaient livrés, comme un vil butin, à l'avidité
grossière des conquérants [2]. Dans le reste du monde, l'arianisme

---

[1] S. Iren. *Adv. hær.* I, L, II. — [2] *Vita S. Vedasti*, c. VI ; Greg. Tur. *Hist. eccl.
Franc.* II, XXVII ; Beda, *Hist. eccl. Angl.* I, XV.

triomphait avec insolence et avec cruauté. En Gaule, en Espagne, en Italie, en Afrique, l'Église gémissait sous le sceptre de fer de cette secte impie, qui était animée d'un esprit de prosélytisme fanatique, et qui ne connaissait d'autre moyen de persuasion que la force brutale. Au milieu de populations entièrement catholiques, les sièges épiscopaux étaient vacants ; les paroisses, veuves de leurs pasteurs, voyaient leurs églises abandonnées ; les ronces et les épines fermaient l'entrée des sanctuaires, et les troupeaux y paissaient parmi les décombres[1]. Nulle part on ne trouvait un peuple catholique qui fût libre, ou qui du moins disposât de son avenir. La Gaule centrale disputait vainement son indépendance aux barbares de l'Escaut. Les Bretons cédaient pas à pas le terrain aux envahisseurs, qui leur avaient déjà enlevé les deux tiers de leur sol natal. Quant aux Irlandais, les flots qui jusqu'alors protégeaient leur indépendance les séparaient aussi du reste de la chrétienté, et menaçaient de les isoler entièrement dans leurs préjugés nationaux. Il semblait donc que la foi catholique fût destinée à être perpétuellement une religion de vaincus, une doctrine d'esclaves. A la voir étouffée, pour ainsi dire, entre Byzance et l'arianisme, on l'eût dite condamnée à disparaître bientôt, pour livrer le monde sans remède à ces deux funestes agents de destruction.

C'est en ce moment solennel que retentit à travers l'Europe une nouvelle extraordinaire. Clovis, le roi des Francs Saliens, venait de se convertir au catholicisme, et une grande partie de son peuple était descendue avec lui dans les eaux baptismales à Reims. Arrivant à cette heure critique entre toutes, un pareil événement, si modestes que fussent ses proportions, avait tous les caractères d'une révolution historique. La main de la Providence semblait sortir des nuages, et, suspendant brusquement la marche de l'histoire, la détourner de sa direction pour la lancer dans une voie nouvelle.

C'était, en effet, une belle conquête que venait de faire l'Église romaine. Comme s'il eût été tenu en réserve pour quelque mis-

---

[1] Sidon. Apoll. *Epist.* VII, v.

sion encore ignorée, le peuple franc était resté à l'arrière-plan pendant la période des invasions, et il avait dû à cette circonstance de n'être ni corrompu par les mœurs romaines ni entamé par l'arianisme. Vierge des influences de la culture antique, il avait exterminé celle-ci dans les provinces belges qui furent son premier séjour, et, après avoir tout balayé devant lui, il venait à la rencontre de ses destinées avec l'élan et la vigueur d'une robuste enfance. Il était composé de deux groupes, dont l'un, celui des Ripuaires, s'étendait de Mayence à Cologne et du Wéser à la Meuse, tandis que l'autre, celui des Saliens, sorti des plaines basses de la Hollande et de la Campine, s'était avancé sur l'Escaut et sur la Somme, d'où s'ouvraient pour lui de nouvelles perspectives de conquête. Tournai, Cambrai, Soissons, Paris, avaient marqué les étapes de ce peuple dans sa marche victorieuse sur la Gaule. Il venait de s'emparer de celle-ci jusqu'à la Loire, et de jeter les bases d'un empire septentrional dont nul n'aurait pu alors deviner l'avenir.

Son entrée dans la famille chrétienne n'était plus qu'une question de temps. Mais tout faisait craindre qu'à l'exemple des autres peuples germaniques, il n'embrassât la religion arienne, qui était celle des vainqueurs, et qu'il ne fixât à jamais le triomphe de celle-ci en Occident. Déjà l'arianisme avait trouvé accès auprès de lui; il avait même pénétré jusque dans la famille de Clovis, et il espérait tenir dans la sœur de ce prince le gage d'une conquête plus précieuse encore. Mais Clovis trompa les espérances des uns et les craintes des autres, en courbant la tête sous la main d'un évêque catholique. Ce fut un grand jour pour l'avenir de la Gaule, de l'Église, de l'humanité entière, que celui où, vêtus de la robe blanche des néophytes, le roi des Francs et trois mille guerriers de son peuple passèrent, pour la première fois, au milieu des draperies, des fleurs et des parfums, sous les voûtes augustes de la cathédrale de Reims[1].

L'Église recueillait en ce jour le fruit des travaux de son épiscopat, qui depuis longtemps avait l'œil fixé sur la nation franque, et la disputait à l'influence arienne. Comme tous les

[1] S. Greg. Tur. *Hist. eccl. Franc.* II, xxxi.

autres barbares, les Francs étaient subjugués par la majesté de ces demi-dieux des cités gauloises, protecteurs des peuples et arbitres du Ciel. Les relations amicales entre leurs rois et les évêques remontaient jusqu'à Childéric, et la beauté de la religion catholique, dont les pompes et les bienfaits les environnaient de toutes parts, avait depuis longtemps frappé leurs imaginations et attendri leurs cœurs. A ces mobiles divers, qui pesèrent au jour décisif sur la volonté de Clovis, s'était ajoutée l'influence d'un allié que l'Église a toujours rencontré dans la conquête des peuples : une femme chrétienne. La grâce fit le reste, et un miracle acheva l'œuvre de saint Remi et de Clotilde.

Immense fut l'effet produit par la conversion des Francs. Du sein de la société catholique, un cri d'allégresse s'éleva. On n'était plus habitué, depuis les beaux jours de Théodose, à des triomphes aussi joyeux. Les rangs les plus élevés de la hiérarchie sacerdotale répondirent à la bonne nouvelle par des acclamations enthousiastes. Saint Avitus, se faisant dans cette circonstance l'organe de tout l'épiscopat gaulois, voyait déjà la cause de l'Église intimement liée à celle du néophyte couronné; il saluait dans son peuple l'épée de Dieu, et il lui traçait, au nom de la Providence, le programme de sa mission civilisatrice. L'histoire devait donner une confirmation éclatante à ces pressentiments prophétiques d'un grand esprit, qui semble avoir vu se dérouler devant lui le tableau de l'avenir, et qui l'a raconté d'avance dans un document immortel[1].

En attendant le jour où le peuple franc pourrait réaliser les espérances de l'Église, il recueillait la récompense du dévouement qu'il lui montrait. Avec le bienfait de la foi, il avait trouvé dans le baptistère de Reims la couronne de toute la Gaule. Dès qu'il y eut dans ce pays une puissance catholique, on vit se tourner vers elle les cœurs de tous les provinciaux, qui ne supportaient qu'avec impatience le joug de leurs maîtres ariens. Chez les Burgondes et chez les Visigoths, les populations catholiques saluèrent avec allégresse les progrès des Francs, dans lesquels elles voyaient déjà leurs futurs libérateurs. Leurs aspi-

---

[1] S. Avit. *Epist.* XLI.

rations religieuses et patriotiques, contenues aussi longtemps qu'elles étaient sans esppir, se faisaient jour maintenant que l'aurore de la délivrance apparaissait à l'horizon.

Il n'y avait rien que de naturel et de légitime dans l'expression parfois imprudente de ces sentiments. Les prélats catholiques les professaient eux-mêmes, et plus d'un d'entre eux, comme saint Quintien de Rodez ou saint Aprunculus de Langres, dut fuir son diocèse, parce qu'il était soupçonné d'être partisan des Francs. Mais rien ne pouvait refroidir l'enthousiasme populaire pour les libérateurs. On revit ici ce qui s'était passé en Afrique et en Italie lors de l'arrivée de Bélisaire, lorsque le sol même, pour ainsi dire, se déroba sous les pas de ses maîtres ariens. Clovis fut le Bélisaire de la Gaule; elle oublia le barbare pour ne voir que le catholique devenu, par le baptême, le compatriote des Romains.

Le rusé conquérant comprit à merveille le parti qu'il pouvait tirer de cette situation, et nous avons déjà vu qu'il sut donner à ses expéditions contre ses rivaux ariens le caractère de véritables guerres saintes. Les croisades ne durent pas exercer sur l'imagination des hommes du xie siècle un effet plus grand que ne le produisit sur les contemporains de Clovis la guerre contre les Visigoths, dont le récit se colore, sous la plume de Grégoire de Tours, des teintes poétiques de l'épopée. Poussé par l'enthousiasme des siens, et impatiemment attendu par les peuples qu'il allait conquérir, Clovis n'avait qu'à se montrer pour vaincre. D'un seul coup il enleva aux Visigoths les magnifiques provinces qui s'étendent de la Loire aux Pyrénées, et, les refoulant au delà de cette chaîne de montagnes, il leur ferma définitivement l'accès de l'Europe centrale. La guerre contre les Burgondes eut un caractère moins foudroyant; néanmoins il réduisit d'emblée ce peuple à un état de vasselage, et ne lui laissa qu'une existence précaire et humiliée, à laquelle ses fils devaient bientôt mettre fin par une conquête définitive. Puis, se retournant avec tout cet accroissement de force vers le monde germanique d'où il était sorti, il absorba les autres royautés qui se partageaient la domination sur les Francs. Les monarques saliens du Mans et de Cambrai disparurent devant lui, et les Ripuaires de

Cologne, cédant au prestige de ses victoires et de ses talents, le choisirent librement pour leur souverain. La soumission des Alamans et des Thuringiens couronna cette série de rapides conquêtes. Ces fières peuplades, récemment encore égales ou même supérieures aux Francs, ne furent plus désormais que des satellites gravitant autour de cette nation radieuse[1].

L'heureux Clovis se voyait, au bout de quelques années de combats, à la tête d'une monarchie la plus compacte et la plus puissante du monde civilisé. Elle plongeait ses racines dans les entrailles du sol germanique, d'où elle tirait les sucs nourriciers de sa vigueur guerrière, et, se déployant au large dans les plus belles contrées de l'Europe occidentale, elle atteignait par ses extrémités les Pyrénées et les Alpes, dont elle se faisait des frontières naturelles et des boulevards immuables. La cour de Byzance devina de bonne heure la signification que venait d'acquérir cette nouvelle nationalité; elle entra en relations avec elle, et, conformément aux traditions artificieuses de sa diplomatie, elle essaya d'en faire l'instrument de sa politique d'extermination auprès des autres barbares. Clovis fut accablé de flatteries et de caresses; il eut même la satisfaction de se parer en public des insignes consulaires; mais ces hochets, avec lesquels les fins politiques de Constantinople aimaient à duper la vanité des barbares, ne troublèrent pas sa froide et tranquille raison, et Byzance n'obtint rien de lui. On peut le dire sans exagération, son attitude et celle de ses successeurs vis-à-vis des rouries byzantines constituent une victoire d'un nouveau genre remportée par le peuple franc, aussi invincible sur le terrain de la diplomatie que sur celui de la guerre à main armée.

Au lieu de devenir l'instrument de l'Orient, Clovis préféra rester l'arbitre de l'Occident. Théodoric le Grand dut voir avec douleur se dresser en face de lui une puissance sur laquelle il n'avait pas de prise, qui, sans crainte de ses menaces, déclarait hardiment la guerre à ses amis d'Espagne, et qui venait, jusque sous ses yeux, enlever les plus belles parties de l'héritage de son petit-fils. Certes, sous le rapport du talent et du caractère,

----

[1] S. Greg. Tur. *Hist. eccl. Franc.* II, XXVII-XLIII.

Ed. GARNIER del.   D-F. LAUGÉE pinx.   PANNEMAKER. sc.

Baptême de Clovis.
(Fresque de M. Laugée à l'église Sainte-Clotilde, à Paris.)

18

Théodoric soutient la comparaison avec Clovis, et l'on pourrait s'étonner, à première vue, de l'éclatant contraste entre les destinées des deux peuples fondés par deux génies si différents. Mais quels que fussent les vices barbares qui, chez le converti de Reims, avaient survécu au baptême, il avait sur son généreux rival l'incontestable avantage d'avoir deviné ou du moins pressenti l'avenir, et de s'être rallié sans réserve à la cause qui le portait dans ses flancs. L'Église catholique, dont il était le champion, communiquait à toutes ses œuvres une partie de sa force et de sa durée, et groupait autour de lui les éléments de succès que les monarques ariens laissaient échapper de leurs mains. Tel était le prix magnifique dont elle payait la fidélité du peuple franc. En prosternant devant ses pas tous ses ennemis, elle faisait de lui le peuple impérial appelé à recueillir l'héritage de Rome, et à présider, de concert avec elle, aux destinées de la civilisation européenne.

Un siècle ne s'était pas encore écoulé depuis la conversion des Francs, que l'Europe applaudissait à l'entrée d'un nouveau peuple dans la famille catholique. L'histoire de la conversion des Anglo-Saxons forme, dans les annales sanglantes du vi⁰ siècle, une de ces ravissantes idylles que le génie de l'Église semble avoir semées dans l'uniforme tragédie des destinées humaines pour y laisser pénétrer un rayon de joie céleste. La barbarie des Anglo-Saxons n'était pas moins farouche que celle de tous leurs congénères, et les circonstances dans lesquelles ils s'étaient établis en Bretagne n'avait fait qu'exagérer les traits de leur caractère national. Habitués depuis longtemps à ravager ce pays, ils avaient profité des troubles qui suivirent le départ des Romains pour s'en rendre maîtres.

On sait déjà ce que fut cette conquête, qui ne laissa rien survivre de la civilisation romaine : ni le culte, ni la langue, ni les institutions, ni les mœurs. La barbarie des bords de l'Elbe fut transplantée tout entière sur le sol de la Bretagne. Partout où s'établissaient les envahisseurs, la population indigène fut exterminée, et ses rares débris réduits à la plus dure servitude[1].

---

[1] Dans les codes anglo-saxons, le nom de Breton (*Wealh*) est employé pour désigner l'esclave.

C'est ainsi que la Bretagne se voyait graduellement effacée de la carte du monde civilisé. Huit royaumes germaniques s'élevèrent sur les ruines de la vie romaine, marquant, par les dates successives que l'histoire ou la légende assigne à leur fondation, les étapes de la conquête. Après celui des Jutes dans le pays de Kent, les Saxons fondèrent ceux de Sussex, de Wessex et d'Essex, dans les provinces méridionales de l'île ; un peu plus tard surgirent, dans le nord, le royaume des Angles, celui d'Estanglie, ceux de Bernicie et de Déirie, et enfin celui de Mercie.

Cependant les populations celtiques résistaient avec l'énergie du désespoir. Trop divisées pour écraser l'ennemi commun, elles avaient assez de courage et de patriotisme pour lui vendre chèrement la victoire. Plus d'un siècle après Hengist et Horsa, les conquérants disputaient encore pied à pied le centre de la Bretagne à ses premiers habitants. Mais la lutte n'était pas égale. Malgré quelques victoires partielles, qui ne faisaient qu'arrêter les progrès de l'invasion, les Bretons continuaient de reculer devant leurs ennemis. Et le terrain qu'ils perdaient était perdu sans retour. Pénétrant jusqu'au vif de la vieille souche celtique, la hache des Saxons la partageait en deux tronçons qui ne devaient plus être réunis. Une partie des vaincus, désespérant de l'avenir de la patrie, fuyait au delà de la mer, et s'établissait avec ses traditions et ses mœurs dans les landes et sur les rivages de l'Armorique. Le reste de la nation, refoulée de jour en jour par l'irrésistible progrès de la conquête, finissait par trouver un abri dans les presqu'îles occidentales de la Bretagne, où les montagnes galloises conservent encore aujourd'hui le type et la langue des anciens Bretons[1]. Ils y avaient emporté, avec leurs irréconciliables rancunes contre les Saxons, les plus fabuleuses espérances de revanche nationale. Le nom d'Arthur, un de leurs rois, semble avoir, dès le lendemain de sa mort, fourni un centre de ralliement aux imaginations fiévreuses de cette race infortunée, qui se consolait des souffrances du présent par les magiques visions d'avenir dont la berçaient ses devins

---

[1] Gildas, *De Excid. Brit.* I, ii et xxv ; Einhard, *Annal.*, ann. 786.

et ses bardes. En attendant, coupée du reste du monde chrétien, et troublée par l'acharnement d'une lutte furieuse, elle perdait peu à peu son empire sur elle-même, et rentrait à pas lents dans la barbarie native. Dans ses sauvages retraites, où elle ne pensait qu'à défendre sa nationalité, elle laissa tarir les sources de la culture romaine et pâlir l'éclat du flambeau de l'Évangile. La haine des Saxons était devenue l'unique passion des Celtes de la Bretagne. Elle étouffa chez eux la voix de la charité chrétienne, qui leur montrait des frères jusque dans leurs ennemis. Égarés par les suggestions du patriotisme ulcéré, ils refusèrent de communiquer à leurs vainqueurs la doctrine du salut. Pas un missionnaire ne sortit de leurs rangs pour aller, la croix en main, tenter la réconciliation des deux races au nom de la fraternité universelle. Pas un évêque breton n'essaya de jouer, auprès des rois fils de Wodan, ce rôle d'éducateur dont saint Remi s'était acquitté d'une manière si glorieuse auprès des Francs. Ils ne comprirent pas qu'en soumettant à la loi de l'Évangile des hommes qu'ils étaient impuissants à dompter par les armes, ils leur arrachaient cet aiguillon de barbarie qui faisait tant de mal à leur propre peuple ; ils ne surent pas deviner que des Anglo-Saxons devenus chrétiens seraient pour la race bretonne des voisins supportables, et peut-être même des amis. Au surplus, cette situation n'était pas moins funeste pour les vainqueurs que pour les vaincus. Les royaumes anglo-saxons étaient aussi désunis entre eux que l'avaient été les Bretons. Ils se livraient de sanglants combats pour s'enlever l'un à l'autre l'hégémonie, et les marchés d'esclaves du continent se peuplaient des tristes victimes de leurs dissensions. En un mot, la nuit de la barbarie allait s'épaississant sur cette grande île de Bretagne, qui semblait à jamais perdue pour la civilisation.

Ici se place un de ces épisodes en apparence insignifiants, mais dont les résultats sont bien faits pour confondre les calculs et les prévisions de l'esprit humain. Il y avait, à la fin du vi[e] siècle, dans un couvent de Rome, un moine qui s'était enfermé dès sa jeunesse dans une retraite dont son nom ne franchissait pas l'enceinte, et où les bruits du monde ne parvenaient pas jusqu'à lui. Ce moine, passant un jour sur le marché

aux esclaves de la Ville éternelle, fut frappé par la vue de
quelques jeunes captifs, dont les cheveux blonds et les yeux
bleus attestaient une origine septentrionale. Il s'intéressa à ces
pauvres enfants du Nord; il s'informa de leur patrie, et on lui
apprit que c'étaient des Angles. « Il faut qu'ils deviennent des
anges, » répondit-il avec un pieux enthousiasme. C'est cette
parole d'un moine romain qui a appelé à l'existence la civilisation anglaise; l'histoire n'en a pas entendu beaucoup d'aussi
généreuses et d'aussi fécondes. Dès ce jour, Grégoire conçut le
projet de se vouer au salut de la race anglo-saxonne. Mais que
pouvait, pour une pareille entreprise, un pauvre ascète qui ne
disposait pas même de sa propre volonté? Une volonté supérieure dénoua tout. Un jour, le moine se vit élever sur le trône
papal, et alors le rêve si longtemps nourri put devenir une
réalité. Sur ses ordres, un religieux de son couvent, Augustin,
à la tête de quarante missionnaires appartenant comme lui à la
famille de saint Benoît, se mit en route pour aller refaire, sans
armes et au nom d'une Rome nouvelle, la conquête de l'île qui
avait été la première perte pleurée par l'empire[1].

On peut s'imaginer l'angoisse que dut éprouver l'humble
caravane sortie en 596 de la riante oasis monastique du mont
Cœlius, lorsqu'elle dit adieu au beau ciel de Rome et aux
grands souvenirs de l'antiquité, pour aller s'enfoncer dans les
brumes du septentrion, parmi des peuplades féroces dont elle
ignorait la langue, et qui versaient le sang chrétien sur l'autel
de leurs dieux. Le cœur manqua plus d'une fois aux missionnaires: il fallut que le pape intervînt, les encourageât, les ramenât
à l'assaut comme des soldats novices, leur aplanît les obstacles
du chemin en les recommandant aux rois et aux évêques des
pays où ils passaient, jusqu'à ce qu'enfin, en l'année 597, ils
abordèrent sur les plages de Kent, à l'endroit même où, un
siècle et demi avant eux, avaient débarqué, selon la légende, les
conquérants farouches dont ils allaient entreprendre la conquête[2].

Cette fois encore, une épouse chrétienne avait préparé les
voies à l'Évangile dans le cœur du roi Éthelbert: il fut le pre-

<hr>

[1] Beda, *Hist. eccl. Angl.* I, XXIII-XXV. — [2] S. Greg. Magn. *Epist.* VI, LI-LIV,
LVII-LIX.

mier néophyte de l'Église et devint son auxiliaire dans la conversion de son peuple. L'absence d'unité politique chez les Anglo-Saxons était pour les missionnaires un obstacle que n'avait pas rencontré l'évangélisation des Francs : il fallut gagner successivement chacun des huit royaumes. Mais la race grave et méditative des Anglo-Saxons était douée d'un sens religieux qui la prédisposait à recevoir la doctrine chrétienne. Au lieu de l'accueillir avec les brutales explosions du fanatisme païen, elle examina mûrement, solennellement, dans des réunions publiques, ce qu'il convenait de répondre aux envoyés du pape. C'est un grand spectacle que celui de ces assemblées réunies autour du berceau de la nation anglaise pour délibérer sur le culte de Dieu et sur les choses de l'éternité.

Toute la beauté de ce noble voyage de l'âme d'un peuple à la recherche de la vérité se résume dans l'histoire d'Edwin, roi de Northumbrie, ce mélancolique Hamlet barbare guéri par l'Évangile. Un esprit naturellement porté vers le bien et le vrai, une femme chrétienne, une vie semée d'épreuves qui lui avaient appris à chercher plus haut que ce monde la satisfaction de ses meilleurs instincts, tout se réunissait pour amener jusqu'au seuil de l'Église ce cœur en butte aux orages ; mais sa volonté se troublait et demeurait indécise au moment de faire le dernier pas. Et puis, il était le chef d'un peuple dont les destinées religieuses étaient liées à celles de son roi, et il ne savait de quelle manière ses guerriers accueilleraient la doctrine nouvelle. Il finit cependant à soumettre à son conseil les doutes qui le tourmentaient, et alors s'ouvrit, dans cet aréopage du Northumberland, la délibération célèbre dont Beda nous a retracé les péripéties. Le peuple northumbrien embrassera-t-il le christianisme ou restera-t-il dans l'idolâtrie ? Telle fut la question que les sages de la nation, réunis sous la présidence de leur roi, eurent à résoudre dans la séance la plus solennelle que jamais un *witenagemot* anglo-saxon ait tenue sur le sol de l'Angleterre. Scène auguste et sublime, où pendant quelques heures les destinées d'un grand peuple et peut-être l'avenir du christianisme dans le monde entier furent tenus en suspens et décidés par un poignée de barbares ! Elles appartiennent à jamais à l'his-

toire de la civilisation, les paroles du vieillard qui porta le
dernier coup aux irrésolutions du souverain :

« Voici, ô roi, comment je me figure la vie de l'homme ici-
bas, en comparaison de l'éternité, qui est pour nous un mystère.
Quand, en hiver, tu es assis au banquet avec tes chefs et tes
serviteurs, le feu brûle au milieu de la salle, et une douce
chaleur y règne, pendant qu'au dehors les tourbillons de pluie
ou de neige font rage. Alors parfois on voit un passereau tra-
verser d'un vol rapide toute la salle, entrant par une porte et
disparaissant par l'autre. Pendant ce court trajet, il est à l'abri
des fureurs de la tempête ; mais cet instant de sérénité n'a que la
durée d'un éclair, et bientôt, échappant à tes yeux, de l'hiver
il rentre dans l'hiver. Telle est la vie humaine : elle brille un
instant, et nous ignorons ce qui l'a précédée et ce qui la suivra.
Si donc la doctrine nouvelle nous apporte un peu plus de cer-
titude, elle mérite que nous l'embrassions[1]. »

Ces paroles ouvrent dignement les fastes de l'éloquence parle-
mentaire anglaise, et l'on comprend la rapidité des progrès du
chistianisme chez des hommes qui étaient capables de pareils
accents. Il ne fallut guère que quatre-vingt-dix ans à l'Évangile
pour conquérir les huit peuplades. L'Essex se convertit peu
après le Kent, le Wessex dès 634, l'Estanglie vers la même
époque. La Mercie se rendit en 656. Les derniers païens furent
ceux du royaume de Sussex, que la vaste forêt d'Anderida
séparait du reste de l'Angleterre, et ceux de l'île de Wight ;
mais, en 688, le roi Éthelwald reçut le baptême, et dès lors
toutes les nations anglo-saxonnes se trouvèrent unies sous l'autorité de l'Église. Une courte réaction païenne éclata dans
chaque royaume au lendemain de sa conversion, mais il ne faut
voir dans ces violences passagères que la dernière convulsion
du paganisme agonisant. Le seul danger sérieux que courut
jamais le christianisme anglo-saxon lui vint de la Mercie, ce
puissant royaume de l'Angleterre centrale où Penda, le tueur
de rois, s'était fait le vengeur du paganisme. Mais la mort de
ce terrible guerrier mit fin à la crise, et le travail de l'apostolat
put s'accomplir en paix sous les auspices de ses successeurs.

[1] Beda, *Hist. eccl. Angl.* II, xiii.

Des montagnes de l'Écosse, les prêtres scots, plus généreux
que les Bretons, vinrent s'associer aux fatigues des missionnaires étrangers, et prendre une large part à l'établissement de
la foi en Northumbrie. Fertilisé par tant d'ouvriers à la fois,
qu'encourageait la protection des princes et la sympathie des

Saint-Gall, vue actuelle.

peuples, le sol de l'antique Bretagne vit revivre des chrétientés
plus florissantes qu'au temps de la domination romaine. Un
profond sentiment religieux animait ces jeunes églises septentrionales. Ce qui les distinguait, c'était un ardent amour pour
le siège romain. Elles fondaient des colonies saxonnes dans la
Ville éternelle ; elles y portaient tous les ans le tribut de leur
reconnaissance, et leurs enfants les plus illustres allaient mourir
sous le froc monastique auprès du tombeau de saint Pierre.

L'Angleterre chrétienne, à peine éclose à l'Évangile, devançait les autres nations ses aînées, et le viie siècle ne touchait pas encore à sa fin, qu'elle pouvait déjà envoyer ses apôtres au delà des mers, pour rendre au continent le bienfait de la foi qu'elle en avait reçu.

Entre la conversion du peuple franc et celle des nations anglo-saxonnes s'était placée une longue série de triomphes pour l'Église catholique. A la civilisation franque fondée par les évêques, au christianisme britannique appelé à l'existence par la papauté, venaient s'ajouter d'année en année les chrétientés que tirait du néant le zèle des missionnaires irlandais, ces volontaires intrépides et enthousiastes de l'armée du Christ. L'Irlande prenait, dans les fastes du vi^e siècle, une place unique, qu'aucune autre nation ne pouvait lui disputer, et qui seule ferait sa grandeur devant l'histoire. Civilisée de bonne heure par un apôtre dont le nom résume ses plus chers souvenirs, et protégée contre les cataclysmes du continent par deux mers, elle était à cette époque le paradis perdu de la vie chrétienne. Dans ses immenses monastères, dont quelques-uns, comme ceux de Bangor et de Clonard, avaient une population de trois mille moines, il régnait alors une activité intellectuelle qu'on ne trouvait plus sur le continent. Elle avait reçu des mains de l'Église, avec le bienfait de la foi, le trésor des lettres antiques : elle féconda ce legs par le zèle studieux et l'ardeur qu'elle mit à l'exploiter. De la Bretagne, et peut-être de plus loin encore, on y venait copier ses livres et étudier sous ses maîtres[1]. Mais l'Irlande ne s'endormit pas dans son bonheur. Elle voulut être, elle devint le séminaire des missions européennes, à une époque où le christianisme naissait à peine chez les peuples germaniques, et avait besoin d'auxiliaires pour l'aider à faire ses conquêtes. Ce fut elle qui les lui fournit. Tous les ans il sortait de l'île sacrée des essaims qui portaient au loin le miel de la parole évangélique. Sur les flots de la mer d'Irlande, comme s'ils obéissaient à l'action mystérieuse d'un double courant, ils se partageaient en deux groupes que l'esprit de Dieu portait

[1] Beda, *Hist. eccl. Angl.* III, xxvii; V, ix et x.

dans deux directions opposées, vers le nord et vers le sud.
L'historien peut suivre l'itinéraire de ces légions apostoliques
au sillon lumineux qu'a laissé leur passage parmi les nations.
Du côté du nord, le rayon parti de l'Irlande allait frapper les
côtes brumeuses de la Calédonie et de ses îles, et faisait briller
le plein jour de la civilisation sur les vieux peuples celtiques
engourdis dans le froid de la barbarie. Du côté du sud, il
pénétrait à travers le crépuscule de la civilisation franque, ral-
lumait la foi languissante de la Belgique et de la Bourgogne,
dissipait les ténèbres religieuses de la Suisse et de l'Allémanie,
et, comme s'il eût voulu retourner à la source de la lumière,
allait jeter un dernier éclat au delà des Apennins jusqu'au cœur
de l'Italie.

Deux hommes apparaissent à la tête des phalanges apostoliques de l'île des saints. Tous deux jeunes, instruits et de race
distinguée, ils renoncent à la patrie pour se vouer au salut des
âmes ; tous deux ascètes sévères et observateurs rigoureux de
la discipline monastique, mais amants passionnés de la poésie,
ils charment par la suavité de leurs vers les austères travaux de
l'apostolat ; tous deux, ouvriers infatigables de l'Évangile, ils
ne cessent d'édifier et d'instruire, et laissent la civilisation là où
ils ont trouvé la barbarie. Telle a été la ressemblance de ces
deux illustres représentants de la race celtique, que l'histoire
les confond souvent l'un avec l'autre, et qu'elle ne sait même
pas distinguer leurs noms.

Colomban l'aîné, qui fut l'apôtre du Nord, est le créateur de
la civilisation écossaise. Pendant les trente-quatre années que
nous le voyons naviguer sur les flots de la mer et sur les lacs
de la Calédonie, il ne cessa de travailler à cette grande œuvre.
Il y trouvait un royaume de Scots à moitié chrétiens : il acheva
leur conversion, donna l'onction royale à leur souverain, et,
par son intervention, l'affranchit de la dépendance de la mère-
patrie, l'Irlande. Le royaume des Pictes était encore entièrement païen et tout à fait barbare : il baptisa son roi, convertit
la nation, la couvrit d'églises, triompha de la résistance de ses
druides, et l'introduisit enfin dans l'Église catholique. Le célèbre
monastère d'Iona, fondé par lui au milieu des orageuses soli-

tudes de l'Atlantique, devint la métropole religieuse de l'Écosse. Lui-même, comme un patriarche des anciens jours, et sans avoir dans la hiérarchie d'autre grade que celui de simple prêtre, exerçait sur tout ce pays une autorité exceptionnelle, dont il transmit le fardeau à ses successeurs. Quand ce grand homme mourut (597), une noble nation était née, et la famille des peuples catholiques comptait un membre de plus.

Colomban l'aîné avait été l'apôtre des flots : Colomban le jeune fut celui des forêts. C'est dans les âpres profondeurs de la vieille Europe qu'il porta le flambeau de l'apôtre et la hache du défricheur ; c'est là que cet infatigable pèlerin s'avance à travers les ruines de la culture antique et les déserts de la barbarie primitive, cherchant en vain une solitude qui le fuit. Luxeuil en Bourgogne, Saint-Gall en Suisse, Bobbio en Italie, qui sont les trois principales étapes de son voyage à travers le continent, marquent autant de créations fécondes et durables du génie civilisateur. S'il fut, comme saint Martin, un rude briseur d'idoles, il fut aussi un puissant bâtisseur, et, sur la fin de sa carrière, on le voit apporter lui-même, de ses mains débiles, les pierres qui doivent servir à la construction de son monastère de Bobbio. Il meurt dans une grotte aux flancs des rochers de la Trebbia ; mais, durant tout le cours de sa carrière mortelle, il n'a cessé d'être mêlé aux orages du monde, et nulle voix n'a retenti avec des accents plus irrités que la sienne sur la tête des rois prévaricateurs.

Pendant le même siècle, l'Église avait vu l'étoile de l'arianisme pâlir et s'éteindre entièrement. Parmi les peuples qui le professaient, les uns, qui s'étaient faits ses défenseurs obstinés, avaient été exterminés avec lui ; les autres, comme avertis par un trop sûr instinct, s'étaient réfugiés dans les bras de l'Église, pour se dérober à la solidarité de l'hérésie homicide. On a déjà vu comment, sur le point de périr sous les coups de leurs voisins, les Burgondes de Gaule et, quelque temps après eux, les Suèves d'Espagne avaient honoré leur agonie par un retour sincère à la foi de leurs ancêtres. En 587, ce fut le tour du grand royaume des Visigoths de venir faire amende honorable aux pieds du Verbe coéternel. Ce peuple, établi au milieu des populations orthodoxes, avait succombé plusieurs fois à cette fièvre persécutrice qui fut le trait caractéristique de la secte arienne, et une recrudescence de fanatisme venait de souiller le règne d'ailleurs si remarquable de Leovigild. Une dernière fois, il fut donné à l'hérésie expirante d'assouvir sa fureur sur les évêques et sur les prêtres. Les églises furent dépouillées, les sièges épiscopaux laissés vacants, la hiérarchie menacée d'une extinction graduelle, qui aurait eu pour conséquence la disparition de la religion elle-même. Pour hâter ce résultat, les évêques ariens n'avaient pas honte, dans des réunions patronnées par la royauté, de déguiser sous toutes formes de réticences et d'équivoques les différences doctrinales qui séparaient l'arianisme de la foi catholique, afin d'attirer à l'apostasie par la ruse ceux qu'on n'y pouvait pousser par la persécution. C'est ainsi qu'ils se flattaient de parvenir à réaliser, parmi les Visigoths, cette unité religieuse qui était la condition indispensable de l'unité nationale.

Mais leurs espérances furent déçues par les événements. L'Église catholique d'Espagne, riche en vertus et en talents, ayant à sa tête des prélats comme saint Léandre de Séville, défiait tous les assauts de l'hérésie. Bientôt le persécuteur la vit entrer victorieuse dans sa propre maison, pour lui enlever son fils et son héritier, Herménégild. La mort fut pour le jeune prince le prix de son courage, car il tomba martyr de sa foi plutôt que victime de sa rébellion. Mais on peut dire qu'il baptisa dans son sang le peuple visigoth, puisque, l'année suivante, son frère Reccarède, en montant sur le trône, proclamait solennellement la religion catholique, et la faisait reconnaître par ses sujets. A part quelques révoltes impuissantes où des ambitions privées se servirent du masque de la religion, cet abandon du culte national se fit sans résistance et sans protestation. L'arianisme succomba sous le mépris et l'indifférence de ses propres adhérents aussitôt qu'il cessa d'être soutenu par le bras de l'État. Ici comme ailleurs, l'Église fut douce aux vaincus. Aucune rigueur ne souilla son triomphe, et la secte d'Arius, qui avait fait tant de martyrs, n'en compta pas un dans son sein.

La rentrée des Lombards dans l'unité catholique eut lieu vers le même temps. Les rois Autharit et Agilulf, en abandonnant publiquement l'arianisme pour la foi orthodoxe, donnèrent le coup de mort à l'hérésie et complétèrent la série des triomphes de l'Église. Partout l'arianisme expirait à la fois, après avoir inoculé aux nations qui s'étaient livrées à lui un virus dont elles devaient périr. Il ne fut pas possible aux Visigoths de se débarrasser de l'énergie énervante qu'entraînait leur détestable loi de succession au trône, ni aux Lombards de se réconcilier sincèrement avec les chefs suprêmes de l'Église, toujours menacés par leurs farouches ambitions. Conçus dans le péché originel de l'arianisme, ces deux royaumes, si l'on peut employer cette expression vulgaire, n'étaient pas nés viables. Ils étaient, au milieu de l'Europe catholique, un véritable anachronisme, et ils ne se traînèrent que jusqu'au viii⁰ siècle, qui les vit sombrer l'un et l'autre à la suite d'une seule bataille. Mais après l'écroulement de leurs édifices politiques, le principe civilisateur auquel ils s'étaient ralliés releva parmi eux les ruines faites par l'hérésie, et reconstitua leur existence nationale sur un plan entièrement catholique. Les nationalités des Lombards et des Visigoths ne périrent pas : elles ressuscitèrent dans les florissantes républiques de l'Italie septentrionale, et dans les nobles monarchies de la péninsule ibérique. L'Église, après les avoir régénérées, les a fait participer à son immortalité.

Ces grandes journées, qui virent des peuples entiers, vêtus de la robe blanche des catéchumènes, se courber sous la houlette des prélats catholiques, furent suivies d'autres journées également consolantes. Comme si tout était uni pour favoriser le rétablissement de l'unité religieuse en Europe, les Bretons et les Irlandais, qui refusaient de se soumettre à la discipline reçue dans toute l'Église, pour rester obstinément attachés à certaines traditions nationales, finirent par écouter de meilleures inspirations, et sacrifièrent leurs vieilles coutumes à la charité chrétienne. Leurs dissidences n'avaient jamais porté sur des questions dogmatiques, ni même sur les points essentiels de la liturgie et de la discipline. Les plus graves roulaient sur la date de la fête de Pâques, sur la forme de la tonsure ecclésiastique, et sur les cérémonies accessoires du baptême. Leur total isolement du monde chrétien, causé par le manque de communications entre eux et le continent pendant la période des invasions, expliquait d'ailleurs ces divergences. Ils étaient restés immobiles pendant que l'Église marchait. Les institutions catholiques s'étaient atrophiées chez eux, alors qu'elles continuaient dans le reste de la chrétienté le cours de leur riche développement. Mais la fidélité opiniâtre des Celtes à leurs usages surannés atteste encore la pureté de leur foi, puisque ces usages mêmes étaient d'origine catholique. Ce qui était plus fâcheux, c'est qu'à force d'identifier la cause de leur religion avec celle de leur patrie, ils avaient fini par rendre celle-là responsable des erreurs de leur patriotisme, et par oublier la grande famille catholique pour la petite famille bretonne ou irlandaise. Là était le danger qui menaçait leur vie religieuse. Si leur isolement eût continué, on aurait vu se produire, à l'extrémité septentrionale du monde chrétien, le même phénomène de momification dont l'Abyssinie donnait le spectacle à son extrémité méridionale. Le christianisme irlandais, détaché du centre vivifiant de l'Église, se serait desséché et aurait fini par devenir méconnaissable.

Heureusement, les missionnaires romains qui vinrent convertir les Anglo-Saxons rétablirent aussi les relations du monde civilisé avec la race celtique, et ravivèrent chez celle-ci cet esprit de charité universelle qui ne connaît aucune distinction de frontières ni de races. Les Bretons hésitèrent longtemps ; ils laissèrent même sans réponse les pressants appels de saint Augustin, qui les suppliait de déposer leur amour-propre national pour adopter les rites de l'Église entière, et de travailler généreusement avec lui à la conversion des Anglo-Saxons. « Si vous refusez de vivre en paix avec vos frères, leur disait-il, vous aurez à soutenir la guerre contre vos ennemis, et si vous ne voulez pas enseigner le chemin de la vie aux Saxons, leurs glaives vous infligeront le châtiment de la mort. » Les événements, qui se chargèrent bientôt de réaliser les prophétiques menaces du vénérable vieillard, ouvrirent enfin les yeux aux Bretons[1]. Peu à peu le respect pour l'autorité de saint Pierre et le sentiment de la fraternité chrétienne l'emportèrent sur les

[1] Beda, *Hist. eccl. Angl.* II, ii.

préjugés nationaux, et successivement tous les groupes celtiques se conformèrent à la discipline romaine. Les Irlandais du sud se rendirent en 633, ceux du nord en 716. Désormais il n'y avait plus de dissidences, et l'unité grandiose de l'Église trouva son expression dans l'uniformité avec laquelle, à partir de cette époque, tout le monde catholique célébra la fête de la Résurrection.

Cet essor gigantesque de l'Église au vi^e siècle, cette double série de triomphes qu'elle remporte d'un côté sur le paganisme, de l'autre sur l'hérésie, sont un des phénomènes les plus saisissants de l'histoire. En moins d'un siècle, la scène du monde a été renouvelée. Ce sont de nouveaux acteurs qui la remplissent maintenant, et c'est un autre drame qu'ils jouent. Une inspiration unique et supérieure prend possession du théâtre de la vie. Toutes les forces qui pourraient faire obstacle à l'action de l'Église disparaissent. Elle reste seule debout sur les ruines de la barbarie et de la civilisation, libre pour la première fois de façonner d'après son idéal à elle les nations qui reconnaissent son autorité. C'est alors qu'elle jette les bases du pouvoir qu'elle exercera pendant tout le moyen âge sur la société européenne. Les peuples qu'elle convertit à l'Évangile n'ont pas encore d'institutions au moment où elle les accueille dans son sein, ou n'en possèdent que de très imparfaites. C'est à elle qu'ils en viendront demander le modèle, et c'est elle qu'ils chargeront de les organiser. Et pour qu'elle puisse remplir cette mission, ils l'installeront dans leurs tribunaux, ils l'appelleront dans leurs conseils, ils lui réserveront une place jusque sur leurs trônes. Chargée par leur confiance d'une mission qui n'est pas proprement la sienne, elle la remplira cependant comme par surcroît, et elle occupera pendant des siècles, dans la société temporelle, la position prépondérante qu'elle doit à ses services. Voilà ce qui donne à la conversion des peuples du vi^e siècle sa grande signification historique. C'est plus qu'un fait d'ordre religieux, c'est l'avènement d'un régime nouveau, c'est le commencement d'une civilisation nouvelle. L'ère du vieux monde se ferme d'une manière définitive, et il semble qu'on entende tourner lentement sur leurs gonds les portes qui ouvrent le temple de l'histoire moderne.

D'où venait cet ascendant victorieux que l'Église, à partir d'un moment donné, conquit sur la société humaine, et comment expliquer la promptitude presque foudroyante du changement que nous venons de constater? Par une espèce d'*harmonie préétablie,* dont les lois mystérieuses attiraient les barbares vers l'Église en même temps qu'elles poussaient l'Église vers les barbares. Quels que fussent les obstacles qui entravaient ce double courant, ils devaient finir par céder à son irrésistible impétuosité. Il suffit d'ouvrir les yeux pour voir avec quelle force les barbares, souvent à leur insu, étaient entraînés, par les meilleures tendances de leur nature, dans le sein de l'Église catholique. Ce qu'on remarque chez tous ces peuples à la veille de leur conversion, c'est une immense lassitude et un découragement profond de la pensée religieuse. Qu'ils fussent païens ou ariens, ils étaient également fatigués du culte sanguinaire des idoles et du culte glacial d'un Verbe mutilé. Chez les premiers, le contact presque quotidien avec la doctrine chrétienne avait assez développé la réflexion pour ébranler la croyance à leurs dieux, et le seul travail intérieur de la conscience devait déterminer, à un moment donné, l'évolution religieuse. Le Dieu des chrétiens les frappait de terreur et de respect; ils voyaient jusqu'à quel point il dépassait en bonté, en sagesse, en amour, les divinités grossières et cruelles qu'ils avaient adorées jusquelà. C'était d'ailleurs le Dieu de Constantin et de Théodose, c'était le Dieu de Bélisaire et de Clovis, et une race guerrière ne pouvait pas longtemps resfuser ses hommages à l'arbitre souverain des victoires.

Chez les barbares ariens, le désarroi et l'incertitude étaient tout aussi grands. Les prédilections doctrinales n'avaient eu rien à voir dans le choix qu'ils avaient fait de l'arianisme, et ils n'entendaient rien aux interminables discussions que les sophistes de leur secte élevaient à chaque instant au sujet du Verbe. L'attachement à l'hérésie avait été pour eux, dans l'origine, affaire de fierté nationale; mais une expérience cruelle avait fini par les désabuser, et ils ne pouvaient plus fermer les yeux aux funestes résultats de la dissidence religieuse entre eux et les Romains.

Enfin, idolâtres et hérétiques, tous étaient tourmentés d'un même besoin de lumière, et sentaient profondément la misère de leur condition. Les douloureuses incertitudes d'un Gondebaud ou d'un Edwin ne sont pas des faits isolés dans la vie religieuse des hommes de cette époque, et certes, s'il était possible de percer le demi-jour crépusculaire qui la couvre, on verrait sur plus d'un front la trace des mêmes doutes et des mêmes tristesses. Le naturel des barbares était trop simple et trop vrai pour ne pas se sentir pressé d'échapper à cette angoisse cruelle, et de se réfugier au sein d'une doctrine qui rassurât leurs esprits en même temps qu'elle consolerait leurs cœurs. Quoi d'étonnant dès lors qu'ils se soient tournés vers la seule religion qui leur offrît à la fois le repos et l'amour? Il ne leur fut pas difficile de retrouver au fond de leurs consciences ce Dieu que leur prêchait l'Église catholique, et ils sacrifièrent sans regret Arius ou Wodan au Dieu de la croix. La supériorité naturelle de l'Église catholique fit le reste.

Mais l'Église n'aurait ni gagné ni conservé tant d'âmes, si elle s'était bornée à les laisser venir à elle, et si elle n'avait couru à leur rencontre sur tous les chemins de la vie. Il faut, dans l'histoire de ses étonnants succès au vi° siècle, faire une large part à l'irrésistible propagande de la charité chrétienne, dont l'action souveraine domptait toutes les résistances et entraînait toutes les volontés. Le zèle pour le salut des âmes était comme une flamme qui, brûlant au cœur de cette société, la dilatait et lui donnait une force d'expansion merveilleuse. Impatiente de communiquer au reste du genre humain les trésors de justice et de vérité qui lui avaient été confiés, elle les semait sur le monde avec une générosité sans bornes. Les vieilles religions, assises comme des dieux Termes parmi les ruines de leurs sanctuaires nationaux, assistaient avec stupeur à l'invasion victorieuse de cette étrangère, qui semblait avoir hérité de toute l'ambition de Rome, et qui remportait plus de triomphes avec ses missionnaires que la Ville éternelle avec ses armées.

En effet, bien que les missions fussent comme une condition d'existence pour une religion dont le fondateur avait dit : « Allez, et enseignez tous les peuples de la terre, » elles prirent cependant un essor plus considérable à partir de cette époque. L'Occident fut sillonné dans tous les sens par les apôtres qui portaient au loin la bonne nouvelle. Ceux qui viennent des contrées glacées du Nord se croisent avec ceux qui ont abandonné les doux climats du Midi. Les missionnaires romains pénètrent jusque dans les forêts de la Bretagne, ceux de l'Aquitaine évangélisent les barbares de l'Escaut et de la Meuse, ceux de l'Irlande parcourent les solitudes les plus sauvages de la Gaule et de la Germanie, et ne s'arrêtent qu'au pied des Apennins. Du centre aux extrémités et de celles-ci au centre, le flot ardent de la vie religieuse va et vient, fécondant sur son passage, par mille canaux qu'il s'ouvre de toutes parts, les déserts les plus arides de la barbarie.

Il vaudrait la peine de s'enfoncer, à la suite de l'Église, dans les profondeurs de cet âge lointain, pour assister à la grande œuvre de régénération qui va commencer. Mais cette œuvre se compose d'une série innombrable d'obscurs sacrifices et de dévouements invisibles, qui n'ont eu d'autres témoins que Dieu, et dont l'histoire doit se borner à connaître les résultats. Il en est des phénomènes de l'ordre moral comme de ceux de la nature; ils se passent au sein des ténèbres sacrées qui cachent les origines de la vie. Quand même il pourrait les approfondir, le regard de l'homme n'a pas assez de portée pour les embrasser dans leur ensemble, et pour discerner, à travers leur multiplicité, le travail gradué de l'enfantement. Voilà aussi ce qui explique l'absence de ressources historiques sur le fait le plus universel et le plus important de l'histoire moderne. Çà et là un épisode qui montre le missionnaire aux prises avec les difficultés de sa tâche, une parole tombée comme un oracle des lèvres de quelque illustre ouvrier évangélique, voilà tout ce que l'historiographie nous a conservé; c'en est à peine assez pour permettre de deviner le reste.

Et d'abord, ce qui apparaît ici dans une pleine lumière, c'est l'exquise douceur qui préside au rapport du missionnaire avec ses néophytes. Apôtre d'une loi d'amour, c'est avec des mains tendres qu'il place sur leurs épaules le joug suave de l'Évangile. « Souvenez-vous, disait le grand pape de ce siècle, que c'est par la mansuétude et par la persuasion qu'il faut amener à l'unité de la foi ceux qui en sont éloignés. Dieu ne veut que des sacrifices volontaires, et la contrainte éloigne de la religion ceux que la prédication y attire[1]. » Ces nobles principes, l'Église les avait appliqués lors de la conversion du monde romain ; elle y demeura fidèle dans l'évangélisation des peuples germaniques. Aucun des barbares qui refusèrent de se soumettre à ses lois ne put se plaindre d'être persécuté par elle. Dans leur résistance à ses enseignements, elle respecta encore une conscience que Dieu avait créée libre ; elle leur laissa les dignités qu'ils occupaient dans l'État, et les souverains qu'elle venait de convertir gardèrent dans leur entourage et reçurent à leur table des barbares qui entendaient rester païens. De tous ces néophytes couronnés, on pouvait dire ce que Beda le Vénérable dit du premier roi chrétien de l'Angleterre : « Il se réjouissait de la conversion de ses sujets, mais il ne forçait personne à embrasser la foi chrétienne, ayant appris des auteurs de son salut que le service du Christ doit être un service volontaire et exempt de contrainte[2]. »

Mais, si la première rencontre du missionnaire avec l'idolâtre ressemble à une entrevue pacifique, sa première rencontre avec l'idole se termine toujours par un combat. On dirait que l'homme de l'Évangile ne peut pas désarmer vis-à-vis de celle-ci ; quels que soient les dangers auxquels il s'expose, il n'hésite jamais à s'attaquer à elle. Il brise ou mutile les statues, il abat les arbres sacrés, il renverse les autels et les sanctuaires ; il commence partout par une déclaration de guerre aux idées religieuses les plus enracinées dans les cœurs qu'il veut convertir. Cette tactique semble maladroite ; elle est d'une habileté consommée, au contraire, parce qu'elle démontre chaque fois l'impuissance de l'idole, et qu'elle a pour le barbare toute la valeur d'un jugement de Dieu. Le premier résultat d'une épreuve de ce genre, c'est de détacher son cœur d'une divinité qui ne sait pas se venger. Le voilà bien près d'en croire celui qui a remporté un pareil triomphe. Qu'on lui dise maintenant

---

[1] S. Greg. Magn. *Epist.* I, xxxv ; IX, vi. — [2] Beda, *Hist. eccl. Angl.* I, xxvi.

que le Dieu au nom duquel on a ainsi humilié son idole, c'est le seul vrai Dieu, l'Être tout-puissant et infiniment bon qui a tout créé, qui sait et qui voit tout, et qui est pour l'homme le plus tendre des pères, cette notion sublime pénétrera dans son esprit fait pour la vérité, et dont le sophisme n'a pas encore affaibli le regard. L'intelligence ainsi éclairée entraînera le consentement de la volonté, et le barbare rendra les armes. Ce n'est pas à dire qu'il soit dès maintenant un chrétien. Il a renoncé des lèvres au vieil homme, mais son cœur reste plein de passions païennes, et son esprit peuplé des anciens préjugés, qui voudraient bien cohabiter dans son sein avec les lois d'un Dieu jaloux. L'Église a conscience de cette dualité de l'âme barbare, mais elle ne s'en effraye pas, sachant que sa place y est assez grande pour lui permettre d'y exercer à la longue toute son action. Il lui suffit de s'établir solidement dans la volonté et dans l'esprit; une fois qu'elle y est reçue, elle y plonge peu à peu ses racines, si bien qu'on ne peut plus l'en arracher sans emporter en morceaux sanglants l'âme elle-même.

L'essentiel, c'est donc de déterminer le barbare à dire une fois dans sa vie, avec résolution et conviction : « Je suis chrétien! » C'est le premier pas dans l'œuvre de sa conversion, mais ce n'est que le premier. L'éducation fera le reste, et l'on peut dire que le grand labeur se trouve pour l'Église de ce côté-ci du baptême. Il y faut des prodiges de dévouement et d'intelligence à la fois, avec une fermeté inébranlable et une douceur infinie. L'Église, comme le prophète, doit se faire petite avec les petits, et nourrir ces âmes ignorantes, comme le veut saint Paul, avec le lait de l'enfance[1], en attendant qu'elle puisse leur offrir plus tard tous les sucs de la vie chrétienne. Une rupture totale et immédiate avec le passé serait dangereuse et exposerait à de terribles réactions; il n'est rien de plus contraire à une saine méthode d'éducation, ni contre quoi l'Église prémunisse davantage ses ouvriers.

En un mot, l'Église traita l'âme des barbares comme un sauvageon plein de sève et de vigueur, sur lequel elle se conten-

---

[1] S. Paul. *I Cor.* III, 2.

tait de greffer les éléments d'une vie plus pure et plus douce, laissant au temps et au travail le soin d'achever l'œuvre commencée. Les siècles lui ont donné raison. Les fruits savoureux qui mûrissent aujourd'hui sur le vieux tronc des peuples barbares ne sont pas les siens; il les alimente de ses sucs, mais c'est un autre principe vital qui leur donne la saveur et le parfum.

Ainsi, lorsque s'ouvrit le viie siècle, l'Occident tout entier était catholique, et l'unité de la foi réunissait en une seule famille des peuples que tant de motifs séparaient les uns des autres. L'Église était devenue la société des sociétés, le lien des peuples, le centre du genre humain. Rien n'égalait sa force et sa prospérité. Un vaste travail de progrès remuait ses flancs. Elle avait un idéal magnifique : conquérir le monde pour le civiliser et pour y établir e règne de Jésus-Christ. Ambition généreuse, qui enfantait tous les jours des dévouements nouveaux et de nouvelles entreprises. Il faut admirer dans l'Église du vie siècle une fécondité qui inscrit, à côté de chaque année, la mention d'une création nouvelle. Une date surtout mérite d'être retenue; elle présente un des synchronismes les plus mémorables que la Providence ait semés dans l'histoire de l'humanité. En l'année 529, pendant que Justinien fermait à Athènes le dernier sanctuaire de la philosophie païenne, la sagesse chrétienne élevait le sien dans les montagnes du Samnium, et offrait aux amants de la perfection des conseils et des préceptes que Socrate avait ignorés. C'est en cette année que le diacre Benoît, ascète qui dès l'enfance avait fait avec la solitude un pacte presque surnaturel, gravissait le Mont-Cassin, y détruisait un bois sacré avec un temple d'Apollon, et dressait sur leurs ruines ce monastère fameux, devenu la métropole religieuse de la plus grande famille d'âmes que l'Église ait abritée dans son sein. Si l'on considère d'un côté la stérilité de la philosophie païenne, qui n'a exercé sur la vie sociale aucune influence appréciable, et de l'autre la fécondité de l'ordre bénédictin, dont les colonies ont occupé et civilisé tout l'Occident, il ne sera peut-être pas téméraire de considérer cette année 529 comme marquant un des points culminants qui séparent le nouveau monde du monde antique.

Ce monde nouveau vivait sous la houlette de l'évêque de Rome, à qui il devait en bonne partie jusqu'à son existence. Le pape, — car depuis saint Léon le Grand, le successeur de saint Pierre aimait à désigner sa paternité spirituelle par ce titre, — ne cessait de grandir aux yeux de l'Occident. Aucune autorité sur terre n'était respectée à l'égal de la sienne, et, bien qu'il se considérât encore comme le sujet de l'empereur, le monde voyait en lui un véritable souverain. Un concours bien remarquable de circonstances avait, dans les deux siècles précédents, préparé l'avènement de la papauté à sa haute position temporelle. On sait comment, grâce à l'appauvrissement continu de la vie politique dans l'empire, les évêques étaient devenus pour le pouvoir civil des collaborateurs et des auxiliaires indispensables. La législation de Justinien associait l'évêque au comte pour le gouvernement des villes et des provinces; elle lui abandonnait exclusivement la police des mœurs, la protection des intérêts moraux, la surveillance des travaux publics et celle des prisons; elle lui accordait en outre une juridiction étendue; bien plus, elle lui donnait le droit de contrôle sur l'administration des fonctionnaires publics, et une influence prépondérante dans l'élection de ceux-ci. Bref, elle déplaçait insensiblement le centre de gravité de la vie politique, en investissant l'épiscopat d'une grande partie des attributions civiles[1].

Là est le germe du pouvoir temporel de tous les évêques en général, et de celui de Rome en particulier. Il semblait qu'en abandonnant, à partir du IVe siècle, la Ville éternelle pour aller s'établir dans d'autres résidences, les empereurs eussent voulu la laisser comme capitale à l'Église. Après leur départ, le pape fut la plus haute autorité reconnue dans la cité impériale, et lui seul parut fait pour régner sur le peuple souverain. Il était digne d'ailleurs d'une telle mission. Au prestige que lui donnait sa qualité de chef suprême du monde chrétien, il ajoutait les revenus des nombreux *patrimoines* de son Église, répandus dans toutes les provinces de l'empire, c'est-à-dire qu'avec le pouvoir moral il possédait les ressources matérielles qui en

---

[1] *Cod. Justin.* I, IV : *de episcopali audientia.*

rendent l'exercice possible. Les racines de son autorité étaient si profondes, que la domination des ariens en Italie ne put pas l'ébranler. Au contraire, sous le règne du puissant Théodoric, c'est le ministre même de ce roi qui constate et proclame la dualité du pouvoir de l'évêque de Rome. « Chef du peuple chrétien, écrit Cassiodore au pape Jean Ier, vous avez la garde de sa sécurité. Je vous en prie, ne laissez pas tomber sur moi seul le soin de la cité de Rome. Vous n'êtes pas seulement un pasteur spirituel ; vous ne pouvez pas négliger les intérêts temporels de votre troupeau [1]. » Et ce que Cassiodore disait pour rendre hommage à la papauté, un pape le répétait vers la fin du même siècle pour le déplorer : « Quiconque porte à Rome le titre de pontife, écrivait saint Grégoire le Grand, est tellement accablé par le souci des choses extérieures, que souvent on peut se demander s'il est un pasteur des âmes ou bien un chef temporel [2]. »

Ces paroles n'étaient que l'expression affaiblie d'une réalité toujours plus évidente. L'exarque auquel le gouvernement impérial confiait le soin de l'Italie n'était pour les populations qu'un étranger, agent d'un pouvoir souvent tyrannique, et qui ne savait pas même les défendre contre les insultes des barbares. Coupé du reste du pays par les progrès de ces envahisseurs, il se laissait renfermer dans Ravenne, où il vivait dans la même impuissance qu'autrefois Honorius. Pendant ce temps, le pape, présent partout et agissant toujours, soulageait ou partageait les souffrances du peuple italien, et jouissait d'une popularité sans bornes. Par une espèce de consentement tacite, les empereurs, les exarques, les populations, tout le monde convenait de voir en lui le protecteur et l'arbitre de l'Italie. Jamais pouvoir humain n'eut une origine aussi sainte et aussi pure. Il alla en quelque sorte de lui-même à la papauté, sans qu'elle le cherchât ni même le désirât ; car la responsabilité qu'il imposait était cruelle, et la couronne qu'il donnait était une couronne d'épines. Il ne tomba sur les papes que comme un joug pénible auquel se dérobaient les empereurs. Ils se défendirent tant qu'ils purent

---

[1] Cassiod. *Var.* XI, 11. — [2] S. Greg. Magn. *Epist.* 1, xxv.

contre cette élévation pleine de dangers, et ils s'obstinèrent
à garder le titre et l'attitude de sujets de Byzance, alors qu'ils
étaient depuis longtemps les souverains de Rome. Mais les événements étaient plus forts que leurs résistances. La formation de
leur pouvoir temporel était dans l'ordre providentiel du monde;
tout travaillait à les porter à la tête de la société humaine.

Abbaye du Mont-Cassin.

Ce magnifique avenir de la papauté devient manifeste pendant
le vi^e siècle. Comme s'il était dans ses destinées de partager toutes
les joies et toutes les épreuves de l'Église, on la voit, à la fin
de ce siècle si riche en triomphes pour la cause catholique,
prendre un essor inouï et se revêtir d'un éclat extraordinaire
dans la personne de saint Grégoire le Grand. Cet homme, qui
a occupé une si vaste place dans l'histoire de la civilisation, n'est
qu'un pauvre moine arraché malgré lui à sa cellule pour être

porté sur la chaire de saint Pierre, et qui, élevé à ce faîte auguste,
pleure toujours son nid sur la montagne. Nul ne semble moins
fait pour commander à ses semblables et pour intervenir dans
les affaires de ce monde. Sa santé, abîmée de bonne heure par
des austérités excessives, ne lui laissait qu'un souffle de vie, et
pendant les dernières années, dévoré par la fièvre et par la
goutte, ne pouvant presque plus se lever de son lit de douleur,
et soupirant après la mort comme après la délivrance, il offre
le contraste de l'extrême faiblesse d'un valétudinaire avec l'écrasant fardeau de la responsabilité universelle jetée sur ses épaules.
Autour de lui sévissent perpétuellement les horreurs d'une
guerre atroce; il respire, en quelque sorte, sous les épées des
Lombards; tous les jours, il voit les Romains emmenés en
captivité la chaîne au cou, ou revenir à lui les mains coupées[1],
et, au milieu des lamentables débris du genre humain, entouré
des scènes funèbres de la destruction et de la mort, impuissant
à guérir tant de plaies qui s'ouvrent de toutes parts, il ne peut
se dérober à l'idée que la fin de toutes choses est proche[2].

Et c'est pourtant ce chétif qui, par une de ces ironies suprêmes
si fréquentes dans l'histoire du christianisme, se trouve être
l'un des grands initiateurs de la civilisation moderne. C'est lui
qui porte les plus rudes coups à l'hérésie arienne et à l'idolâtrie
barbare, et c'est lui qui élève la dignité papale à cette hauteur
sublime où le respect des siècles l'a maintenue. Nul n'a tant
brillé que cet humble. Docteur, il se place à côté des Jérôme
et des Augustin; poète, il rivalise avec saint Ambroise; orateur,
il suspend à ses lèvres les âmes d'un peuple entier, et lui fait
oublier l'ennemi qui est aux portes de sa cité, pendant qu'il lui
parle de celle de Dieu. Pasteur, il s'épuise à lutter contre les
mille dangers spirituels et temporels qui menacent son troupeau,
et tout ce qui se passe autour de lui devient pour lui une sollicitude de plus. Il est seul sur les remparts de Rome pour en
écarter les Lombards; il donne l'alarme aux généraux, il gourmande la paresse des ducs, il paye leurs soldats, et, quand leur
ineptie ou leur lâcheté ne sait plus ramener la victoire sous les

----

[1] S. Greg. Magn. *Epist.* II, XLVI; V, XL. — [2] *Id., ibid.,* III, XXIX; V, XVIII; IX,
CXXIII; XI, VI.

drapeaux de l'empire, c'est lui qui répare leurs fautes par l'habileté de sa diplomatie, et qui arrache la paix à des ennemis
victorieux[1]. Et pendant que d'une main il protège son peuple
contre l'ennemi du dehors, de l'autre il le couvre contre les
attentats insensés d'une fiscalité toujours insatiable, il proteste
contre les lois injustes, il se jette au-devant des édits hérétiques[2]; il fait face, en un mot, aux empereurs et aux Lombards.
Sous l'autorité nominale de Byzance, la sienne règne seule, et
seule agit à Rome et dans l'Italie. Quant à son autorité spirituelle, elle remplit le monde. La voix du pape retentit à travers
toutes les distances, et se fait entendre dans tous les pays. Il
n'est aucun intérêt de la chrétienté qui lui reste étranger. Sa
correspondance le montre préoccupé à la fois de toutes les questions petites ou grandes qui surgissent dans la société religieuse.
Depuis les vallées du Caucase, où il fait parvenir ses instructions
au sujet des hérétiques convertis[3], jusqu'aux déserts de la Corse
et de la Sardaigne, où il poursuit les restes de l'idolâtrie[4];
depuis les diocèses espagnols dont il dirige les premiers pas dans
la vie catholique[5], jusqu'aux monastères du mont Sinaï, où il
verse le flot de ses aumônes[6], le regard tranquille et lumineux
du souverain pontife explore tour à tour les points les plus reculés
du monde chrétien, y constate tous les besoins, y découvre
tous les abus. Les intérêts d'un pauvre injustement tourmenté
par le fisc tiennent dans le *registre* des lettres du pape une
place aussi considérable que le plan de conversion des peuples
anglo-saxons[7]. Douce envers les Juifs eux-mêmes, ces éternelles
victimes des défiances ou des convoitises populaires, la papauté
défend de les convertir de force, et leur fait restituer les syna-
gogues qui leur ont été enlevées[8]. Si multiples et si accablants
qu'ils soient, les soucis du moment ne la détournent pas des
travaux de l'éternité, et la vie intérieure de l'Église reste l'objet
de ses sollicitudes les plus chères. Elle régularise d'une manière

---

[1] S. Greg. Magn. *Epist.* II, iii, xxix-xxxi; V, xxxvi. — [2] *Id., ibid.,* III, lxv, lxvi;
V, xl, xli. — [3] *Id., ibid.,* XI, lxvii. — [4] *Id., ibid.,* IV, xxiii-xxv; V, xli; VIII, i;
IX, lxv; XI, 22. — [5] *Id., ibid.,* I, xliii. — [6] *Id., ibid.,* XI, i et ii. — [7] *Id., ibid.,*
I, lxv; III, v. — [8] *Id., ibid.,* I, x, xxxv, xlvii, lxxi; VII, xxvi; VIII, xxv; IX, vi,
lv, lvi; XIII, xii.

définitive les solennités de la liturgie par le sacramentaire de la messe, ce chef-d'œuvre de la poésie catholique incarné dans les formes immortelles du culte ; elle y associe la grave beauté du chant grégorien [1], dont elle fixe à jamais le caractère, et elle définit en quelques paroles admirables les principes de foi sur le culte des images, et sur le rôle que doit jouer dans le sanctuaire la peinture, « ce livre vivant à l'usage de ceux qui ne savent pas lire [2]. »

Bref, la papauté est partout : sur les sommets les plus élevés de la vie politique et dans les profondeurs les plus mystérieuses de la conscience humaine, parlant partout le même langage et dictant partout les mêmes lois. Elle remplit et domine la société barbare, dont elle est le seul gage d'unité. Elle s'adresse à tous, et tous s'adressent à elle, et des extrémités du monde civilisé les peuples accourent au tombeau de saint Pierre comme au centre de la chrétienté. Au milieu des indicibles souffrances d'une époque encore pleine d'orages, ce grand travail de concentration préparait l'unité morale et intellectuelle de l'Europe, et c'est avec un fier pressentiment de ses destinées que la papauté parle déjà au nom de la *république chrétienne* [3], dont elle va bientôt devenir la tête.

Telles étaient, à la fin du vi[e] siècle, les conquêtes et les espérances de l'Église. Comme la stérile de l'Écriture, elle se voyait subitement entourée d'une multitude d'enfants, et, armée de l'étendard de la civilisation, elle s'avançait vers l'avenir, suivie du long cortège des peuples qu'elle avait enfantés.

---

[1] Joan. Diac. *Vit. S. Greg. Magn.* II, vi. — [2] S. Greg. Magn. *Epist.* IX, cv; XI, xiii; cf. IX, lii. — [3] *Id., ibid.*, IX, xliii.

FIN

TABLE

Introduction.   7

I

Naissance et premières années de Geneviève. — Sa sainteté précoce. — Grâces abondantes dont le Ciel la prévient.   11

II

Ce qu'étaient saint Loup et saint Germain. — Comment ils furent chargés l'un et l'autre d'aller combattre en Angleterre l'hérésie pélagienne.   16

III

Comment saint Loup et saint Germain passèrent par Nanterre. — Entretien de saint Germain avec Geneviève. — Il la consacre à Dieu. — Il quitte Nanterre.   22

IV

Vertus admirables de Geneviève. — Son esprit d'humilité. — Son grand zèle pour l'accomplissement de la loi de Dieu. — Miracle par lequel le Seigneur fait voir sa prédilection pour sa fidèle servante. — Réflexions sur la soumission due aux parents.   25

V

Geneviève se consacre spécialement à Dieu, et embrasse le saint état de la virginité. — Elle offre par sa conduite un modèle admirable de pureté. .   31

VI

Geneviève perd son père et sa mère. — Elle se retire à Paris chez sa marraine. — Elle tombe malade. — Elle est favorisée de visions extraordinaires. . . .   35

VII

Geneviève est favorisée du don des larmes. — Calomnies de ses ennemis. — Ils l'accusent d'être une visionnaire et une hypocrite. — Patience inaltérable de la sainte dans cette circonstance. 40

VIII

Comment saint Germain passa de nouveau par Paris. — Il apprend le mépris qu'on fait de Geneviève. — Il rend aux vertus de la sainte un éclatant témoignage. 44

IX

Invasion d'Attila dans les Gaules. — Nouvelles persécutions exercées contre Geneviève à cette occasion 49

X

Frayeur des Parisiens à l'approche d'Attila. — Ils veulent abandonner leur ville pour se mettre en sûreté. — Geneviève les détourne de ce projet. — Danger qu'elle court en cette circonstance. — Arrivée de l'archidiacre d'Auxerre, qui la sauve d'une perte assurée. 54

XI

Crédit de Geneviève auprès des grands. — Elle recouvre l'estime des Parisiens. — Siège de Paris. — Famine horrible. — Geneviève, par son zèle et sa charité, procure des vivres aux habitants. 62

XII

Crédit de Geneviève auprès des Parisiens. — Elle fonde un monastère. — Histoire de Célinie, l'une des premières vierges qui entrèrent dans cette pieuse maison 68

XIII

Dévotion de Geneviève envers saint Denis et ses compagnons. — Elle prend la résolution de leur élever un temple. — Miracles par lesquels Dieu seconde ce pieux dessein. 73

XIV

Miracles opérés par Geneviève. — Elle guérit plusieurs possédés, particulièrement à Tours, en allant visiter le tombeau de saint Martin. 80

XV

Pieuse société qui se forme entre Geneviève, sainte Clotilde et saint Remi. — Leurs prières obtiennent de Dieu la conversion de Clovis. 87

XVI

Joie que fait éprouver à Geneviève la conversion de Clovis. — Estime particulière de ce prince pour notre sainte. — A sa sollicitation, il fait commencer une église en l'honneur des apôtres saint Pierre et saint Paul.   94

XVII

Comment Geneviève rapportait à Dieu tout le mérite de ses actions. — Comment elle prenait soin de cacher ses vertus, et comment elles furent néanmoins connues de Siméon Stylite.   98

XVIII

Éminente sainteté de Geneviève dans la retraite. — Son esprit de prière, de mortification et d'absolu détachement.   104

XIX

Comment Geneviève oubliait toutes les choses de la terre, et n'avait plus de pensées que pour le ciel. — Ses derniers moments. — Sa mort bienheureuse.   111

XX

Geneviève continue, après sa mort, de venir au secours des affligés. — Plusieurs guérisons miraculeuses s'opèrent à son tombeau.   118

XXI

Invasion des Normands. — Danger que courent les reliques de sainte Geneviève. — On les transporte pour quelque temps hors de Paris.   125

XXII

Miracles opérés par la présence des reliques de sainte Geneviève. — Le mal des Ardents. — Origine de la fête de *Sainte-Geneviève-des-Ardents.*   130

XXIII

Dévotion des rois de France pour sainte Geneviève. — Ils recourent à sa protection dans toutes les grandes circonstances de leur règne. — Faveurs qu'ils obtiennent   133

XXIV

Histoire de l'église Sainte-Geneviève depuis son origine jusqu'à nos jours.   138

TABLE

ÉCLAIRCISSEMENTS

I

La chute de l'empire romain en Occident. 149

II

Progrès de l'Église 187

III

Les royaumes ariens. 227

IV

Naissance des sociétés catholiques. 266

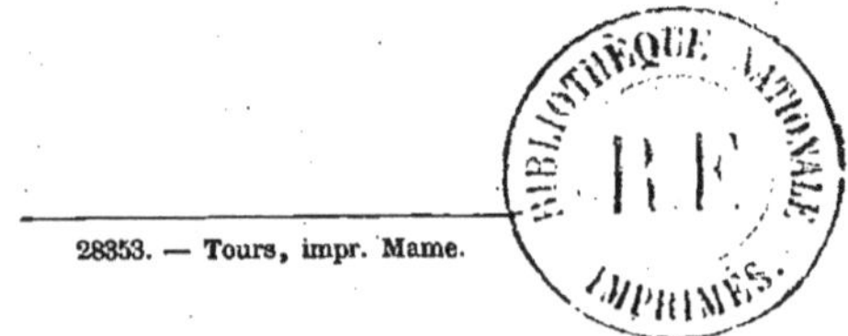

28353. — Tours, impr. Mame.